Für Frau Penk

an   Ernst Neun

Berlin, d. 15. 4. 2002

Ernst Nolte

Was ist bürgerlich?

und andere Artikel, Abhandlungen,
Auseinandersetzungen

Klett-Cotta

Inhalt

Vorwort

Die vorliegenden Artikel und Abhandlungen sind mit einer Ausnahme in den Jahren 1977 und 1978 aus teilweise zufälligen Anlässen entstanden. Der größere Teil wurde in Zeitungen und Zeitschriften publiziert. Dennoch scheint es mir richtig zu sein, sie auch in Buchform vorzulegen, und zwar aus folgenden Gründen:

1. Den Kern der Sammlung bilden vier Artikel, die zwischen dem Oktober 1977 und dem November 1978 in der Tiefdruckbeilage „Bilder und Zeiten" der Frankfurter Allgemeinen Zeitung veröffentlicht worden sind. Wegen des anspruchsvollen und vergleichsweise abstrakten Charakters der Themen handelte es sich um ein Experiment, dessen Zustandekommen in erster Linie Joachim Fest zu verdanken ist. Angesichts der Kurzlebigkeit einzelner Zeitungsexemplare ist es indessen sehr zweifelhaft, daß mehr als einige wenige Leser in der Lage waren, ein Bild von dem inneren Zusammenhang der Artikel zu gewinnen. Den anderen dürfte es willkommen sein, im dauerhaften Nebeneinander der Buchgestalt nunmehr nach Belieben über diese Möglichkeit zu verfügen. Kürzungen, die aus Raumgründen erforderlich waren, sind rückgängig gemacht worden, besonders in dem Artikel über Ökonomie und Politik. Ein fünfter Artikel, bei dem Kürzungen nicht tunlich waren, so daß er wegen seines Umfangs nicht gedruckt werden konnte, wurde

hinzugefügt. („Antikommunismus. Gestern – heute – morgen?") Über einige technische Einzelheiten informiert der Veröffentlichungsnachweis.

2. Aus der unter Nummer VI vorgelegten und bisher unveröffentlichten Abhandlung „‚Pluralität der Hitlerzeit'? Erläuterungen zu einem vielkritisierten Begriff" erklärt sich die Entstehung des Artikels „Über Frageverbote". Diese Abhandlung enthält meine Stellungnahme zu den scharfen Angriffen, die zwei amerikanische Historiker gegen mein Buch „Deutschland und der Kalte Krieg" gerichtet haben. Ich hatte sie im März 1978 verfaßt und einigen befreundeten Kollegen in den USA mit der Bitte zugeschickt, mir die Möglichkeit zu geben, an ihren Universitäten in Vortragsform meine Antwort zur Diskussion zu stellen. Die Briefe, die ich erhielt, haben mich tief betroffen gemacht, obwohl meine Partner sich keineswegs mit den Argumenten identifizierten, die sie vorbringen mußten. Wenig später wurde es mir durch einige andere Erfahrungen sehr wahrscheinlich, daß die gleichen akademischen Kreise und teilweise dieselben Personen in den USA, die den „Faschismus in seiner Epoche" in der Mitte der sechziger Jahre aufs freundlichste aufgenommen hatten, nun dasjenige als „gefährlich" oder gar als Angriff empfanden, was mir eine bloße und konsequente Fortentwicklung des ersten Ansatzes zu sein schien. Natürlich verkenne ich nicht, wie begrenzt diese Erfahrungen waren, und ich glaube, auch in den „Frageverboten" keine voreiligen Generalisierungen vorgenommen zu haben. Ich vermag jedoch nicht zu leugnen, daß die Erfahrung für mich auch in dieser Gestalt schon bedrückend genug ist und daß ich keineswegs sicher bin, mich vollständig im Recht zu befinden. Wohl aber bin ich mit aller Entschiedenheit der Meinung, daß es sich um eine Auseinandersetzung handelt, die trotz aller emotionalen Obertöne und trotz ihrer tendenziell allgemeinen Natur in den Bereich der Wissenschaft

gehört und daher einem wissenschaftlichen oder wissenschaftlich interessierten Publikum zugänglich gemacht werden sollte. Nichts würde mir erwünschter sein als die Einsicht, daß „antideutsche Frageverbote" in Wahrheit nicht bestehen und daß mit guten Argumenten zurückgewiesen wird, was an meiner Fragestellung falsch oder irreführend sein mag.

3. Eben aus diesem Wunsch resultiert das dritte und stärkste Motiv für die Veröffentlichung dieser „Artikel, Abhandlungen und Auseinandersetzungen". Gewiß habe ich mir nur einen Teil der Themen selbst gewählt, und doch geben sie im ganzen, wie mir scheint, erstmals einen unmißverständlichen Umriß dessen, worum es mir im Grunde geht und seit langem gegangen ist. Es ging mir nicht um den Faschismus als solchen und ebensowenig um den Kalten Krieg als solchen, und es wird mir auch nicht um den Marxismus um seiner selbst willen gehen. Meine historiographische Arbeit nähert sich nun ihrem Abschluß, und das dürfte ein geeigneter Zeitpunkt sein, dasjenige explizit zu formulieren, was mancher das „politische Motiv" nennen mag, von dem sie durchdrungen ist. Es liegt im Wesen der Geschichtsschreibung, daß sie umfangreiche Werke hervorbringt und viele Details enthält, über die nur ein Spezialist zu urteilen vermag. Daher ist es nicht ausgemacht, daß die eigentliche Fragestellung deutlich geworden sein wird, wenn einmal anerkannt sein sollte, daß von vornherein kein „Faschismusexperte" am Werke war und daß das historiographische Thema „Marxismus – Faschismus – Kalter Krieg" heißt. Vermutlich bringt kein zweigliedriger Titel das motivierende Problem besser zum Vorschein als derjenige, der zunächst für dieses Vorwort gewählt wurde und der sich zu einer eigenen Abhandlung auswuchs, welche nun unter Nummer XII an den Schluß des Ganzen gestellt worden ist: „Bürgerliche Gesellschaft und Vernichtungspostulat". Zu-

sammen mit dem sechsten Beitrag bildet sie nun den zweiten Schwerpunkt dieses Sammelbandes. Die eine oder andere Überschneidung wurde in Kauf genommen, da jede einzelne Studie auch für sich lesbar sein soll.

z. Zt. Cambridge,
Darwin College, im März 1979   Ernst Nolte

I. Was ist bürgerlich?

Nahezu alle Schriftsteller, die heute in der westlichen Welt auf emphatische Weise „die Gesellschaft" zum Thema machen, bringen ihren Abstand durch die Verwendung des Adjektivs „bürgerlich" zum Ausdruck: bürgerliche Ideologien verfehlen die Klassenstruktur, bürgerliche Wissenschaft ‚hinterfragt' ihre Gegenstände nicht, der bürgerliche Lebensstil wird von der Jugend verworfen, der bürgerliche Staat ist eine besonders heimtückische Form der Herrschaft, die bürgerliche Gesellschaft der westlichen Industriestaaten basiert auf der Ausbeutung der Dritten Welt. Für marxistische Autoren wird das „Kleinbürgertum" nach wie vor von den zwei „Hauptklassen" zerrieben, deren eine, die Bourgeoisie, jedoch seit geraumer Zeit ihre Funktion verloren hat und überflüssig geworden ist. „Nichts ist bürgerlich, was Kraft, Bedeutung und Zukunft hat" – so ließe sich diese Auffassung in einem Wort zusammenfassen.

Indessen kann man seit einiger Zeit gerade in linken Publikationen Darlegungen finden, die ein ganz anderes Bild der Gegenwart zeichnen: da schickt sich die bürgerliche oder kleinbürgerliche Mentalität an, die Weltherrschaft anzutreten, da scheut man nicht mehr davor zurück, sich selbst dem Kleinbürgertum zuzuzählen, da akzeptiert man die Meinung, bei der Studentenbewegung und der Neuen Linken überhaupt habe es sich um ‚kleinbürgerliche Bewegungen' gehandelt, da schreibt man dem Kleinbürgertum gar den Rang zu, eine „Über-Klasse" zu sein, welche die europäische Arbeiterklasse längst in sich einbezogen habe und heute auf dem Sprunge stehe, auch Türken und Kongolesen von den Segnungen der Plastik-Zitrone, der Parapsychologie, der Freizeithemden und der ‚Emanuela' zu überzeugen. Und bekanntlich gibt es keine revolutionäre Gruppe oder Partei, die nicht anderen revolutionären Gruppen oder Parteien vorwirft, mindestens revisionistisch und damit zur Hälfte bereits bürgerlich zu sein. „Alles ist bürgerlich, was real ist und nicht bloß die Form der utopischen Zielsetzung hat" – so könnte man die Gegenthese formulieren, die keineswegs notwendigerweise eine ‚rechte' These ist. Im Nebeneinander von These und Gegenthese würde dann auf paradoxe Weise nach bald 200 Jahren der berühmte Satz des Abbé Sieyès wiederholt sein, der Dritte Stand sei nichts und er sei doch in gewisser Weise alles. Es muß ein höchst eigenartiges gesellschaftliches Gebilde sein, das in so verschiedenen Zeiten zu so ähnlichen und so paradoxen Aussagen Anlaß gibt.

Geschichtliche Herkunft

In der Tat läßt sich schon die erste Feststellung, die bei einem historischen Rückblick zu treffen ist, als Paradox formulieren: Diejenigen, die den Begriff des ‚Bürgers' erfanden, waren selbst keine ‚Bürger'. Die vollberechtigten Einwohner der Städte des antiken Griechenland nannten sich ‚Bürger' oder ‚Städter' (politai), und was es in Europa an Denken über Politik und Gesellschaft gegeben hat, ist durch die Kategorien und Interpretationen mitbestimmt gewesen, die Platon und Aristoteles aus der Lebensform dieser Bürger entwickelt haben; aber schon unser Wort ‚Banausen' gibt zu erkennen, daß die Gewerbetreibenden und die Handwerker (bánausoi) sich in diesen Städten keiner hohen Schätzung erfreuten. Max Weber nannte die antiken Städte Siedlungsgemeinschaften von Kriegern, und diese Krieger bestritten ihren Lebensunterhalt nicht nur durch die Arbeit der Sklaven, sondern auch durch die Renten, die ihr Landbesitz abwarf. Auf der Grundlage dieser ökonomischen Sicherung entfaltete sich ein politisches Leben, das durch die ständige Anteilnahme jedes Bürgers an Regierung und Rechtsprechung gekennzeichnet war und das einen außerordentlich hohen Grad der Identifizierung des ‚Menschen' und des ‚Bürgers' implizierte. Eben das Fehlen dieser totalen Identifizierung, dieser absoluten ‚Politizität', bildete das fundamentale Merkmal der abendländischen Stadtentwicklung. Die Einwohner der mittelalterlichen Stadt waren insgesamt oder doch zu einem erheblichen Teil ‚Wirtschaftsbürger', d. h. Handwerker und Kaufleute, die oft genug Hörige gewesen waren und sich der Jurisdiktion der Grundherren entzogen hatten. In der Regel hatten sie um einen Anteil am Stadtregiment gegen die patrizischen ‚Geschlechter' zu kämpfen, und zur vollständigen Souveränität brachten es nur einige wenige der großen italienischen Städte. Im ganzen blieben die europäischen Städte in das Kräftespiel einer polyzentrischen Gesellschaft eingebunden, in der Stadt und Kirche, Monarchie und Adel und auch die Städte und das Bürgertum sich in relativer Selbständigkeit behaupten konnten. Wenn damit Politik und Wirtschaft tendenziell auseinandertraten, so bedeutete das nicht, daß ausschließlich das städtische Bürgertum der Träger der anhebenden Verkehrswirtschaft gewesen wäre und daß nur die Fürsten Politik gemacht hätten: die Polyzentrizität schloß vielfältige Wechselwirkung nicht aus, und aus der Wechselwirkung der verschiedenartigen und doch nicht bloß differenten Momente entwickelte sich das Unerwartete und Ungeplante, das man allmählich die ‚bürgerliche Gesellschaft' zu nennen begann. Darin steckten zwei Begriffe verschiedenen Um-

13

fangs: einmal derjenige des Bürgers im Sinne des im Staatsverband lebenden Menschen und zum anderen auch mehr und mehr der des Wirtschaftsbürgers als eines besonders wichtigen Standes innerhalb des Ganzen. Im Werk von Adam Smith scheint die Welt schon ausschließlich von Wirtschaftsbürgern bevölkert zu sein, ob sie nun als Arbeiter vom Lohn, als Kapitalisten vom Gewinn oder als Grundbesitzer von der Rente leben. Um die gleiche Zeit betont Rousseau den Vorrang des Staatsbürgers mit einer Entschiedenheit, die an die Antike als Ideal anknüpft und jene pejorative Verwendung des Wortes „bourgeois" vorbereitet, welche im Vorrang des Wortes „citoyen" während der Französischen Revolution ihre positive Entsprechung findet. Erst bei Hegel ist unzweideutig die Einsicht zu Wort gebracht, daß die ‚bürgerliche Gesellschaft' im engeren Sinne, d. h. das „System der Bedürfnisse" ein essentielles Moment des modernen Staates und der abendländischen Geschichte ist, welches weder zum „Totalitarismus" des antiken Staatsbürgerbegriffs hin aufgehoben noch zum Autonomismus einer unstaatlichen Weltbürgergesellschaft verlängert werden darf. Vermutlich ließe sich Hegels Auffassung folgendermaßen umschreiben: Nur wenn der Citoyen den Bourgeois toleriert und nur wenn der Bourgeois sich dem Citoyen unterordnet, geht das Eigentümliche der europäischen Geschichte nicht in einem der entgegengesetzten Utopismen verloren. Mit einem Körnchen Salz könnte man sagen, in allen Modifikationen sei eben dies die Hauptlinie des europäischen Geschichtsdenkens von Tocqueville und John Stuart Mill bis hin zu Arnold Toynbee und Raymond Aron geblieben. Auch Marx steht insofern in dieser Linie, als er die Industrielle Revolution in der einzigartigen Klassen- und Kräftekonstellation der okzidentalen Gesellschaftsordnung begründet sieht und der Bourgeoisie dabei eine so fundamentale Rolle zuschreibt, wie es kein „Ideologe der Bour-

14

geoisie" je getan hatte. Andererseits orientiert er sich an den beiden bislang entgegengesetzten Idealen gleichzeitig: der Kommunismus ist der Zustand, in dem die Menschheit im Sinne der nationalökonomischen Utopie als staatsfreie Wirtschaftsgesellschaft existiert und in dem gleichwohl jedes einzelne Individuum sich das Ganze der gesellschaftlichen Existenz so zu eigen gemacht hat wie der Bürger des antiken Stadtstaats. Daher konnten es marxistische Theoretiker noch unmittelbar vor dem Ausbruch des Ersten Weltkriegs für selbstverständlich halten, daß die ‚proletarische Revolution' in den fortgeschrittenen Staaten Europas gleichzeitig ausbrechen und die bürgerliche Produktionsweise vernichten werde, ohne deshalb das bürgerliche Erbe zu verleugnen. Mit anderen Worten hieß das: diese Revolution würde anti-bürgerlich und dennoch in gewisser Weise selbst bürgerlich sein, weil sie ohne die Voraussetzung der zuletzt ganz bürgerlich bestimmten europäischen Geschichte nicht stattfinden könnte. 1917 vollzog sich die Revolution jedoch in einem Lande, das zwar das größte der Welt war, dem aber noch nie jemand das Prädikat ‚bürgerlich' gegeben hatte. Es dauerte nicht lange, bis gerade marxistische Theoretiker die Behauptung aufstellten, die russische Revolution habe den Charakter einer „bürgerlichen Revolution" gehabt und sie werde eine neue Bourgeoisie zur Entstehung bringen. Damit hatte das vieldeutige Wort abermals eine neue und schlechthin paradoxe Bedeutung gewonnen.

Was ist nicht ‚bürgerlich'?

Wenn es so viele Schwierigkeiten macht, den Begriff des ‚Bürgerlichen' angemessen zu bestimmen, dann mag es von Nutzen sein, ihn dadurch einzugrenzen, daß nach gesellschaftlichen Gestalten und Typen gefragt wird, die nach verbreiteter Auffassung *nicht* bürgerlich zu nennen sind.

Wo immer in der Geschichte so etwas wie ein bürgerliches Selbstbewußtsein entstand, da hat es sich vor allem im Gegenzug zum Selbstverständnis des Adels ausbilden müssen. Adlige sind im letzten Grunde die Krieger, die sich selbst verherrlichen: die homerischen Epen sind die paradigmatischen Zeugnisse adliger Existenz. In Thersites mag man den ersten Bürger sehen, der sich gegen diese glanzvolle und blutige Welt auflehnt – er wird von Odysseus geohrfeigt und schweigt beschämt. Und bis zur Französischen Revolution waren die adligen Offiziere nur allzu häufig schnell bei der Hand, den Degen zu ziehen, wenn ein Bürger es an den üblichen Zeichen des Respekts fehlen ließ. Noch zu Anfang des 19. Jahrhunderts konnte Ludwig von der Marwitz fordern, die Neigung zu friedlichen Beschäftigungen solle den Verlust des Adels nach sich ziehen. Alle negativen Charakterisierungen des „Bürgerlichen" haben ihren Ursprung im Hochmut des adligen Kriegers, der verächtlich auf die sparsame Lebensführung des Bürgers herabschaut. Auch wo der Adlige zum gemächlich lebenden Landedelmann oder zum bloßen Grandseigneur geworden ist, bleibt der Ursprung stets spürbar. „Dieser Suppentopf von einer Haushaltsmonarchie" – so wurde das Regime des „Bürgerkönigs" Louis Philippe von François-René de Chateaubriand verächtlich gekennzeichnet, und das meiste von dem, was heute noch gegen „die Bourgeoisie" und „die Herrschenden" gesagt zu werden pflegt, wurde unter dem plutokratisch-zensitären System der Jahre zwischen 1830 und 1848 von Aristokraten und aristokratisch gesinnten Schriftstellern entwickelt.

Der Stand der Geistlichkeit mochte sich in seinen höheren Rängen vom Stand des Adels nach Herkunft und Lebensstil nur wenig unterscheiden: selbst wenn der Zölibat nicht ernst genommen wurde, blieb der familienlose katholische Priester ein essentiell unbürgerlicher Mensch, und auch ein kalvinistischer Prediger wurde nicht dadurch zum Bürger, daß er seiner Gemeinde ‚bürgerliche Tugenden' einschärfte. Bürger leben nicht aus einem Glauben heraus, auch wenn sie treue Glieder ihrer Kirche sind: so wie die mittelalterlichen Zisterzienser für die Wirtschaftsentwicklung von außerordentlich großer Bedeutung und dennoch keine Bürger waren, so sollte man die vielberedeten Puritaner nicht Bürger nennen, solange sie in erster Linie als Glaubensgenossen handelten.

Der letzte der mittelalterlichen Stände, der Bauernstand, hat ein unbürgerliches Wesen bis tief in die Neuzeit, ja bis in die Gegenwart bewahrt, sofern für ihn das Eigentum vor allem unbewegliches Familieneigentum war. Wer sich der Beweglichkeit und schnellen Vermehrbarkeit des Besitzes widersetzt, kann nicht von bürgerlicher Mentalität sein.

Die jüngste der großen Entgegensetzungen ist diejenige des Arbeiters und des Bürgers als des besitzlosen und des besitzenden Menschen. Ein besitzloser Bürger ist in der Tat ein hölzernes Eisen. Aber der Arbeiter, der über geschätzte Fertigkeiten verfügt, ist nicht besitzlos. Er ist seines Besitzes sicherer als der kleine Handwerker, dem ein unbedeutender Zufall die Arbeitsinstrumente entreißen mag. Die englische Gewerkschaftsbewegung des 19. Jahrhunderts ist ein klassisches Beispiel für die Besitzpolitik der Nichtbesitzenden. Nur der unqualifizierte Arbeiter steht in einem genuinen Gegensatz zum Bürger.

Für Thomas Mann (und nicht nur für ihn) war der Künstler, für Jules Michelet das Volk, für Werner Sombart „der Erotiker" der Gegensatz zum Bürger. Es würde nicht schwierig sein, weitere Gegensätze aufzuzählen. Aber der wichtigste wurde noch nicht genannt.

Societas civilis und anarchistische Utopie

Der Bürger in der weitestmöglichen Bedeutung ist nach der

17

Tradition des europäischen Denkens der Angehörige der „societas civilis", der ‚bürgerlichen Gesellschaft' in ihrem Gegensatz zu dem vorbürgerlichen, nämlich vorpolitischen Naturzustand, in dem die Freiheit jedes Individuums schrankenlos war. Die Einschränkung der individuellen Freiheit, aus der die gesellschaftliche Ordnung und damit die Herrschaft in ihren verschiedenen Formen hervorgeht, wird von den Theoretikern des Naturrechts im allgemeinen als etwas Positives gefaßt, sofern Herrschaft sich nach Gesetzen vollzieht, die für alle gleich sind, ohne alle gleich zu machen. Aber für die anarchistische Schule, die bis zu den Kynikern zurückgeht, ist diese Einschränkung der Freiheit und die ihr entspringende gesellschaftliche Ordnung das Negative schlechthin, das Böse, der Sündenfall. So heißt es bei Diderot: „Es kann für das Menschengeschlecht kein wahres Glück geben außer in einem Gesellschaftszustand, wo es weder einen König noch Beamte, weder Priester noch Gesetze, weder Mein noch Dein, weder bewegliches Eigentum noch unbewegliches Eigentum, weder Laster noch Tugenden gäbe". Der Zustand der An-archie ist die eigentliche Utopie, die in jeder Ordnung immer von neuem auftaucht, weil jede Ordnung von den Individuen Verzicht und Einschränkung verlangt: sie ist das Unmöglichste (denn das schrankenlose Individuum wäre Gott und das befriedete Individuum Tier) und tendenziell das Notwendigste (denn jedes Verzichtgebot stammt aus der Vergangenheit, und noch wenn es ganz überflüssig geworden ist, findet es traditionsbewußte und interessierte Verteidiger). Der anarchistische Utopismus ist der eigentliche Widerpart des bürgerlichen Ordnungstriebes, und doch hätte die bürgerliche Gesellschaft sich ohne ihn nicht entwickeln können. Erst der anarchistische Utopismus von Fourier und Owen machte die bloße Arbeiterbewegung zum Sozialismus, und ohne die Bewahrung dieses Utopismus wäre der Marxismus nichts anderes als eine nationalökonomische Doktrin. Aber das Unbürger-lichste *mußte* einer Art von Bürgerlichkeit anheimfallen, wenn Utopie das Unrealisierbare ist, welches die Realität bewegt. Daher genügt es nicht, das Bürgerliche bloß durch die angeführten Qualitäten zu bestimmen. Es könnte sein, daß „bürgerlich" nicht primär ein partikularer oder auch universaler, sondern ein ‚dynamischer' Begriff ist, der in erster Linie einen Prozeß meint, nämlich den Prozeß der ‚Verbürgerlichung'. Das englische Proletariat verbürgere faktisch mehr und mehr, schrieb Engels im Oktober 1858 an Marx, „so daß diese bürgerlichste aller Nationen es schließ-lich dahin bringen zu wollen scheint, eine bürgerliche Aristo-kratie und ein bürgerliches Proletariat *neben* der Bour-geoisie zu besitzen". In dieser Aussage werden Begriffe und Realitäten miteinander verbunden, die im ‚klassischen' Mar-xismus einander stets entgegengesetzt werden. Daraus wäre zu schließen, daß ‚die bürgerliche Gesellschaft' nicht notwen-digerweise ‚bürgerlich' im Sinne einer bloßen Herrschaft des Großbürgertums ist und daß ganze Nationen, ja Kulturen sich nach dem Grade ihrer ‚Bürgerlichkeit' unterscheiden können.

Die ‚westliche Gesellschaft' als bürgerliche Gesellschaft

Tatsächlich kann man mit gutem Grund die ‚westliche Ge-sellschaft' als eine ‚bürgerliche Gesellschaft' in dem Sinne verstehen, daß sie in ihrer Entwicklung durch die unver-wechselbare mittelalterliche Stadt und später durch das Auf-kommen einer vom Staat relativ unabhängigen Wirtschaft gekennzeichnet war, von der man zu Zeiten sogar annehmen konnte, sie sei machtvoller als die Politik. Die Geschichte dieser Gesellschaft bestand vor allem in der beständigen Auseinandersetzung der Staaten und Kräfte, welche in ihrer Gesamtheit seit der Reformation als das europäische liberale

System bezeichnet werden sollten, einer Auseinandersetzung, in deren Verlauf keine dieser Kräfte dasjenige blieb, was sie war, aber auch keine über Nacht dem Vernichtungsangriff einer anderen erlag. Jede der Revolutionen blieb unvollendet, keine der Reaktionen wies nicht mindestens einen fortschrittlichen Aspekt auf, und wenn die Philosophen der Aufklärung gegenüber der Kirche ihrer Zeit recht hatten, so gaben die Denker der Restauration dem Bild der Gesellschaft eine Dimension zurück, welche die Wahrheit der Aufklärung als flach und daher unwahr erscheinen ließ. Die europäische Gesellschaft blieb eine Gesellschaft der Synthese, und insofern war sie gerade nicht durch eine abrupte Ablösung herrschender Schichten oder durch eine monolineare „Verbürgerlichung" bestimmt. In England so gut wie in Deutschland, in Frankreich nicht minder als in Italien wiesen die höheren bürgerlichen Schichten eine starke Neigung zur „Feudalisierung" auf, und umgekehrt beobachteten Kulturkritiker schon früh Anzeichen einer ‚Vermassung' oder ‚Verpöbelung' in weiten Teilen auch des mittleren Bürgertums. Nur allzu leicht ließen sich Erscheinungsform und Wesen verwechseln: der alte Stadtbürger Johann Buddenbrook hätte den schneidigen Untertan Diederich Hessling schwerlich als Angehörigen seiner Klasse anerkannt, und mancher ungeduldige Beobachter erblickt auch heute noch in Gummibaum und Goldhamsterkäfig die Merkmale „des" bürgerlichen Interieurs. Aber wenn Kritik eine bloße Version der mehr und mehr in öffentlicher Form sich vollziehenden Auseinandersetzung der verschiedenen Kräfte und Phasen ist, so ist die freie und aktive Existenz einer radikalen Gesellschaftskritik die hervorstechendste Eigentümlichkeit der bürgerlichen oder liberalen Gesellschaft. Sie ist in ihrem Kern weitaus älter als diese Gesellschaft, und sie zieht ihre Kraft aus dem Urmythos vom Verlust der Unschuld und Harmonie durch den Sündenfall des Aufkommens von Habgier und Privateigentum; aber zu einer organisierten Kraft wird sie erst seit der Mitte des 18. Jahrhunderts. Es scheint, daß die führende Rolle einer Gruppe von Menschen, die sich bloß der Wirtschaft oder, wie es heißt, „dem Geldverdienen" widmet, als etwas Unnatürliches empfunden wird, das immer wieder Aufbegehren hervorruft, und „Legitimationsprobleme" tauchen keineswegs erst im „Spätkapitalismus" auf. Wenn das Großbürgertum (oder die „Bourgeoisie") tatsächlich allein herrschte, wenn es etwas anderes wäre als die Spitze eines Eisbergs, dann hätten sich die alten Prophezeiungen zweifellos längst erfüllt und ein gesellschaftlicher Sturm hätte die kleine Oberschicht hinweggefegt. Es ist aufschlußreich, daß es eine „bürgerliche Ideologie" im engeren Sinne nie gegeben hat. Sie hätte zu Beginn des ‚bürgerlichen Zeitalters' um die These zentriert sein müssen, daß die größtmögliche Ungleichheit des Besitzes im Interesse aller Gesellschaftsmitglieder liege, sofern es sich nicht um eine statische Ungleichheit handle. Weder Bentham noch Ricardo hat diese Auffassung vertreten. Und heute ist es nicht Ideologie, sondern Einsicht, wenn für unabsehbare Zeit eine notwendige Verbindung zwischen der geistigen, politischen und ökonomischen Bewegungsfreiheit der Individuen auf der einen Seite und der Existenz eines „Wirtschaftsbürgertums" auf der anderen Seite konstatiert wird, das Faktor unter Faktoren, jedoch keinesfalls „die herrschende Schicht" ist. Die Alternative ist nämlich nicht das anarchische Mitentscheiden von allen über alles, sondern die ungeteilte Herrschaft eines ‚politischen Bürgertums', das (wie das Beispiel der Sowjetunion zeigt) die Effizienz der Produktion dadurch herbeiführt, daß es den ganzen Rest der Gesellschaft permanent indoktriniert und mobilisiert. Wenn es der intellektuellen Linken nicht so viel Freude machte, die hundertjährigen Lehren hin und her zu wenden, so würde sie sich die Frage vorlegen, wie bürgerlich ein Sozialismus sein müsse, der sich aus der Kontinuität der europäischen Geschichte nicht herausstellen will.

Die Bundesrepublik Deutschland – ein bürgerlicher Staat?

An die Bundesrepublik Deutschland wäre zunächst eine andere Frage zu richten, nämlich: „Wie bürgerlich darf ein Staat sein, wenn er überhaupt ein Staat sein will?" Die Bundesrepublik ist ja insofern der bürgerlichste aller Staaten, als sie nur deshalb entstanden ist, weil ein bürgerlicher Grundaffekt, der nahezu der gesamten Bevölkerung gemeinsam war, im Einklang mit den Interessen und Traditionen der Vereinigten Staaten das Risiko nicht eingehen wollte, das mit einer Annahme der sowjetischen Vorschläge zu einer Wiedervereinigung Deutschlands verknüpft gewesen wäre. Dieser bürgerliche Grundaffekt war der Wille zahlloser Einzelner und nicht zuletzt der Vertriebenen, sich unter Anspannung aller Kräfte und unter Wahrnehmung der amerikanischen Hilfsangebote eine erträgliche und schließlich komfortable Existenz aufzubauen, ohne ständig unter der Drohung umwälzender politischer Entwicklungen zu stehen. Dies war der Kettfaden im Gewebe der Bundesrepublik, und alle politischen Tendenzen und Gegentendenzen, so wichtig und kompliziert sie waren, stellten bloß den Schuß dar. Daher war die Gesellschaft der Bundesrepublik in viel höherem Maße eine „Wirtschaftsgesellschaft" als etwa diejenige der USA, welche in den Erinnerungen an den Befreiungskrieg gegen das Mutterland und an die beiden siegreichen Weltkriege ein ungemein starkes „staatliches" Gegengewicht besaß. Die lebendige gemeinsame Erinnerung der Bewohner der Bundesrepublik bestand dagegen bloß in der negativen Präsenz des nationalsozialistischen Superstaates und der katastrophalen Niederlage, die er verschuldet hatte. Die politische Reaktion eines aktiven

Antifaschismus wurde durch das Beispiel der DDR und durch deren Unterwerfung unter den stalinistischen Superstaat tiefgreifend diskreditiert, und der nächstliegende Ausweg war auch unter diesem Gesichtspunkt die Flucht in die unerahnten Möglichkeiten der marktwirtschaftlichen Konsumgesellschaft. Die neue Ostpolitik der Regierung Brandt–Scheel bedeutete einerseits die Bestätigung der Konsequenzen dieser Entwicklung, d. h. das Eingeständnis der Niederlage im Kalten Krieg, sofern er mit dem politischen Ziel der Wiederherstellung der Einheit Deutschlands unter westlichen Vorzeichen geführt worden war; sie war andererseits jedoch eine Parallele zu jener „Renaissance der Linken", die in der Bundesrepublik zu einem wesentlichen Teil der verspätete Gegenstoß gegen die zwanzig Jahre zuvor überstürzt (wie es schien) vollzogene Staatsgründung war und die doch zugleich eine bloße und obsolete Fortsetzung der alten und für die Staatsgründung fundamentalen Furcht darstellte, trotz der vollständig veränderten Verhältnisse könne der Nationalsozialismus wiederkehren. Aus den unvermeidbaren Frustrationen dieser „Linken der Autosuggestion" resultierte die bisher einzige Zeitphase, in der die Bundesrepublik in einem prononcierten und potentiell für künftige Normalzeiten grundlegenden Sinn ein Staat war, d. h. eine mit ihrer Führung bangende und hoffende Großgruppe von Menschen: die Zeitphase nach der Entführung Hanns Martin Schleyers. Nicht die Entführung als solche und auch nicht die Person des Entführten waren das entscheidende – dazu gab es Parallelen in mehreren Ländern Europas –; entscheidend war, daß die Attentate auf Buback und Ponto vorhergegangen waren und daß diese Entführung mit einer planvollen Brutalität sondergleichen erfolgte. Wenn die Regierung nachgegeben hätte, so hätte sich in der Bundesrepublik ein zweiter Souverän konstituiert. Die politische Führung verteidigte das elementarste Fundament der Staatlichkeit, als sie die Forderung zurückwies, daß die Erhaltung des individuellen Lebens bedingungslos der oberste Zweck ihres Handelns sein müsse. Insoweit machte sie die Bundesrepublik zum Staat. Aber sie hielt es nicht für richtig oder opportun, ausdrücklich und feierlich zu erklären, daß jeder führende Politiker gegebenenfalls dasselbe Opfer bringen werde, das Hanns Martin Schleyer auferlegt wurde. Und als plötzlich nicht mehr nur das Leben des einflußreichsten Kapitalisten auf dem Spiel stand, sondern die Existenz von hundert einfachen Menschen, da halfen ihr nur Glück und Geld. Wenige Monate später gab Italien gegenüber der terroristischen Herausforderung das Beispiel eines in aller Erfolglosigkeit prinzipiengeleiteten Handelns – jenes Italien, das nicht grundlos als „schwacher Staat" gilt, das aber weniger als Deutschland durch seine Vergangenheit belastet ist. So ist die Bundesrepublik Deutschland zwar ohne Zweifel ein Teil der bürgerlichen Gesellschaft des Westens, aber ob sie jemals im vollen Sinne ein bürgerlicher Staat werden wird, muß weiterhin eine offene Frage bleiben. Wenig spricht dafür, daß dieser Mangel an Staatlichkeit schon deshalb die Vorwegnahme einer besseren Zukunft ist, weil er im Alltag der Wohlstandsgesellschaft in aller Regel nicht empfunden wird.

II. Ökonomie und Politik

Historische Reflexionen
zu einem unabschließbaren Thema

Man findet nicht leicht Vergleiche für das Gefühl tiefer Befriedigung, mit der seit Jahren zahlreiche Autoren und unzählige Studenten die Zurückführung politischer Phänomene auf deren „ökonomische Wurzeln" oder „ökonomische Hintergründe" betreiben oder zur Kenntnis nehmen; vielleicht muß man bis in die erste Zeit des Platonismus zurückgehen, um eine ähnliche Freude an der Zerstörung einer „scheinhaften" und der Entdeckung einer „wahren" Welt vor Augen zu haben.

In der Tat läßt sich nicht leugnen, daß eine große Anzahl historischer Tatbestände für den Vorrang eines zunächst noch ganz unbestimmt gefaßten „Ökonomischen" gegenüber dem ebenso vage umschriebenen „Politischen" sprechen. Einige zufällig herausgegriffene und beliebig vermehrbare Beispiele machen das deutlich.

Die Geschichte der ersten Hälfte des 19. Jahrhunderts war in England – und mit einiger zeitlicher Verschiebung auch in Deutschland und Frankreich – zu einem bedeutenden Teil die Geschichte der Verdrängung des Handwebstuhls durch den mechanischen Webstuhl, und die These drängt sich auf, „ökonomische Kräfte" hätten sich mit unwiderstehlicher

Kraft gegen die veraltete Produktionsweise durchgesetzt und dabei Millionen von Menschen ins Unglück gestoßen.

Daß „ökonomische Krisen" – Hungersnöte, Arbeitslosigkeit, plötzliches Sinken des Lebensstandards – häufig politische Unruhe nach sich ziehen, ist in der ganzen Weltgeschichte zu beobachten: in diesem Sinne hatte der Aufstand der „ciompi" in Florenz 1378 so gut „ökonomische Ursachen" wie die Entstehung des Chartismus im Jahre 1838 nach einem außerordentlichen Ansteigen der Kornpreise oder der überraschende Wahlerfolg der Nationalsozialisten am 14. September 1930, ein knappes Jahr nach dem „schwarzen Freitag" an der New Yorker Börse, der die Weltwirtschaftskrise einleitete. „Versucht doch einmal, einen Kerl mit vollem Magen politisch in Bewegung zu setzen", sagte der große englische Agitator William Cobbett um 1830, und Karl Marx meinte im Grunde dasselbe, als er nach 1848 die nächste politische Krise erst im Gefolge der nächsten ökonomischen Krise erwartete.

Das „ökonomische Interesse" der Großgrundbesitzer an der Höhe ihrer Renten war nach der These der „Anti-Corn Law League" in den frühen vierziger Jahren des 19. Jahrhunderts die Ursache dafür, daß die im Interesse aller anderen Schichten liegende Freigabe der Getreideeinfuhr nicht erfolgte, und ein ebenso engherziges „ökonomisches Interesse" einer kleinen Schicht von Großindustriellen lag nach einer verbreiteten These dem Aufstieg des italienischen Faschismus und der unerwarteten Ausbreitung des Nationalsozialismus zugrunde.

Die Erfindung der Baumwollentkörnungsmaschine durch Elie Whitney im Jahre 1793 schuf die Voraussetzungen für den Großanbau von Baumwolle im amerikanischen Süden, und die ökonomistische Weltansicht hat nie eine schlagendere Formulierung gefunden als in dem Motto „Cotton is King", das die Südstaatler allen moralisierenden Vorstellungen aus dem Norden entgegensetzten, Vorstellungen, die ihnen selbst wiederum nur aus dem ökonomischen Interesse der Nordstaaten und der dort herrschenden Fabrikantenschicht erklärbar zu sein schienen.

Auf ganz ähnliche Weise glaubten 100 Jahre später viele amerikanische Intellektuelle, hinter dem politischen Engagement der USA in Südostasien ökonomische Interessen großer Firmen an Gummi, Erdöl oder Sojabohnen entdecken zu können.

Aber es lassen sich leicht eine Anzahl von Tatsachen anführen, die das Verhältnis von Ökonomie und Politik als sehr viel komplizierter erscheinen lassen.

Die ökonomische Krise der Jahre 1830/31 in England, die eine entscheidende Voraussetzung für die Verabschiedung der Reformgesetzgebung von 1832 war, erhielt ihre eigentliche Bedeutung erst durch das Beispiel der französischen Julirevolution und wurde ihrerseits durch die politischen Ereignisse ständig verschärft. Andererseits war der Gesetzentwurf zur Reform des Wahlrechts, den die Regierung Grey vorlegte, von einer so unerwarteten Radikalität, daß selbst die entschiedensten Reformer zunächst sprachlos waren. Mithin folgte die Politik nicht den veränderten ökonomischen Verhältnissen, sondern sie sprang ihnen mindestens für Augenblicke weit voraus. Und auch die große deutsche Krise ein Jahrhundert später war nicht so eindeutig von einem Vorrang der ökonomischen Umstände bestimmt, wie es auf den ersten Blick scheinen mag. Erst die tiefe Beunruhigung, die der nationalsozialistische Wahlsieg schuf, führte nämlich jene gewaltigen Kreditabzüge des Auslandes herbei, welche der Krise ihren spezifischen Charakter gaben.

Die Abschaffung der Korngesetze durch Sir Robert Peel im Jahre 1846 entsprach keineswegs den ökonomischen Interessen und den Intentionen der Landedelleute („country gentlemen"), die das Rückgrat der konservativen Partei des

Premierministers bildeten. Aber lange Jahre mußten ihre Vertreter im Parlament mit ohnmächtigen Klagen den vorbereitenden Schritten Peels zusehen, weil sie ihn nur mit Hilfe ihrer alten Feinde, der Whigs, hätten stürzen können.

Daß ein grundsätzlicher Vorrang der Politik vor der Ökonomie bestehe, hatte im schroffen Gegensatz zur klassischen englischen Schule der Nationalökonomie Friedrich List behauptet, für den ökonomische Einheit immer nur eine Folge und niemals eine Ursache der politischen Einheit war. Nach seiner Auffassung hing vielmehr die ökonomische Entwicklung selbst in allen weniger entwickelten Ländern von politischen Maßnahmen wie beispielsweise vom Zollschutz ab.

Aber sogar in England hatten politische Maßnahmen und rechtliche Überlieferungen die wirtschaftliche Entwicklung stark bestimmt und in erheblichem Maße behindert. Und wurde nicht das Fabrikgesetz von 1833 und gar die Einführung des Zehnstundentages 1847 von vielen Fabrikanten als ein widernatürlicher und überaus schädlicher Eingriff menschlichen Witzes in die ewigen Gesetze der Ökonomie betrachtet und bekämpft?

Kaum eine Überzeugung war bis 1933 in allen deutschen Parteien so verbreitet wie die, daß unter den völlig andersartigen und weitaus entwickelteren ökonomischen Verhältnissen Deutschlands eine dem italienischen Faschismus ähnliche politische Bewegung keinesfalls werde zum Siege gelangen können. Wenige Jahre später zweifelte niemand mehr daran, daß internationale Strömungen stärker sein können als nationale Entwicklungsdifferenzen ökonomischer Art, und nach dem Zweiten Weltkrieg war es gerade den Vertretern einer ökonomischen Weltanschauung so gut wie selbstverständlich, daß in wirtschaftlich völlig unterschiedlichen Gebieten wie der Tschechoslowakei, China und Angola „der Sozialismus" aufgebaut werden konnte.

Mit nicht geringerem Gleichmut ist weithin die Tatsache aufgenommen worden, daß seit drei Jahrzehnten die ökonomisch erheblich schwächere Sowjetunion ein Rüstungsgleichgewicht mit den USA angestrebt und erreicht hat, das aus bloß ökonomischen Gründen weder möglich noch notwendig gewesen wäre.

Die Frage läßt sich auch durch den Hinweis auf die Existenz „ökonomischer Grundereignisse" nicht zur Entscheidung bringen, welche sowohl die ökonomische wie die politische Entwicklung in entscheidenden Punkten und für lange Zeit bestimmten. Es ist richtig, daß der Dauerregen des Jahres 1845 und die damit zusammenhängende Vernichtung der irischen Ernte durch die Kartoffelkrankheit den letzten Anstoß zur Einführung des Freihandels in England mit allen daraus herrührenden Folgen gaben und überdies das Gesicht der Vereinigten Staaten durch die ungeheure Immigration von Iren veränderten. Auf vergleichbare Weise war die Entdeckung der kalifornischen und australischen Goldfelder um 1850 ein wesentlicher Faktor der Expansion der Weltwirtschaft und der Herausbildung einer Weltpolitik in den folgenden Jahrzehnten, und die Erschließung der Kernenergie wurde schon früh als das für Politik, Rüstung und Wirtschaft grundlegende Ereignis der Epoche nach dem Zweiten Weltkrieg betrachtet. Aber einmal bestanden solche Grundereignisse weitgehend aus Naturtatsachen oder aus der Entdeckung von Naturtatsachen, und zum anderen gibt es politische Grundereignisse so gut wie ökonomische, die für lange Zeit die Bahnen festlegen, in denen die Entwicklung aller Bereiche sich bewegt, obwohl sie ihrerseits oft genug den Charakter bloßer Zufälle haben: Die Französische Revolution warf Frankreich wirtschaftlich um Jahrzehnte zurück und setzte England instand, seine Vorherrschaft auf dem Weltmarkt zu begründen; ein Sieg Napoleons über Rußland im Jahre 1812 war keineswegs unmöglich, und er hätte den Fluß der Geschichte in ein anderes Bett gelenkt; ähnliches gilt für die Schlacht von Königgrätz und die deutsche Frühjahrsoffensive von 1918.

Grundsätzliche Überlegungen

Indessen macht gerade diese aus den Beispielen resultierende Entscheidungslosigkeit einige grundsätzliche Überlegungen notwendig. Daß der Mensch vor allem ein „ökonomisches Wesen" ist, unterliegt keinem Zweifel, wenn darunter verstanden wird, daß er sein Leben nur durch die Zuführung von Lebensmitteln erhalten kann. Darin unterscheidet er sich nicht von allen anderen Lebewesen, und in diesem Punkte gibt es keine Differenz zwischen den verschiedensten Zeiten und Kulturen. Daß die Menschen zuerst essen, trinken, wohnen und sich kleiden müssen, ehe sie Politik und Wissenschaft treiben können (wie Engels am Grabe von Marx sagte), ist keine Entdeckung, sondern die trivialste der Trivialitäten, und sie kann allenfalls den Vorrang für sich in Anspruch nehmen, daß sie niemals von irgendjemandem bestritten wurde und für Platon so selbstverständlich war wie für Aristoteles. Nicht ganz so selbstverständlich, aber immerhin äußerst naheliegend ist die Folgerung, daß es dem Menschen infolgedessen *immer* primär um die Mittel der Lebensfristung gehe, daß *all* sein Tun und Denken darauf abgestellt und davon bestimmt sei. In der Tat läßt sich so das Verhalten der primitivsten Menschen unter den ungünstigsten Umständen verstehen, etwa dasjenige der Buschmänner in der Kalahari, und wenn es sich nicht um eine anthropomorphe Verbildlichung handelt, mag das Leben der Tiere als eine einzige ununterbrochene Suche nach den Lebensmitteln gesehen werden. Zweifellos kann diese Grundsituation in den entwickeltsten Verhältnissen jederzeit in überwältigender Gestalt von neuem auftauchen: beim Untergang eines Schiffes mag der Mann seine eigene Frau von dem Floß stoßen, das nur einem Einzigen Rettung bringen kann, in belagerten Städten kann der Hunger zum Kannibalismus treiben, und wer sich in der Wüste verirrt hat, hat nichts vor seinem geistigen Auge als das Glas Wasser, das ihm Rettung bringt.

Aber daß die Grundsituation nur eine Grenzsituation ist, unterscheidet den Menschen von allen anderen Lebewesen. Als Mensch lebt er in wachsender Entfremdung von seiner Grund- und Grenzsituation. Schon die ersten Anfänge der Kultur bringen die Sammlung von Vorräten, die Herstellung von Werkzeugen und damit einen Anfang von Sicherheit. Sie lassen das Schöne und das Überflüssige hervortreten: der Eingang der Hütte erhält ein Ornament, dem Toten wird Nahrung ins Grab gegeben. Beides ist nur möglich, weil schon dem primitiven Menschen nicht bloß die unmittelbare Umgebung bekannt, sondern die Welt als solche erschlossen ist, mag sie auch lediglich als Sitz fremder und gefährlicher Geister erscheinen.

Und nicht weniger als die Welt sind selbst dem primitiven Menschen die Dimensionen der Zeit, sind ihm Geburt und Tod bekannt. Die Sammlung und später die Erzeugung der Lebensmittel vollzieht sich also immer in einem vielfältigen Zusammenhang: von seiten einer Gruppe, die in sich nach Männern und Frauen, nach Jugend und Alter gegliedert ist, die ihre Wohnstätten und Geräte schmückt, die sich der Toten erinnert, die die Götter besänftigt und die für irgendeine Art von Zukunft Vorsorge trifft. Insofern ist der Mensch als das nicht-nur-ökonomische Lebewesen zu definieren, und ausschließlich dieses „nicht-nur" kennzeichnet ihn als Menschen, der äußerstenfalls sogar imstande ist, um seiner Selbstachtung und Würde willen zum Leben nein zu sagen.

Gerade dieses „nicht-nur" bestimmt auch mehr und mehr seine Ökonomie, die allmählich zu einer Ökonomie des Überflusses und damit zur Hochkultur wird, selbst wenn der

Überfluß mit der Zunahme gesellschaftlicher Differenzierungen ganz ungleichmäßig und wohl gar zugunsten der Toten oder bestimmter Toten wie der Pharaonen verteilt sein mag. In allen Hochkulturen bis zum Beginn der europäischen Neuzeit ist dieser gesellschaftliche Zusammenhang weder bloß politisch noch bloß ökonomisch, sondern ein ökonomisch-politisch-ideologisch-ästhetischer Gesamtkomplex, aus dem auch der Ärmste und Verachtetste nicht herausfiel und über den sich auch der Reichste und Klügste kaum je erhob. Noch in bezug auf die mittelalterliche Stadt kann die Frage nach dem Verhältnis von „Ökonomie" und „Politik" nicht sinnvoll gestellt werden. Und hätte es nicht die großen Naturkatastrophen wie den „schwarzen Tod" gegeben, so hätte man mit annäherndem, wenn auch gewiß nicht totalem Recht sagen können, kein Angehöriger der mittelalterlichen Gesellschaft sei der ökonomischen Grundsituation unmittelbar konfrontiert und den politischen, religiösen und künstlerischen Zusammenhängen entnommen gewesen, die dem realen und immer auch ökonomischen Leben erst ihren Sinn gaben.

Damit soll gewiß nicht gesagt sein, daß es im antiken Athen oder im mittelalterlichen Florenz keine „sozialen Spannungen", keine ökonomisch begründete Unzufriedenheit und keine Volksaufstände gegeben habe. Es soll nur behauptet werden, daß es keine herrschenden Schichten gab, die ihre Herrschaft *bloß* auf einen ökonomischen Vorrang stützten, und daß es keine Armen gab, die *bloß* auf ihre ökonomische Lage zurückgeworfen gewesen wären. Auf der anderen Seite gab es auch nur in ganz beschränktem Maße so etwas wie individuelle Initiative oder Aufbrüche ins Unbekannte. Von einer „religiös bestimmten Lebensganzheit" zu reden, in der sich weder Ökonomie noch Politik, weder Religion noch Ästhetik voneinander absondern ließen, muß nicht der Ausdruck romantischer Nostalgie sein – es ist auch die abkürzende Beschreibung eines Zustandes, der uns sehr weit entrückt und doch noch nicht schlechterdings zur unbegreiflichen Vergangenheit geworden ist.

Politik und Ökonomie in der Moderne

Inwiefern die Reformation, die Entdeckung Amerikas und die Entstehung der europäischen Nationalstaaten die Auflösung dieser Lebensganzheit allmählich herbeiführten, ist oft erzählt worden; im vorliegenden Zusammenhang genügt der Hinweis darauf, daß damit die Voraussetzungen für die Frage nach dem Verhältnis von „Ökonomie" und „Politik" geschaffen wurden. Jedenfalls betonten diejenigen Autoren, die sich in den ersten Jahrzehnten des 19. Jahrhunderts mit dem Übergang von der Hausindustrie zum Fabriksystem beschäftigten, d. h. mit dem eigentlichen Vollzug der „Industriellen Revolution", gar nicht ausschließlich das Absinken des Lebensstandards jener Weber, die als selbständige, zugleich auch landwirtschaftlich tätige Handwerksmeister eine auskömmliche und angesehene Existenz geführt hatten, sondern ebensosehr den Verlust des Familienzusammenhalts in den engen und rauchigen Fabrikstädten. Desgleichen beklagten sie das Hinschwinden der Selbstachtung, das Leiden unter der tyrannischen Gewalt der unmenschlichen Disziplin des „Dampfes", mit einem Wort: das Herabsinken zu bloßen „Händen", wie die Arbeiter der Baumwollindustrie von den Fabrikanten durchweg genannt wurden.

Auf der anderen Seite entwickelten die Fabrikbesitzer nun erstmals ein Bewußtsein, das ihren Vorläufern, den großen „Tuchherren" des Mittelalters und der frühen Neuzeit, noch fremd gewesen war: das Bewußtsein, daß sie als die Inhaber der überwiegenden ökonomischen Macht zu Unrecht von der politischen Macht ausgeschlossen seien. Sie müßten sich, so meinten sie, in einem gnadenlosen Klassenkampf gegen die Landaristokratie durchsetzen, die in „ihrem" Parlament eine selbstsüchtige Interessengesetzgebung ausübe, wobei sie insbesondere durch die hohe Besteuerung der Getreideeinfuhr die eigenen Renteneinnahmen hochhalte und die Gewinne der „industrious classes" so sehr schmälere, daß viele Fabrikanten zum Bankrott oder zur Auswanderung gezwungen seien, während ein großer Teil der Arbeiter vollständig verelendet und vom Hungertode bedroht sei.

Auffassungen wie diese lagen der gewaltigen Agitation der Anti-Corn Law League von ihrer Gründung im Jahre 1838 bis zu ihrem Triumph acht Jahre später zugrunde, und wenn man das Konzept ihres bedeutendsten Kopfes, Richard Cobdens, paradoxerweise einen Mittelklassen-Marxismus genannt hat, so könnte man angesichts der chronologischen Folge im Hinblick auf die Lehren von den Klassen, dem Klassenkampf und dem Zusammenhang von ökonomischer und politischer Herrschaft den Marxismus mit besserem Recht einen Unterschichten-Cobdenismus nennen.

Die erste Umkehrung dieser Lehre wurde dabei um die gleiche Zeit von den radikalen Tories vorgenommen, von Männern wie Richard Oastler, Michael Thomas Sadler, Lord Ashley und Benjamin Disraeli, die das Elend der Arbeiter gerade auf die Profitgier der Kapitalisten zurückführten und ihre Gegner anklagten, sie wollten die für den Bestand des Staates unentbehrliche Aristokratie aus ihrer Stellung verdrängen und eben damit die Arbeiter ihres besten Schutzes berauben.

In der Tat wäre ohne das leidenschaftliche Engagement dieser Männer die Fabrikgesetzgebung der dreißiger und vierziger Jahre vermutlich nicht durchgesetzt worden, und damit vermittelten die Vorkämpfer des aristokratischen England ihren Gegnern noch unter den Vorzeichen der auf die Dauer unabwendbaren Niederlage eine überaus bedeutsame Lehre: Jenes Reich der grenzenlosen und von unaufhebbaren Gesetzen regierten „reinen Ökonomie" des Spiels von Angebot und Nachfrage, in dem Adam Smith eine „unsichtbare Hand" erblickt hatte, die die Millionen Selbstsüchtigkeiten der wirtschaftenden Subjekte zu dem einen Gesamtvorteil der ständig steigenden Produktivität vereinte, existierte in Wahrheit gar nicht, sondern es wurde sogar da, wo es sich immerhin tendenziell zu entfalten vermochte, durch die nicht-marktmäßigen Reaktionen und Willensäußerungen von gesellschaftlichen Gruppen oder auch von Staaten modifiziert, in denen das Wesen der Politik besteht.

Deshalb kann man nicht einmal sagen, daß mit dem mechanischen Webstuhl „ökonomische Kräfte" gnadenlos über die veraltete Produktionsform des Handwebstuhls hinweggeschritten seien. Denn wenn der Widerstand und erst recht der bloße Schmerzensschrei der Handstuhlweber auch ohne unmittelbaren Erfolg blieb, so ist er doch ein so bedeutender Faktor in der entstehenden Arbeiterbewegung gewesen, daß er in verwandelter Form in einem neuen Koordinatensystem gesellschaftlicher Kräfte lebendig blieb und weiterhin seine Wirkung tat.

Und wie es ökonomische Krisen gibt, die ohne nennenswerte politische Auswirkungen blieben – die englische Krise von 1825 zum Beispiel oder die erste Weltwirtschaftskrise von 1857 –, so lassen sich zahlreiche politische Krisen nennen, denen keine gravierende ökonomische Krise vorherging: dazu zählen fast alle Krisen, die aus der Auseinandersetzung der Staaten resultieren, und es wird, im ganzen gesehen, vergebliche Liebesmühe bleiben, den Ausbruch des Deutsch-Französischen Krieges oder den Beginn des Zweiten Weltkrieges in der Hauptsache aus dem Bestreben der Herrschenden abzuleiten, innenpolitische Unzufriedenheit nach außen abzulenken.

Nicht einmal der amerikanische Bürgerkrieg kann überzeugend auf bloß ökonomische Ursachen zurückgeführt werden: ohne den außerordentlichen Fanatismus einer so außerordentlich extra-ökonomischen und mehr religiösen als rein politischen Kraft wie der abolitionistischen Bewegung hätte er noch Jahrzehnte auf sich warten lassen und wäre dann infolge innerer Schwäche der Südstaaten in wenigen Monaten zu Ende gewesen, statt wider alle vernünftige Erwartung infolge der Unwissenheit oder auch Loyalität der schwarzen Bevölkerung vier lange und blutige Jahre zu dauern.

Wer den Aufstieg einer durch und durch emotionalen Massenbewegung wie des Nationalsozialismus durch die Geldzahlungen einiger Kapitalisten erklärt, ist entweder von einem durchsichtigen Interesse an politischen Zielen geleitet oder er überschätzt nach der Art der Verschwörungstheorien die Manipulationsmöglichkeiten von „Drahtziehern" auf groteske Weise. Heute sind ökonomische Interessen vielmehr umgekehrt nicht selten auf politische Interessen zurückzuführen: wenn ein Abgeordneter die Ansiedlung eines prosperierenden Industrieunternehmens in seinem Wahlkreis betreibt, denkt er nicht in erster Linie an die Dividenden der Aktionäre, sondern an die Stimmen derjenigen, die nun eine Beschäftigung finden.

Die grundlegendste Einsicht ist indessen die folgende: Alle diese ökonomischen Interessen, ökonomisch-politischen Kräfte und technologischen Entwicklungen entfalteten sich ursprünglich nur auf dem Boden einer Gesellschaft, die immer wieder in herabsetzender Absicht „kapitalistisch" genannt wurde und die doch jedenfalls der Grund dafür ist, daß eine Unterscheidung zwischen einem relativ unabhängigen „Ökonomischen" und einem relativ unabhängigen „Politischen" überhaupt getroffen werden kann.

Adam Smiths Postulat wäre nämlich gegenstandslos gewesen, wenn sich nicht während und sogar vor der Zeit des Merkantilismus in der Gesellschaft selbst Kräfte bemerkbar gemacht hätten, die jener zentralen Ausrichtung widerstrebten, welche die Vorbedingung einer erfolgreichen Staatswirtschaft ist.

Eine solche Gesellschaft entsteht nicht über Nacht, sondern sie erwächst aus tiefen historischen Wurzeln. Diese Wurzeln, aus denen ein neuer Begriff des Ökonomischen hervorging, waren nicht selbst schon in diesem Sinne ökonomisch; sie stellten sich vielmehr zunächst als jene mittelalterliche Struktur dar, in der verschiedene relativ selbständige gesellschaftliche Kräfte – Königtum, Adel, Kirche, Städte, Staaten – miteinander rangen, ohne sich je gegeneinander abzuschließen.

Diese Struktur war die Vorbedingung für die Auflösung der gleichwohl einheitlichen Lebenswelt des Mittelalters im Zeitalter der Reformation und für die Ausbildung neuer Kräfte, insbesondere der Konfessionen, welche die alte Auseinandersetzung komplizierter und differenzierter machten. Jetzt erst konnten sich „ökonomische Interessen" im eigentlichen Sinne herausbilden – etwa der „East India interest" oder der „shipping interest" im England des 18. Jahrhunderts –, und es steht in dem gleichen Zusammenhang, wenn wenig später auch erstmals „die Massen" ihre Interessen artikulieren und vertreten konnten.

Wenn man sich diesen Rahmen nicht gegenwärtig hält, ist alles Reden von „ökonomischen Interessen" naiv: der griechische Kaufmann in Istanbul mochte ein „ökonomisches Interesse" daran haben, daß der Sultan ihm ein „Darlehen" zurückzahlte, aber er wußte zugleich, daß er im Konfliktfall keine Chance haben würde, mit dem Leben davonzukommen. Und nur in diesem gesellschaftlichen Rahmen kann es selbstverständlich scheinen, daß eine ökonomische Krise eine politische Krise hervorruft: um 1930 verhungerten in der Ukraine Hunderttausende, ohne daß eine politische Krise spürbar geworden wäre, weil das stalinistische System die Voraussetzungen beseitigt hatte, von der die angeblich normale Kausalverknüpfung abhängt.

Es war offenbar die eigentümliche und unverwechselbare Struktur der „westlichen" oder „pluralistischen" oder „liberalen" Gesellschaft, die so etwas wie den industriellen Privatkapitalismus möglich machte, der einen historischen Augenblick lang wie eine hemmungslose Naturkraft sich die Welt im ganzen zu unterwerfen schien. Dieses Ausgreifen wurde oft genug zu einer Rassenqualität der europäisch-nordamerikanischen Völker verdinglicht, und selbst Friedrich Engels schrieb die Entstehung von Weltverkehr und Weltmarkt gelegentlich nicht „dem Kapitalismus", sondern dem „Unternehmungsgeist der europäischen Rasse" zu. Aber daß die scheinbar selbständige Ökonomie so gut eine Wurzel hat, wie sie verschiedene Erscheinungsformen besitzt, unterliegt keinem Zweifel.

In dieser Wurzel liegt zugleich begründet, weshalb sich weder in England noch in Frankreich, weder in Italien noch in Deutschland die Erwartung erfüllte, das Bürgertum werde als die ökonomisch ausschlaggebende Macht die Aristokratie in der politischen Herrschaft ablösen. Überall hielt vielmehr sogar zu Beginn des 20. Jahrhunderts die Aristokratie noch einen erheblichen Teil der politischen Herrschaft in Händen, und als sie endgültig in den Hintergrund der Bühne zurücktrat, konnte „das Bürgertum" nicht ohne die Unterstützung oder Mitwirkung der Repräsentanten großer Teile der Arbeiterschaft regieren.

Dazu war das Bürgertum freilich nur deshalb imstande, weil inzwischen in der Realität diejenige Situation hinfällig geworden war, die das Bewußtsein der entstehenden Arbeiterbewegung wie nichts anderes bestimmt hatte, die Situation nämlich, welche inmitten der Zivilisation das Wiederauftauchen der ökonomischen Ursituation des Menschen schlechthin zu bedeuten schien: die Unsicherheit selbst der bloßen Lebenserhaltung, das unmittelbare Konfrontiertsein mit dem Hungertod. Diese Situation wurde als um so unerträglicher empfunden, als ihr eine ungeheure Ansammlung von Reichtümern in den Händen weniger Kapitalisten korrespondierte. Aber selbst in der Blütezeit der Agitation der Chartisten, dem Elendsjahr 1842, blieb die naheliegende These nicht unwidersprochen, daß das Massenelend die Folge der kapitalistisch betriebenen Maschinenindustrie sei. Sogar der Schrei nach Brot erwies sich als historisch bestimmt und damit nicht als „bloß ökonomisch"; denn der Blick auf die Nachbarinsel Irland zeigte auch dem ärmsten der englischen Arbeiter, daß er noch nicht arm genug war, um in den Schrei nach der Kartoffel einzustimmen. Schon die nächsten 50 Jahre erbrachten den Beweis, daß die Konzentration der Reichtümer, anders als in schatzbildenden Kastengesellschaften, nicht einen bloßen Entzug für die Masse der arbeitenden Bevölkerung bedeutete, sondern ihr in produktiver Verwendung zugute kam, daß zugleich die breite Mittelschicht nicht zurückging und daß erstmals in der Weltgeschichte Luxusgüter zum Besitz immer größerer Teile der Bevölkerung wurden. Offenbar war jenes Elend der Preis gewesen, der für diese Wohlfahrt bezahlt werden mußte.

Neuer Vorrang der Politik

Seit dem Ende des Zweiten Weltkrieges ist das Beispiel des Massenwohlstandes in den „entwickelten westlichen Industrienationen", den nur derjenige bestreiten kann, welcher sich nie mit dem England der „grausamen dreißiger und der hungrigen vierziger Jahre" (des 19. Jahrhunderts) beschäftigt hat, zur treibenden Kraft der Weltentwicklung schlechthin geworden. Aber die Mittel, die von den „Entwicklungsländern" zur Erreichung ihrer ökonomischen Ziele verwendet werden, sind großenteils von ausgesprochen politischer Art: Beseitigung der relativen Selbständigkeit der Ökonomie, d. h. vor allem des Privatbesitzes; ferner Domestizierung oder Vernichtung von Oppositionsparteien, strikte Kontrolle des Nachrichtenwesens, Aufhebung des „Marktes" im engeren und weiteren Sinne, d. h. der ökonomischen und geistigen Bewegungsfreiheit der Individuen.

Überall, kurzum, tritt die Ökonomie wieder in den Dienst der Politik, d. h. der Selbstbehauptung und Machtentfaltung des Staates, überall wird die prinzipielle Kritik wieder zum Verbrechen, und häufig genug wird das Individuum, das seine Freiheit nicht als Einstimmung in den vorgegebenen Konsens faßt, in einem ursprünglichen Sinne wieder zum Sünder, der sich von der Gemeinschaft absondert und damit das schlimmste Schicksal verdient. Vielleicht ist auch das ein Übergangszustand – der Preis, der für eine in Freiheit und Differenzierung gleichartigere Welt der Zukunft gezahlt werden muß. Aber es sollte mindestens auf der schrumpfenden Insel des „Kapitalismus" deutlich sein, wie eng die Differenz von Ökonomie und Politik, die Wohlfahrt der Massen und die Freiheiten der Individuen miteinander und zugleich mit den negativen Phänomenen verknüpft sind, die man mildern, aber nicht beseitigen kann: mit der verwirrenden Vielfalt der Meinungen, der Abwesenheit eines dirigierenden Willens, dem ständigen Auftreten von Krisen aller Art.

Es ist nun möglich, abschließend die Frage zu beantworten, weshalb jene Autoren und Studenten so viel Befriedigung darin finden, die Reduzierung aller Dinge auf das Ökonomische vorzunehmen, welche so sehr eine Verkennung der historischen Realität ist. Diese Reduzierung ist eben in Wahrheit nicht ein Akt der Erkenntnis, sondern der Ausdruck eines Willens. Im sogenannten „Frühsozialismus" ist es noch ganz deutlich, daß der angeblichen Seinsaussage eine Sollenaussage zugrunde liegt, nämlich die Aussage: es sollte keine Pluralität und damit Differenz ökonomischer Interessen geben, da die menschliche Gemeinschaft – häufiger als Dorf (Phalange, Kooperative) denn als Staat gefaßt und meist zur Menschheit insgesamt hin verlängert – nur ein einziges ökonomisches Interesse haben sollte, das in der gleichmäßigen Bedürfnisbefriedigung aller Mitglieder sein Ziel findet.

Diese Vorstellung ist nicht so sehr „utopisch" wie an einer verschwindenden Wirklichkeit orientiert: der unabhängigen, selbstverwaltenden, großfamilienhaften Dorfgemeinde, die als Trägerin des Genossenschaftsprinzips im 19. Jahrhundert den Gebilden des Herrschaftsprinzips romantisierend entgegengestellt und von den frühsozialistischen Theoretikern ihren Entwürfen zugrundegelegt wurde. In der Tat war die überschaubare „Gemeinde" in dieser oder jener Gestalt zwar keineswegs durchweg egalitär, aber doch eine so machtvolle Wirklichkeit, daß sie zu den unverlierbaren, selbst in der Kleinfamilie sich immer wieder erneuernden Urerfahrungen der Menschheit gezählt werden muß.

Alles, was sich heute mit Emphase „links" nennt, orientiert sich an Kleingruppen vergleichbarer Art und ist wieder in jenes negative Verhältnis zum „technischen Fortschritt" zurückgetreten, das für alle frühen Formen der extremen Linken kennzeichnend war.

Damit ist die Linke von einem viel ursprünglicheren Motiv geleitet als von einem „ökonomischen Interesse", und sie kann in einer Gesellschaft sehr wichtige Korrekturfunktionen ausüben, in der es tatsächlich so aussehen mag, als vollführten nur noch ökonomische Interessen ein kakophonisches

Konzert. Doch die Linke glaubt der Selbstreflexion, die sie zu Fragen wie denjenigen nach dem Verhältnis von Reaktion und Revolution, von Interesse und politischem Glauben, von Klasse und Partei führen müßte, überhoben zu sein. Sie fühlt sich der eigenen Progressivität in dem Gedanken sicher, daß eines nahen Tages die gesamte Menschheit, wie jene altertümliche „kommunistische" Gemeinde, ein im Gleichgewicht von Produktion und Konsumtion lebendes wirtschaftliches Ganzes sein werde, das selbstgenügsam und gerecht alle Bedürfnisse ihrer individuellen Mitglieder befriedigt. Aber auch hier gibt sie sich nicht genügend Rechenschaft darüber, daß sie damit einen Grenzbegriff entwickelt, der zwar eine Orientierung an die Hand gibt, der aber die Möglichkeiten des Menschen verkürzt. Er könnte eine politisch verhängnisvolle Bedeutung gewinnen, wenn im Zuge der ungleichmäßigen Bevölkerungsexplosion des nächsten Jahrhunderts der Kampf der Staaten und Staatenkomplexe untereinander mehr als je zuvor, wenn auch anders als je zuvor, zur beherrschenden Wirklichkeit des geschichtlichen Geschehens werden sollte.

III. Revolution und Reaktion
Exempel einer verdrängten Dialektik

Im Rahmen der Ausstellung des Europarats „Tendenzen der Zwanziger Jahre" konnte man in der Berliner National-galerie den Entwurf eines Bühnenbildes zu einem Stück sehen, das 1920 in Moskau aufgeführt wurde. Auf zwei großen Estraden präsentieren sich die Revolution und die Reaktion, die eine in der Gestalt kampfentschlossener Massen auf den Straßen Petersburgs, die andere durch die geschäftige oder ratlose Regierung im Winterpalast verkörpert. Auf einer Brücke, welche die Estraden verbindet, spielt sich der Kampf zwischen den beiden Mächten ab, und er endet mit der vollständigen Niederlage der „Herrschenden" und damit dem endgültigen Siege des „Volkes".

Die einfachen Linien dieser Grundanschauung, die mit „der" Revolution das Fortschrittliche und Gute „der" Reaktion als dem Überlebten und Schlechten gegenüberstellt, waren auch damals schon alt, und sie haben bis heute ihre emotionale Faszination nicht verloren. Die Frage ist, ob sie einer kritischen Überprüfung standhalten.

So viel ist sicher: schon wenige Jahre nach jener Aufführung erklärte der Mann, der in aller Welt als der Stratege der Erstürmung des Winterpalasts galt, die Revolution sei nun durch eine Reaktion abgelöst worden, und indem er

43

den Begriff des „Thermidor" ins Spiel brachte, orientierte er sich an dem großen Beispiel der Französischen Revolution, die ja gerade in den Augen der entschiedensten Revolutionäre nach der Hinrichtung Robespierres zur Reaktion des Direktoriums, ja zum Despotismus des ersten Napoleon degeneriert war. Und wenn im 19. Jahrhundert mit Alexis de Tocqueville ein gemäßigter Liberaler erklärt hatte, die Französische Revolution sei in entscheidenden Punkten eine Fortsetzung der Tendenzen des Ancien régime gewesen, so waren es im 20. Jahrhundert vornehmlich Denker sozialistischer Prägung, die schließlich in der stalinistisch konsolidierten Russischen Revolution weiter nichts als einen Formwandel des zaristischen und „halbasiatischen" Despotismus sehen wollten.

Angesichts der Möglichkeit einer so sonderbaren Verkehrung dürfte ein Blick auf die Entwicklung der Wortbedeutung von Nutzen sein.

Das Wort „Revolution" taucht erstmals in der Astronomie der Spätantike auf und bezeichnet die kreisförmigen Bewegungen der Himmelskörper. In dieser Bedeutung erscheint es noch im Titel des Hauptwerks von Nicolaus Kopernikus. Als „Umlauf" der menschlichen Dinge und Wiederkehr der Zeiten findet es aber schon früh auch Anwendung auf die Geschichte. Fundamental für die Bedeutung bleibt viele Jahrhunderte lang das Re- (= Zurück), und die Paradoxie des Wortes Revolution besteht darin, daß es ursprünglich nichts anderes meint als Restauration, d. h. Wiederherstellung eines früheren oder ursprünglichen Zustandes. Diese Bedeutung ist noch in dem englischen Terminus „Glorious revolution" mit Händen greifbar, denn der Thronwechsel von 1688/89 wurde vor allem als der Sturz eines neuerungssüchtigen und tendenziell absolutistischen Monarchen verstanden. Noch die amerikanische Revolution sah sich gern als die Wiederherstellung und Sicherung alter

Freiheiten, die durch den Despotismus eines fernen Königs bedroht waren. Erst in der französischen Aufklärung und im Zusammenhang der Französischen Revolution kam es zu jener Verbindung des Wortes mit dem „Neuen", dem „Fortschrittlichen" und „Guten", und dennoch wurde die Paradoxie nur noch größer, denn der revolutionäre Fortschritt wurde im Sinne Rousseaus weithin als eine Rückkehr zu „natürlichen" Verhältnissen, ja wohl gar zum Naturzustand aufgefaßt.

Das Wort „Reaktion" dagegen mußte sich in seiner Bedeutung außerordentlich verengen, bevor es mit „Rückschritt" identisch werden konnte. Wenn nach der Lehre der mittelalterlichen Philosophie Gott der Actus purus ist, so läßt sich daraus die Folgerung ableiten, daß der unlösbare Zusammenhang von Aktion und Reaktion das Grundmerkmal aller endlichen Erscheinungen ist. Das Zurücktreten dieser Philosophie war die Voraussetzung dafür, daß das Wort Reaktion einen wertenden Sinn erhielt und mit den negativen Phänomenen des „Überlebten" und „Rückschrittlichen" verbunden wurde.

Die vermittlungslose Entgegensetzung eines revolutionären und eines reaktionären Prinzips war während der ersten Hälfte des 19. Jahrhunderts Gegnern und Anhängern des Ancien régime gleich selbstverständlich, auch wenn die Wertung aufs schroffste differierte. Der „Beharrungspartei" wurde die „Bewegungspartei" gegenübergestellt, dem Legitimitätsprinzip das Prinzip der Volkssouveränität, Freunden und Feinden galt „die Revolution" als die sechste und gewaltigste Großmacht, und keineswegs bloß Metternich und Stahl, sondern auch der Herzog von Wellington und Robert Peel fühlten sich und ihre Welt durch „die Revolution" bedroht.

Und doch gab es auch damals schon gute Gründe, die Begriffe zu differenzieren und die schroffe Entgegensetzung zu mildern.

Im Jahre 1793 verlangte ein Patriot in Chartres, die Kathedrale niederzureißen, da sie ein Monument der früheren Finsternis sei, und sein Antrag wurde nur deshalb abgelehnt, weil die Trümmer den Verkehr zu sehr behindern mußten. Gewiß war dieser Patriot revolutionär; aber konnte man ihn fortschrittlich nennen, es sei denn, der Fortschritt bestände in der Zerstörung gerade des Außerordentlichsten, was die Menschheit sich in einer langen Geschichte erarbeitet hatte? Das Argument, daß die Revolution mindestens partiell kulturfeindlich sei, wurde zum wichtigsten Grund der Entstehung eines kritischen und damit selbstkritischen Liberalismus in Europa, dem schon bald eine Neigung zur Allianz mit den „alten Mächten" nachgesagt wurde.

Und wie sehr mußte das Bild von „der" Revolution modifiziert werden, wenn man die Bedeutung der Mehrstaatlichkeit für die in ihren Grundzügen so einheitliche Gesellschaft Europas bedachte! Je mehr die Revolution in Frankreich sich radikalisierte, um so entschiedener wurde die Reaktion in England, wo doch 1789 auch große Teile der Aristokratie von Enthusiasmus für die französischen Ereignisse erfüllt gewesen waren. Und umgekehrt: als England nach einem mehr als zwanzigjährigen Kriege Napoleon niedergeworfen hatte, da ermutigte es aus Gründen der Staatsräson und der Innenpolitik den Abfall der spanischen Kolonien, und da drohte der Außenminister Canning, einst der entschlossenste Anti-Jakobiner, den Mächten der Heiligen Allianz, er werde den „Äolusschlauch der Revolution" öffnen.

Und wenn das politisch reaktionäre England der Hauptrepräsentant des ökonomischen Fortschritts und der wichtigste Förderer revolutionärer Bewegungen in der Welt war, so zeigte sich bald, daß die Reaktionäre nicht homogen waren und daß ein Teil von ihnen es verstand, Revolutionen von neuartiger und überraschender Art zu machen.

Als der Prinz-Präsident Louis Bonaparte am 2. Dezember 1851 mit einem Staatsstreich sowohl die Linke wie die Rechte des Parteienspektrums niederwarf und sich ein Jahr später nach dem Vorbild seines Onkels zum Kaiser der Franzosen machte, da taten Marx und Engels ihn als „Hanswurst" ab und hielten seinen baldigen Sturz für unvermeidbar. Aber die Legitimisten in ganz Europa erblickten in ihm eine Ausgeburt der Revolution, und er blieb immer ein Außenseiter im Kreis der gekrönten Häupter Europas. Ein kluger englischer Beobachter nannte ihn einen „benthamitischen Despoten", einen „Agenten des Volkes" und damit einen Vorkämpfer des revolutionären Prinzips der Volkssouveränität, obwohl er die Revolutionäre in die Gefängnisse warf oder ins Exil trieb. Unter seiner Regierung tat Frankreich die entscheidenden Schritte der Industrialisierung, und mit einem großen Programm öffentlicher Arbeiten gewann er so sehr die Sympathien eines Teils des Proletariats, daß es nach Engels' Meinung viele Jahre lang so aussehen konnte, als habe der Napoleonismus den Sozialismus besiegt. Sein Sturz erfolgte erst zwei Jahrzehnte nach seinem Staatsstreich, und er wurde nicht durch Revolutionäre im innenpolitischen Kampf, sondern durch einen Reaktionär im Kriege niedergeworfen.

Auf Bismarck war schon früh der sonderbare Ausdruck „roter Reaktionär" angewandt worden, und in seiner Auseinandersetzung mit dem Legitimisten Leopold von Gerlach gewann er sich gerade durch die Rückwendung zu dem älteren Prinzip der Interessenpolitik die innere Freiheit, die er brauchte, um einen Zugang zu derjenigen Realität zu finden, welche die preußischen Konservativen den „Nationalitätenschwindel" nannten. So machte auch er seine Revolution gegen die Revolutionäre, indem er Österreich aus Deutschland ausschloß, drei legitime Fürsten ihrer Länder beraubte und den Norddeutschen Bund zum ersten Großstaat der Welt mit genuinem allgemeinem Wahlrecht werden ließ. Nach dem Deutsch-Französischen Kriege sprach Benjamin Disraeli von der „germanischen Revolution", welche für die Welt wichtiger sein werde als die französische, und damit veränderte er den Begriff der Revolution auf folgenreiche Weise.

Aber schon im Jahre 1859 hatte Karl Marx einen überaus merkwürdigen Ausspruch getan, als ihm nach der Schlacht von Solferino klar wurde, daß nicht die Republikaner Mazzini und Garibaldi die Einigung Italiens herbeiführen würden, sondern der Royalist Cavour und sein Protektor Napoleon III. Der Ausspruch lautete „Die Reaktion exekutiert das Programm der Revolution", und auch er bedeutete eine tiefgreifende Veränderung des Begriffs der Revolution. Er implizierte nämlich tendenziell die Auffassung, daß die Revolution etwas anderes sein könne als gleichsam das Eigentum der Revolutionäre, daß sowohl Revolutionäre wie Reaktionäre in all ihren mannigfaltigen Schattierungen bloß Faktoren eines übergreifenden Prozesses waren, den sie je nach den Umständen förderten und hemmten, aber so, daß die Förderung zur Hemmung und der Versuch der Hemmung zur Förderung werden konnten.

Und in einem abermals andersartigen Sinne kann die Revolution sogar aus der Reaktion hervorgehen, ja eine bestimmte Art der Reaktion *sein*. Kein anderer als Lassalle hat den deutschen Bauernkrieg für eine reaktionäre Bewegung erklärt, die sich zur Vergangenheit zurückwandte und all dem widersetzte, was für die nächsten 200 Jahre auf dem Programm des Fortschritts stand. Babeuf orientierte sich an einer immer mehr hinschwindenden Bauerndemokratie und wollte die Nation zu einer „ländlichen Einfachheit" zurückführen, die alle „fremdländischen Frivolitäten" von sich wies. Die Äußerungen bekannter Frühsozialisten über das Tempo des modernen Lebens, über „all diese Ruhelosigkeit, dieses ständige Streben" ähneln aufs Haar den Urteilen der durchschnittlichsten Reaktionäre, wie etwa des preußischen Königs Friedrich Wilhelms III., der zu Beginn des Eisenbahnzeitalters sagte: „Alles soll Carrière gehen; die Ruhe und Gemütlichkeit leidet aber darunter. Kann mir keine große Seligkeit davon versprechen, ein paar Stunden früher von Berlin in Potsdam zu sein." Der eigentümliche Zusammenhang zwischen dem „war" und dem „soll" läßt sich in allen revolutionären Bewegungen der ersten Hälfte des 19. Jahrhunderts leicht nachweisen, auch wenn er nicht immer einen so plastischen Ausdruck fand wie vonseiten eines Redners bei einer Reformversammlung in Manchester 1816: „. . . dann wird England wieder werden, was es einst war und was es sein sollte: ein Land voller Roast Beef und Plum Pudding". Und noch tief in der zweiten Hälfte des Jahrhunderts sagte Friedrich Engels, die Masse der Anhänger der Sozialdemokratie in Sachsen bestehe aus Handwebern, d. h. aus einer ökonomisch zum Tode verurteilten Klasse. In der Tat wäre eine so unzweifelhaft fortschrittliche und in weiten Teilen revolutionäre Bewegung wie die Arbeiterbewegung des 19. Jahrhunderts überhaupt nicht mehr erkennbar, wenn man in ihr bloß die politische Erscheinungsform „aufsteigender" Schichten erblicken und die außerordentliche Rolle übersehen wollte, die gerade untergehende und versinkende Gruppen gespielt haben. Daher lassen sich gute Gründe für die These anführen, daß die politischen Revolutionäre des 19. Jahrhunderts im Hinblick auf die ökonomische Revolution und deren Träger, die Unternehmer, nichts anderes als besonders entschiedene Reaktionäre und trotzdem für den Fortschritt unentbehrlich waren.

Wenn mithin die Revolution in allen ihren Erscheinungsformen nicht nur eine Reaktion erzeugte, sondern selbst in
Reaktion umschlug, ja sogar aus reaktionären Denk- und
Empfindungsweisen hervorging, dann scheint jeder Unterschied zwischen Revolution und Reaktion aufgehoben zu
sein, und beide Phänomene versinken in der Nacht, in der
alle Katzen grau sind. Aber das ist nur insofern richtig, als
sich die simple „undialektische" Entgegensetzung von „der"
Revolution und „der" Reaktion nicht halten läßt. Die reale
Geschichte der großen Staaten Europas läßt nur ein jeweils
verschiedenes Wirkungs- und Mischungsverhältnis erkennen, aus dem bloß das abstrahierende Denken die reinen
und einander schlechthin entgegengesetzten Typen extrapoliert. Daher ist auch die modische Gegenüberstellung von
Staaten mit gelungener und Staaten mit mißglückter Revolution innerhalb Europas unrichtig. Man mag sagen, daß
England im 17. Jahrhundert eine Revolution hatte, aber mit
größerem Recht ließe sich behaupten, daß die genuine Revolution, diejenige von 1640–1660, scheiterte und daß die ge-
glückte Revolution von 1688/89, die William Cobbett eine
„Revolution der Aristokratie gegen das Volk" nannte, nur
in einem ganz eingeschränkten Sinne als Revolution bezeichnet werden darf. Kein Mensch in Frankreich hielt 1815
die Große Revolution der Zeit seit 1789 für „geglückt", und
wo scheiterte eine Revolution so total wie die Pariser Kommune von 1871? Die deutschen Revolutionen von 1848 und
1918 entsprachen im Charakter weitgehend den französischen Revolutionen von 1830 und 1848: alle Revolutionen,
die es auf europäischem Boden gegeben hat, endeten mit
„Klassenkompromissen" und hatten insofern das gleiche Ergebnis wie die großen Reformperioden; in keiner von ihnen
wurde eine ganze Klasse oder Partei vernichtet, so sehr sich

das Stärkeverhältnis veränderte. Daher darf man den Begriff der „europäischen Revolution" bilden, der dadurch bestimmt ist, daß er vom vorstellbaren Idealtyp der „reinen" Revolution abweicht, und zwar gerade durch die Stärke und Flexibilität, welche in ihrem Rahmen „die Reaktion" an den Tag legt. Die europäischen Revolutionen wären also nur Phasen innerhalb eines übergreifenden Prozesses, welcher Revolution und Reaktion als veränderbare und durcheinander beeinflußbare Momente in sich schließt, so daß es ganz verständlich ist, weshalb zu Zeiten die Reaktion das Programm der Revolution exekutiert und zu anderen Zeiten die Revolution sich zur Reaktion wandeln muß. Der Grund der Möglichkeit dieses Revolutionstyps wäre unzweifelhaft in der eigentümlichen Struktur der europäischen oder „westlichen" oder „liberalen" Gesellschaft zu suchen, die hier nicht zu analysieren oder aus ihren historischen Wurzeln herzuleiten ist.

Jedenfalls weicht die amerikanische Revolution in erheblichem Maße und die russische auf fundamentale Weise von diesem Typus ab. Die amerikanische Revolution war eine antikoloniale oder antiimperiale Befreiungsbewegung; daher vernichtete sie ihre Gegner, die pro-englischen Loyalisten, zwar nicht ökonomisch, wohl aber politisch, und sie machte ihre Ideologie zur Staatsideologie, so daß die USA der „erste Staat der Linken" genannt worden sind. Die russische Revolution vernichtete die Klasse, die gemäß marxistischer Lehre nach dem Sturz des Zarismus zunächst für unabsehbare Zeit hätte die Herrschaft übernehmen sollen, nämlich das Bürgertum, und schuf gerade dadurch die Möglichkeit der Bewahrung essentieller Grundzüge der russischen Tradition, so daß mit ihr die Kette der antieuropäisch-modernisierenden Revolutionen begann, die in keiner Revolutionslehre vorausgesehen waren.

Mithin scheinen diese Überlegungen auf das Ergebnis

hinauszulaufen, daß Bismarcks „Revolution von oben", der Staatsstreich Napoleons III., die dynastische Nationalrevolution Cavours und letzten Endes auch die faschistischen Revolutionen des 20. Jahrhunderts nicht anders als die Französische Revolution und die Revolution von 1848 zum Typus der europäischen „unvollendeten" Revolutionen gehören und insofern „dasselbe" sind. Aber mit ebensoviel Recht könnte man behaupten, alle Franzosen seien „dasselbe", nur weil sie die gleiche Sprache sprechen und insofern eindeutig von allen anderen Menschen abgehoben sind. Es gibt sehr wohl die Möglichkeit, innerhalb eines Typus tiefgreifende Unterscheidungen aufzuweisen.

Linke und rechte Revolutionen

Die Französische Revolution war eine linke Revolution, und Hitlers Revolution war eine rechte Revolution. Linke und rechte Revolutionen unterscheiden sich hauptsächlich dadurch, welche Rolle eine Gruppe von Menschen spielt, die das am ehesten Gleiche, Unveränderliche und Notwendige in allen Revolutionen darstellt, nämlich die Gruppe der Egalitätsideologen.

Dieser Terminus wird nicht in herabwürdigendem Sinne gebraucht. Und keineswegs ist die Linke mit den Egalitätsideologen identisch. Je nachdem, welches Moment auf welche Weise aus dem fundamentalen Motto „Freiheit, Gleichheit, Brüderlichkeit" herausgegriffen oder akzentuiert wird, gibt es eine freiheitliche, eine egalitäre und eine humanitäre Linke, und jede dieser Gruppen kann sich pragmatisch oder ideologisch orientieren. Die freiheitliche Linke glaubt an eine natürliche oder auch artifizielle Harmonie der individuellen Freiheiten und Verschiedenheiten, sobald die historisch-obsoleten Hemmnisse beseitigt sind; die egalitäre Linke verwirft auch die natürlichen Ungleichheiten und setzt

ihr Vertrauen auf den Zwang zum Guten = Gleichheit-
lichen, die humanitäre Linke will unmittelbar das Brüder-
liche ansprechen, das in jedem Menschen trotz aller Differenzen von Nation, Klasse und Konfession mächtig ist.

Seitdem es eine Rechte gibt, hat sie dem linken Motto die
Maxime „Ordnung, Hierarchie, Differenz" entgegengestellt, wenn auch mit je verschiedenen Inhalten.

Als ganze hat sich die Linke fast stets an längst vergange-
nen Zuständen orientiert, an einer konfliktlosen Urgesellschaft, an der Gleichheit der Spartaner, an der Ungebun-
denheit der Wilden. Insofern war sie radikal-reaktionär.
Aber es hat nie eine linke Partei gegeben, die sich nicht in
der Praxis die Maximen der Rechten als Regeln zu eigen
gemacht hätte.

Die Rechte hat meist trauernd auf einen verlorenen Zustand der nahen Vergangenheit hingeblickt, und insofern
war sie einfachhin reaktionär. Aber so wie die deutschen
Neukonservativen der Jahre nach 1864 die Verschiedenheit
der historischen Staaten und Stämme zugunsten der Einheit
der Nation aufgaben, so konnte das Vorbild immer tiefer in
die Vergangenheit rücken, bis es bei einer arischen Urgesellschaft angekommen war, die freilich immer noch als streng
geordnete, hierarchische und vielfältige vorgestellt wurde.

Innerhalb der Linken sind die Gleichheitsideologen die
wichtigste, wenn auch nicht die stärkste Gruppe. Sie sind an
keine bestimmte Nation, Klasse oder Epoche gebunden. Ky-
niker und Taboriten, Leveller und Enragés, Anhänger Thomas Müntzers und Gefolgsleute Wilhelm Weitlings stehen
sich in ihren gesellschaftlichen Grundanschauungen näher
als die Angehörigen jeder anderen historischen Gruppie-
rung. Sie repräsentieren ein Urvermögen des Menschen, das
Nein-Sagen, aber sie gewinnen dieses Nein nur aus dem Ja
zu einem Zustand, der einmal war und dessen Spuren noch
erkennbar sind. Der Gleichheitsideologe sieht sich in jeder

Gesellschaft wie in einem Urwald, denn jede Gesellschaft ist durch Ungleichheiten bestimmt und somit in seinen Augen naturwidrig. Er ist tendenziell ein Mörder, auch wenn er sich aus taktischen Überlegungen den Mord verbieten mag, und er zielt stets auf ganze Klassen oder Systeme, auch wenn er nur einen Einzelnen niederschlägt – aber solange er nicht zum bloßen Verbrecher herabsinkt, mordet er aus Haß gegen das Mörderische, das er in der Grundlage der Gesellschaft zu erkennen glaubt. Je nach den Umständen kann er das Salz der Erde oder der Fluch der Welt sein. In jeder Revolution ist er das am meisten vorwärtstreibende Element, weil er die festeste Bindung an die einfachste Vorstellung hat, aber damit erzeugt er auch notwendigerweise den Widerstand derjenigen, mit denen er noch gestern verbunden war, und in allen europäischen Linksrevolutionen endeten die Lilburne und Winstanley, die St. Just und Hébert, die Robespierre und Babeuf im übertragenen oder im wirklichen Sinne auf dem Schafott. Doch ihr Andenken wurde immer wieder lebendig, weil jede Gesellschaft immer mehr Ungleichheiten (und freilich auch Gleichheiten) enthält, als sie aus den natürlichen Verschiedenheiten innerhalb und außerhalb des Menschen sowie ihrer zufälligen oder nicht zufälligen Kumulierung resultieren müßten, und weil das Pathos der Gleichheitsforderung sich daher ständig erneuert.

Rechte Revolutionen haben keine solche Fraktion in sich, sondern sie entspringen gerade der Reaktion gegen die Gleichheitsideologen, falls diese nicht überzeugend genug von der neuartigen Koalition ausgeschaltet wurden, die sich gegen sie gebildet hatte. Wohl aber ziehen sie viele „linke Leute" sowie ganze ehemals linksrevolutionäre Schichten an sich heran und haben in der Praxis nicht wenig an Egalisierung zur Folge. Ihre extremste Gestalt, die radikalfaschistische Revolution, wies mit der „Niederwerfung des Röhm-

Putsches" sogar ein unverkennbares Analogon zur Ausschaltung der Egalitätsideologen auf, und sie verübte die ungeheuerliche Untat eines beispiellosen Massenmordes, der gleichwohl ohne das Präzedens der Vernichtung des Bürgertums in Rußland nicht denkbar gewesen wäre. Damit trat erstmals auf dem Ursprungsboden des europäischen Systems eine Revolution aus dem Typus der europäischen Revolutionen heraus. Als sie von außen zerschlagen war, war diese Möglichkeit der revolutionären Reaktion für immer dahingeschwunden. Aber solange Europa überlebt, ohne zu einem bloß geographischen Begriff zu werden, wird die Dialektik von Revolution und Reaktion weitergehen, d. h. jener Prozeß, aus dem „Revolution" und „Reaktion" auch dann noch Extrapolationen sind, wenn sie in ihrer Wechselwirkung und Wechselbedingung erkannt werden. Nur ein Sieg der Egalitätsideologen würde ihn an sein Ende bringen, aber nicht deshalb, weil er die gesellschaftliche Differenzierung beseitigen würde, sondern weil er sie der offenen Auseinandersetzung entziehen müßte, die nur ein anderes Wort für jene Dialektik ist.

IV. Über Frageverbote

Jeder herrschende religiöse oder politische Glaube erläßt Frageverbote. Er muß das tun, weil er in sich eine große Gewißheit ist. In seinen besten Zeiten bedarf es der Verbote nicht einmal, da blanke Selbstverständlichkeiten vorzuliegen scheinen. Ob Gott existiere, war im christlichen Frühmittelalter keine mögliche Frage; daß der Sozialismus besser als der Kapitalismus sei, war für die Anhänger der Partei Lenins evident. Die Herrschaft muß mindestens potentiell erschüttert, die Gewißheit muß Zweifeln ausgesetzt gewesen sein, bevor Frageverbote erlassen werden, und auch das geschieht in aller Regel nur implizit. Thomas von Aquin widerlegte die Argumente der Gottesleugner, aber er setzte sie immerhin als bekannt voraus; in den sozialistischen Staaten der Gegenwart, die dem Westen benachbart sind, ist die Frage, ob „der Kapitalismus" nicht doch auch für die Masse der Bevölkerung besser sei als „der Sozialismus", immer gegenwärtig und wird in der offiziellen Öffentlichkeit ständig durch die entsprechende Affirmation beantwortet. Aber wenn die Gottesfrage auch innerhalb der Kirche gestellt werden kann, wenn der Sozialismus von Universitätskathedern oder Fernsehstationen aus in Frage gestellt werden darf, dann ist die betreffende Kirche, dann ist der betreffende Staat innerlich bereits zum Bestandteil eines andersartigen Systems geworden, das wir das liberale nennen, und allenfalls äußere Gewalt vermag die Situation noch zu ändern.

Erst in bezug auf das liberale System und den Liberalismus wird die Frage nach den Frageverboten wirklich zur Frage. Seine welthistorische Auszeichnung scheint ja darin zu bestehen, daß es das System der Fragefreiheit ist, wo sich dem Diskurs der Vernünftigen nichts zu entziehen vermag, so daß die eigentliche Selbstbejahung des Systems gerade in der Universalität des Fragens besteht, welche ihrerseits einen unendlichen Fortschritt zum Besseren ermöglicht: die Weltgeschichte als Fortschreiten des Bewußtseins der Freiheit, wie Hegels Formulierung lautet. Diese Auffassung setzt freilich voraus, daß der Liberalismus kein Glaube ist und also kein zentrales Dogma besitzt, das außerhalb aller Zweifel stände. Mithin dürfte es nicht einmal als ausgemacht gelten, daß das Wesen des Menschen in der Freiheit besteht, daß der Fortschritt unter allen Umständen erstrebt werden sollte, daß die Intoleranz verwerflich ist und daß das Eigentum geheiligt sein muß. In der Tat ergaben sich hier schon aus dem innersten Ansatz des Liberalismus heraus ernste Schwierigkeiten: daß die vielen Freiheiten der vielen individuellen Menschen sich nicht gegenseitig beeinträchtigen oder gar zerstören dürfen, läßt sich in der Form einer Maxime leicht postulieren; wie aber der Ausgleich in der Realität hergestellt werden soll, bleibt strittig, und der Zwang mag sich rasch als die notwendige Voraussetzung und Begleiterscheinung der Freiheit erweisen, ob man nun mit Robespierre den Vernünftigeren das Recht gibt, die weniger Vernünftigen „zur Freiheit zu zwingen" oder ob man mit Hegel im Staat und in dem Zwangssystem, das er mit begrifflicher Notwendigkeit ist, die Wirklichkeit der vernünftigen Freiheit erkennt. Fortschritt scheint Fortgang vom Alten zu bedeuten, aber hat er sich nicht oft genug als Rückgriff auf das Alte, als „Renaissance" vollzogen? Daß die

57

Toleranz sich nicht auf die Intoleranz erstrecken dürfe, scheint augenfällig zu sein, und doch schließt die Regel eine neue Schwierigkeit in sich: man kann nur dasjenige tolerieren, was ein Minimum an Intoleranz, d. h. an Selbstbehauptung, in sich schließt: die totale Toleranz wäre die totale Gleichgültigkeit und damit das Gegenteil ihrer selbst. Eine vollständige Unantastbarkeit des Eigentums setzt seine Unbeweglichkeit voraus; freies Eigentum muß aufs Spiel gesetzt und damit verloren werden können; eine bedingungslose Garantie des Eigentums zerstört die Freiheit der Individuen. Man könnte fragen, ob nicht diese „innerliberalen" Schwierigkeiten zu einer dogmatischen Festlegung führen müßten, aber im Blick auf die historische Realität ist zunächst festzustellen, daß es eigentliche Frageverbote seit dem Beginn des liberalen Zeitalters, d. h. seit dem Ende der Religionskriege, nicht mehr gegeben hat. Immer konnten die liberalen Zentralsätze kritisiert werden, immer wurden Thesen wie die folgenden vorgebracht: der einzelne Mensch sei nicht „frei", sondern ganz oder zu einem wesentlichen Teile an seine Gruppe, sein Volk, seine Zeit gebunden, deren Vorurteile für ihn nicht so sehr Einschränkung als vielmehr Hilfe, Schutz und Lebensnotwendigkeit seien; individuelles Eigentum sei Absonderung und insofern Sünde, denn Gott habe allen alles zu gleichem Genusse übergeben. Alle diese Thesen rühren aus alten Dogmen her und tragen durch ihre Existenz dazu bei, daß immer wieder Fragen gestellt werden können, die einen neuen gesellschaftlichen Zustand zu erfassen suchen. Das liberale System ist nur deshalb ein System von Fragen, die sich gegenseitig zu neuen Antworten antreiben, weil in ihm ältere Auffassungen und ehemals alleinherrschende Dogmen fortexistieren und eine Mitursache dafür sind, daß eine Dogmatisierung der formalen und daher auslegungsbedürftigen liberalen Zentralannahmen nicht eintritt. Liberalismus und liberales System sind daher nicht dasselbe. Der Liberalismus ist die Atmosphäre, die ein liberales System durchdringt, aber er ist nicht selbst das Ganze, sondern bleibt ein wenn auch ausgezeichnetes Moment.

Totalitärer Liberalismus?

Die Frage ist nun, ob der Liberalismus in einem liberalen System so stark werden kann, daß er alle anderen Bestandteile verdrängt oder sich völlig unterwirft, so daß er eine neue Art von Frageverboten zu etablieren vermag. Zunächst aber sollte eine weitere Unterscheidung getroffen werden. In seiner kleinen Schrift „Beantwortung der Frage: was ist Aufklärung?" setzt Kant „Räsonnieren" und „Gehorchen" als zwei Sphären einander entgegen, von denen jede ihre eigene Art von Recht habe: da Regierung und Staat notwendig sind, ist auch Gehorsam notwendig; aber jenseits des Staates muß ein Bereich uneingeschränkter Diskussion in der weltweiten Öffentlichkeit der Gelehrtenwelt existieren. Gewiß ist jede Frage eine vorweggenommene Behauptung. Aber sie ist eben keine bloße Behauptung, sondern eine Behauptung, die in einen Ableitungszusammenhang gestellt wird. Frageverbote sind etwas anderes als Behauptungs-, Agitations- und Aktionsverbote. Frageverbote beziehen sich auf Aussagen, die unerwünscht sind, obwohl sie in einem Begründungszusammenhang entwickelt und möglicherweise tatsächlich nur bis zur Frageform gebraucht werden.

Beispiele, die nur zur Hälfte konstruiert sind, lassen sich leicht finden. Wenn der Mensch in der Weise frei ist, daß nur gesellschaftliche Umstände ihn hindern, sich in freier Selbstbestimmung zu demjenigen zu machen, was er sein sollte, dann könnte die Untersuchung von biologisch verursachten Einschränkungen der Freiheit zu dem Ergebnis führen, daß der Wille zum Abbau von Unfreiheit geschwächt wird, und daher müssen bestimmte Teile der Genetik und der Verhaltensforschung mit einem Frageverbot belegt werden. Der Fall des amerikanischen Biologen Jensen, der eine erbliche Bedingtheit des Intelligenzquotienten bei großen Menschengruppen herausgestellt hatte und sich auf dem Gelände seiner Universität nicht mehr sicher fühlen durfte, spricht für sich, auch wenn glücklicherweise nicht davon die Rede sein kann, daß dem Forscher die wissenschaftlichen Publikationsorgane verschlossen wären.

Wenn die Menschen als freie in der Weise gleich sind, daß sie an allen wichtigen Angelegenheiten gleichermaßen Anteil haben müssen, dann darf eine „Elitenforschung", die das unbegrenzte Fortdauern von Eliten voraussetzt, nicht existieren.

Wenn alle Organisation Differenz impliziert, dann ist die Suche nach effizienten und das heißt dauerhaften Organisationsformen zu verbieten.

Damit würde ein extremer Liberalismus indessen die Liberalität selbst zerstören, die ein Zustand bewegten Gleichgewichts sein muß und gerade nicht die konsequente Umsetzung eines Prinzips sein kann, welches selbst Auslegungsdifferenzen unterliegt: vor hundertundfünfzig Jahren lehnte bekanntlich der antiegalitäre Liberalismus schon die Frage nach einem ausgleichenden Eingreifen des Staates in das Wirtschaftsleben als unzulässig ab. Es ist sinnvoll, den Genetikern ein Aktionsverbot aufzuerlegen, d. h. ein Verbot unkontrollierter Manipulation mit menschlichen Genen und Chromosomen; die Forschung zu behindern, nur weil sie von gewissen Grundannahmen geleitet wird und ihrerseits geeignet ist, diese Grundannahmen zu verstärken, wäre ein antiliberaler Akt der gravierendsten Art. Der Frage nach Eliten mit einem Bannstrahl zu begegnen, würde unter den gegebenen Umständen nichts anderes als den Versuch bedeuten, die tatsächlich fortexistierenden Eliten unerkennbar und unverantwortlich zu machen und die auf den Antielitismus gegründete Elite unangreifbar werden zu lassen. Ein auf die Organisationsforschung bezogenes Frageverbot könnte nur zur Verhärtung alter Strukturen und Organisationen führen.

Ebenso wie „Sozialismus", mit dem er in letzter Perspektive verschmilzt, ist „Liberalismus" ein Grenzbegriff. Es gibt liberale Gesellschaften, und unter günstigen Umständen sind sie in einem Prozeß weiterer Liberalisierung begriffen, aber libertäre Gesellschaften existieren nicht, und es gibt keine Aussicht, daß sie jemals existieren werden. Auch wo die Angleichung so weit vorangeschritten ist wie heute im „Westen", ist nach wie vor die Teilung in Staaten gegeben, welche jeweils besondere Voraussetzungen und Eigenarten aufzuweisen haben. Aus bestimmten historischen Voraussetzungen sind denn auch die realen Frageverbote entstanden, die in der westlichen Welt während der Nachkriegszeit tendenziell vorhanden waren und vorhanden sind.

Frageverbote der Nachkriegszeit

An erster Stelle sind die antikommunistischen Frageverbote der Nachkriegszeit zu nennen. Es bedurfte keiner Zensurbehörde, sie zu erlassen. Der Eindruck der zielbewußten kommunistischen Machtergreifungen unter der Protektion der Sowjetunion in Osteuropa war so stark und die Stalinschen Herrschaftsmethoden erwiesen sich als so unverändert, daß die „antitotalitäre" Grundströmung, die das Stalinsche und das Hitlersche System als eng verwandt betrachtete, schon bald das Feld der wissenschaftlichen und publizistischen Erörterungen so gut wie vollständig wieder beherrschte, nachdem die Kriegskoalition mit ihrer Hoffnung auf eine langfristige Kooperation zwischen den USA und der Sowjetunion für einige Jahre die Umorientierung rückgängig gemacht zu haben schien, die der Hitler-Stalin-Pakt gerade in den Kreisen der „heimatlosen Linken" herbeigeführt hatte. Damit war es faktisch unmöglich geworden, in der Wissenschaft und seriösen Publizistik auch nur die Frage zu stellen, ob nicht der Kommunismus in der Sowjetunion durch Stalin bloß temporär deformiert sei, ob nicht immer noch ein genuiner gemeinsamer Glaube die Sowjetunion und den kommunistischen Teil der westeuropäischen Arbeiterbewegung verbinde, ob nicht die Sowjetunion von jeher und immer noch das zukunftsvollere Verhältnis zu all den Aufstands- und Befreiungsbewegungen habe, welche sich überall in den verbliebenen Kolonien der europäischen Mächte regten. Sogar die Frage, ob nicht die Sowjetunion sich vielleicht bloß von ihren Sicherheitsinteressen habe leiten lassen, als sie die Entstehung westlich orientierter Regierungen in Polen, in Ungarn, in Rumänien, in Bulgarien verhinderte, ließ sich geraume Zeit nicht recht artikulieren, auch wenn die Gegenströmung der Roosevelt-Tradition in den USA ihre Kraft nie völlig verlor. Erst das „Tauwetter" nach Stalins Tode, der „Polyzentrismus", der sowjetisch-chinesische Konflikt und der von Macmillan prognostizierte, von den Amerikanern geförderte „wind of change" in Afrika brachte alte Fragen wieder ans Tageslicht und neue Antworten zur Existenz. Die amerikanische Intervention in Vietnam ließ die machtvolle Tradition des „Dissent" und der Selbstkritik wieder in den Vordergrund treten, und eine ganze Literatur versah die Truman-Doktrin von 1947, die für fünfzehn Jahre so etwas wie die ideologische Fahne des Westens geworden war, mit einem negativen Akzent: als die führende gegenrevolutionäre Macht hätten die Vereinigten Staaten überall die Partei der reaktionären Regimes ergriffen und sich dem großen Weltwandel entgegengestellt, zu dem die Sowjetunion ein viel positiveres Verhältnis besitze; nichts sei falscher, als den Kommunismus mit dem Faschismus auf eine Stufe zu stellen, da die Ziele einander entgegengesetzt seien; wenn Amerika überhaupt eine Zukunft haben wolle, müsse es sich auf seine revolutionäre Tradition besinnen und dann werde die alte Rooseveltsche Idee der Zusammenarbeit den Kalten Krieg endgültig zur Vergangenheit machen.

Diese Interpretation ist in ihren beiden Versionen, der radikaleren, die sich mit der Sowjetunion trotz einiger verbaler Vorbehalte praktisch identifiziert, und der gemäßigten, welche lediglich mit den kommunistischen Mächten in einen Wettbewerb zur Förderung von Revolutionen treten möchte, inzwischen so stark geworden, und sie hat vor allem in der akademischen Jugend so viel Unterstützung gefunden, daß sie unverkennbar dahin tendieren kann, ihrerseits anti-antikommunistische Denkverbote aufzurichten. Wer sich weigert, in ökonomischen Interessen der amerikanischen Führungsschicht die Hauptursache des Ost-West-Konflikts zu sehen, gilt als Kalter Krieger; wer mit zu viel Nachdruck vom nach wie vor totalitären Charakter der Sowjetunion spricht, wird als Gegner der Entspannung angesehen. Noch handelt es sich nicht um mehr als eine Tendenz; aber ihre Existenz ist unübersehbar, und wenn sie sich durchsetzte, würde sie den Westen zu einem einzigen großen „Finnland" machen.

Einen ganz anderen Ursprung und Charakter haben die antideutschen Frageverbote. Zweifellos bilden sie in gewisser Hinsicht eine Fortsetzung der Behauptungs-, Agitations- und Aktionsverbote, die nach dem Zweiten Weltkrieg von den Siegern in weitgehender Übereinstimmung erlassen wurden, obwohl dazu kaum eine Notwendigkeit bestand, weil unter den Deutschen selbst so gut wie keine Neigung zu den entsprechenden Agitationen und Aktionen vorhanden war. Unter praktischen Gesichtspunkten gab es keine Gefahr, daß eine Bewegung entstand, die den Siegern das „tu quoque" in die Zähne warf und Dresden gegen Auschwitz, die Massenvertreibungen von Deutschen aus dem Osten gegen die Einsatzkommandos der SS oder das „Diktat von Versailles" gegen Hitlers Entschluß zum Angriff auf Polen „aufrechnete". Dafür war allen Deutschen das Verhältnis von Ursache und Wirkung viel zu gegenwärtig, und sogar den „Unbelehrbaren" war immerhin so viel klar, daß eine Bewegung des nationalen Trotzes diesmal nur in eine totale und hoffnungslose Isolierung führen konnte. Vielmehr zwang sich die entgegengesetzte Richtung geradezu auf: Kenntnisnahme der nationalsozialistischen Verbrechen und insbesondere der „Endlösung", nationale Scham, Wille zur materiellen Wiedergutmachung, Frage nach den Ursachen des Unheils. Wer diesen Weg nicht mitgegangen ist oder nachvollzogen hat, der kann in der Tat weder heute noch morgen mitreden, weil niemand recht haben kann, der eine Katastrophe nicht wahrhaben will. Aber die Antwort auf eine Katastrophe kann nicht für ewige Zeiten deren gedankliche Reproduktion und die Affirmation der Empfindungen des Abscheus und des Entsetzens bleiben. Das schlimmste Unrecht, das den überlebenden Opfern eines großen Verbrechens zugefügt wird, besteht darin, daß ihnen eine der notwendigsten Lebensfunktionen erschwert oder sogar unmöglich gemacht wird, nämlich das Vergessen. Der Täter freilich vergißt nur allzu leicht und verzeiht sich selbst nur allzu gern. Aber wer war „der Täter", und worin bestand die Tat? War der Täter Adolf Hitler oder „das deutsche Volk" oder am Ende gar „das Kleinbürgertum", das nach einem Worte Max Horkheimers aus dem Jahre 1939 in der ganzen Welt Hitler „um seines Antisemitismus willen" liebte? War die Tat ein bloßes Verbrechen, das auf einer momentanen Verwirrung oder aber auf einer uralten Tradition basierte, etwa der christlichen Judenfeindschaft, oder war sie letztlich im Zusammenhang mit einer zeitgenössi-

schen Tat zu sehen, der Vernichtung des Bürgertums in Rußland? Unweigerlich mußten nach der ersten Bestandsaufnahme Fragen auftauchen, deren Legitimität nicht zu bestreiten war. Gerade wenn das Singuläre an der Hitlerschen
„Judenvernichtung" herausgearbeitet wurde, mußte notwendigerweise die Frage gestellt werden, wodurch sie sich
von den anderen Genoziden der Weltgeschichte unterschieden habe und welche Vorgänge den Charakter von Genoziden gehabt hätten. Gerade wenn die Ursache im deutschen
Nationalismus gesucht wird, läßt sich der Vergleich mit anderen Nationalismen nicht umgehen. Gerade wenn Hitlers
Ideen ernst genommen werden, die doch mindestens ein un-
erläßliches Verbindungsstück zu seinem Handeln bildeten,
kann schlechterdings der Frage nicht ausgewichen werden,
ob nicht gerade etwas „Undeutsches" für sie charakteristisch
war: die teilweise mit Haß verbundene Bewunderung für
die (nach seiner Meinung) skrupellos erobernden Engländer,
für die entschlossen ausrottenden Amerikaner, für die ungebrochen rassenbewußten Juden.

Es sieht so aus, als wollten selbst angesehene amerikanische und nichtamerikanische Gelehrte den Deutschen bloß
das Mitwirken bei jener Bestandsaufnahme und bei der Formulierung jener Grundreaktion zugestehen und als er-
ließen sie ein Frageverbot, wenn Deutsche sich der Mühe des
Weiterdenkens unterziehen, welche mit dem Trotz des bloßen Aufrechnens nichts zu tun hat. Vergleiche, in denen die
„Endlösung" oder der Zionismus ein Glied sind, werden
als „Trivialisierung durch Vergleich" zurückgewiesen, auch
wenn sie gerade der Herausstellung von Unterschieden dienen; der Versuch, das Deutschland der zweiten Nachkriegszeit nicht bloß in der Form regionaler Historiographie zum
Thema zu machen, gilt als gefährlich, da er Deutschland
„wieder in die Mitte der Welt" rücke; es wird als anstößig
empfunden, wenn anhand einer Aussage Roosevelts gezeigt

wird, wie leicht selbst in den USA der Antimarxismus eine antisemitische Färbung erhielt; und sogar eine Aussage wie die, man dürfe Oradour nur verurteilen, wenn man bereit sei, auch Katyn, My Lay und Deir Yassin mit der gleichen und gegebenenfalls noch größeren Entschiedenheit zu verurteilen, wird anscheinend als unzulässig aufgefaßt, falls sie aus dem Munde eines Deutschen kommt. Gewiß sind auch solche Frageverbote nicht mehr als eine Tendenz, obwohl sie durch die Verwendung bestimmter Suggestionen und Stigmata sowie die daraus resultierenden Einflußnahmen über eine bloße Kritik weit hinausgehen. Aber gerade die Tendenz zu Frageverboten sollte rechtzeitig ans Licht gestellt werden, damit sie sich nicht verfestigt und jenen Prozeß der Wahrheitsfindung behindert, der die Auszeichnung liberaler Gesellschaften ist, solange sie sich sowohl der Verführung zum Extrem wie der alleinigen Vorherrschaft einzelner und noch so legitimer Fragestellungen widersetzen.

V. Antikommunismus
Gestern — heute — morgen?

Der Antikommunismus ist, wie es scheint, seit einigen Jahren dabei, in Verruf zu geraten; häufig finden sogar spezifizierende Adjektive wie „blind" oder „hysterisch" keine Verwendung mehr, und die Anklage richtet sich gegen das Phänomen im ganzen. Auf der anderen Seite wird nicht selten der Verdacht geäußert, der „modische Anti-Antikommunismus" sei das Resultat des Zusammenwirkens bequemer Denkfaulheit und gezielter Propaganda, das schließlich die westliche Welt geistig entwaffne und zur Kapitulation vorbereite. Beide Auffassungen stimmen in der Annahme überein, daß „der" Antikommunismus „dem" Kommunismus gegenüberstehe. Eben das ist zweifelhaft. Die Begriffe sind nicht eindeutig, sondern ganz im Gegenteil historisch außerordentlich variabel.

Den vielleicht umfassendsten Begriff des Antikommunismus und damit zugleich des Kommunismus hat der heute vergessene Schriftsteller Max Beer seinen geschichtlichen Darstellungen des Sozialismus zugrundegelegt. Für ihn gibt es nicht nur, wie für Marx, eine „kommunistische Urgesellschaft", die überall mit dem Beginn höherer Kultur durch Ungleichheit und damit Klassenbildung abgelöst worden sei, sondern er sieht diese Urgesellschaft für Jahrtausende auf mannigfaltige Weise fortleben: in den Träumen der Unterdrückten und Benachteiligten vom einstigen „goldenen Zeitalter", in der Lehre Jesu vom „kommenden Reich Gottes", in der Auffassung der Kirchenväter, daß das „Mein" und das „Dein" der Sündhaftigkeit entspringe, in der Ablehnung der „Welt", d. h. des Sondereigentums, der Habsucht, der Familie und des Staates in den klösterlichkommunistischen Gemeinschaften, in den Allmenden der mittelalterlichen Dorfgemeinde, in der zählebigen Überzeugung des gemeinen Volkes, „es sollten alle Dinge gemain, auch kain Oberkeit, herrschaft oder junkerschaft" sein. Und es liegt in der Tat nahe, sich der Vergilschen Preisung des Reiches Saturns zu erinnern, wo keine Felder durch Zäune abgetrennt waren, oder der Zinsfeindlichkeit des Mittelalters oder der naturrechtlichen Doktrin, daß Eigentum und Staat im Naturzustand nicht bekannt gewesen seien. Es ist daher nicht ganz unverständlich, wenn Beer den Aristoteles als „Antikommunisten" bezeichnet und erst recht Locke und Hobbes dieses Prädikat zuschreibt: in der Tat war die antike so gut wie die mittelalterliche Welt voll von Gemeinbesitz und Gemeinbewußtsein kleiner überschaubarer Gruppen; der reiche Mann in Athen, der große Teile seines Vermögens auf die Ausrichtung kostspieliger Staatsfeste verwenden mußte, war so wenig ein „Privatbesitzer" im modernen Sinne wie der Florentiner Kaufmann, dessen ganzes Sinnen und Trachten auf die Größe und den Glanz seiner Heimatstadt gerichtet war. Und was waren jene „enclosures", die in England noch zu Beginn des 19. Jahrhunderts einen so schmerzerfüllten Widerhall hervorriefen, anderes als „Privatisierungen" der ausgedehnten Gemeindeländereien, die bis tief in die Neuzeit hinein für das Leben und das Denken so großer Teile der Bevölkerung von grundlegender Bedeutung waren? Beer zufolge war daher trotz aller Fürstenherrschaft der „Kommunismus" die im geistigen und realen Leben der antiken und mittelalterlichen Menschheit vorherrschende Wirklichkeit, welche erst von einem konsequenten „Antikommunismus" abgelöst wurde, als seit dem Beginn der Neuzeit die „liberale" Doktrin vom Vorrang des Einzelnen und des Privatbesitzes sich durchzusetzen begann. Die Entwürfe der frühen Sozialisten mit ihrer Betonung der „Dörfer", der „Phalangen" und der „Kooperativen" erscheinen daher vor allem als Nachhall einer entschwindenden Wirklichkeit, während für geraume Zeit die individualistischen Lehren Lockes, Hobbes' und Benthams sowie die ihnen entsprechenden Realitäten in den Vordergrund traten. Der „Individualismus" war also gegenüber dem „Kommunismus" die neue, herausfordernde, verwirrende Kraft, und er war der erste und bedeutendste Antikommunismus.

Der Frühsozialismus als Form der Reaktion

Dieser Begriffsgebrauch wirkt heute befremdend. Er läßt aber einen richtigen Kern erkennen, wenn man nicht von Antikommunismus, sondern von Antikommunalismus spricht und sich vor Augen hält, daß in der Tat der „Individualismus" – durch eine lange geschichtliche Entwicklung vorbereitet, aber vor der Reformation nirgends schon vorherrschend – einen uralten „Kommunalismus" zurückdrängte und zerstörte, der sich im Stolz der halbsouveränen Stadtgemeinde so gut dargestellt hatte wie im „Dorf", wie letzten Endes sogar in den Monarchien, die auf regierende „Häuser" gegründet waren und sich wiederum als ein Aggregat minderer Häuser der verschiedensten Art verstanden. Der Einbruch dieses Individualismus und seiner Grundkonzepte – Konkurrenz, Freiheit des Verkehrs, Regulierung der Preise durch den Mechanismus des Marktes, Bildung eines Gesamtinteresses erst im Wechselspiel der Einzelinteressen – war das eigentlich verstörende Ereignis noch im frü hen 19. Jahrhundert, und Konservative, Sozialisten und Radikale weisen in ihrer Reaktion eine eigenartige Verwandtschaft auf. In weitgehender Übereinstimmung haben sie auch mit negativem Akzent den Terminus „Kapitalismus" verwendet, als klar wurde, daß es sich nicht um einen bloßen Individualismus von Einzelnen handelte, sondern um einen Individualismus, der andere (schwächere oder benachteiligte) Individuen in einen ungewollten Zusammenhang zwang und damit „auszubeuten" schien.

Was erstmals um 1830 „Sozialismus" genannt wurde, begriff sich zunächst durchaus als Reaktion auf das Neuartige des „Individualismus" und orientierte sich in den Fußstapfen einer langen Reihe von Vorgängern ganz an dem Kommunalismus, der das Objekt der Herausforderung gewesen war. Aber schon ein Mann wie Robert Owen eignete sich ein Hauptargument des Gegners an, nämlich daß es darauf ankomme, die Produktion zu steigern, indem er die These aufstellte, das auf die Prinzipien der Konkurrenz statt der Kooperation gegründete Fabriksystem seiner Zeit hindere die von ihm selbst geschaffenen Produktivkräfte gerade an der vollen Entfaltung. So erschien dasjenige, was sich bei den Vorläufern Godwin, Hall und Spence noch einfach als die Rückkehr zu „natürlichen" und „einfachen" Verhältnissen dargestellt hatte, nun als Fortschritt zu einem weitaus reicheren und produktiveren Zustand der Gesellschaft, und zwar als ein Fortschritt ohne die Kehrseiten des bisherigen Fortschritts. Nicht hinsichtlich des Ziels – der Ersetzung der Konkurrenz durch Assoziation und insofern der Abschaffung des Privateigentums an Produktionsmitteln und der Ausbeutung, d. h. Organisierung Einzelner durch andere Einzelne – sondern nur hinsichtlich der Methode unterschied sich Owen von anderen zeitgenössischen Formen des Sozialismus und insbesondere vom Chartismus: den Klassenkampf lehnte er so entschieden ab wie die Gewaltsamkeit.

Marx und die Anfänge des sozialistischen Antikommunismus

Es wäre schwer zu sagen, welche neuen Gedanken Marx und Engels im Vergleich zu Owen und Fourier, zu Saint-Simon und Hodgskin und vor allem zu den Chartisten in den Sozialismus hineingebracht haben, aber sie haben die Akzente auf so neuartige Weise gesetzt, daß trotzdem etwas Neues entstand. Sie haben den Kommunalismus – von einigen Bemerkungen abgesehen – so sehr in die Vorzeit verwiesen, daß der Kapitalismus als das Selbstverständliche und Alte erschien, das in kürzester Frist durch den Kommunismus ersetzt werden werde, welchen er doch wiederum in seinem Schoße so sehr vorbereitet habe, daß der im Sinne Adam Smiths grenzenlose und vollentwickelte Kapitalismus beinahe schon der Kommunismus *sei* und bloß noch von der Hülle der Herrschaft der Kapitalmagnaten befreit werden müsse. Sie haben mindestens in ihrer Frühzeit den Klassenkampf des Proletariats gegen das Bürgertum so sehr als einen gewaltsamen und gleichwohl erst einem temporären Bündnis nachfolgenden aufgefaßt, daß sie sich nicht nur zu allen evolutionären Schulen des Sozialismus, sondern auch zu den Verbündeten ihrer Vorläufer, den „bürgerlichen Radikalen" und den „radikalen Tories", in schroffen Gegensatz setzten. Sie haben diesen Gegensatz selbst auf das entschiedenste unterstrichen, als sie im „Manifest der kommunistischen Partei" den Begriff des Sozialismus so weit ausdehnten, daß er nicht nur den angeblich utopischen Sozialismus Saint-Simons und Owens, sondern auch einen „feudalen" und einen „bourgeoisen" Sozialismus umfaßte, während der Kommunismus gerade der eigenen Partei vorbehalten wurde, die damals schon häufig die „Partei Marx" genannt wurde.

Daraus ergibt sich zwangsläufig, daß große Teile des Sozialismus als „antikommunistisch" definiert werden mußten. Ein solcher Antikommunismus ist mithin ein Antimarxismus, und schon Proudhon hat sein Denken ausdrücklich als antimarxistisch verstanden, d. h. als ein Denken, das sich gegen die Marxsche Hochschätzung der kapitalistischen Zentralisierung wandte und sich vielmehr an den von Marx abschätzig „kleinbürgerlich" genannten Resten des Kommunalismus orientierte, um sie zu der neuen Lebens- und Wirtschaftsform des Mutualismus fortzuentwickeln. Nicht weniger antimarxistisch ist der Anarchismus Bakunins, der vor allem den unverkennbaren Autoritarismus von Marx und das Konzept der zentral gesteuerten Planwirtschaft bekämpfte, das nach Bakunins und aller Anarchisten Überzeugung die individuelle Freiheit ertöten und eine besonders unerträgliche Form von politischer Herrschaft herbeiführen müsse. Welche außerordentliche Schärfe der anarchistische Antimarxismus annehmen konnte, wird noch ein halbes Jahrhundert nach Bakunins Tod in Aufsätzen deutlich, die Gustav Landauer zur Zeit der Münchener Räterepublik publizierte und in denen es heißt, der Marxismus sei die Pest der Zeit, der Fluch der sozialistischen Bewegung, und der Sozialismus könne nur in Todfeindschaft gegen den Marxismus erstehen. Auch hier ist der Hintergrund nichts anderes als die Übernahme des kapitalistischen Fortschrittsbegriffs durch den Marxismus und damit die Verachtung der kommunalistischen Wirklichkeiten, ohne deren Fortentwicklung so fundamentale Ziele wie Herrschaftslosigkeit, Aufhebung der Arbeitsteilung und Selbstbestimmung der Einzelnen nicht realisierbar seien.

Indessen waren die Jahrzehnte nach Bakunins Tod gerade die Zeit des beinahe vollständigen Triumphes des Marxismus innerhalb der immer größere Dimensionen annehmenden sozialistischen Bewegung. Weder der Lassalleanismus noch der französische Possibilismus vermochten lange Widerstand zu leisten, und nach ihren dogmatischen Überzeugungen waren um 1900 so gut wie alle sozialistischen Parteien Europas und insbesondere die deutsche Sozialdemokratie kommunistische Parteien. Daß sie starke „reformistische" Tendenzen in sich schlossen, war kein Gegenargument, denn auch Marx und Engels waren in ihrem späteren Leben nicht mehr in dem gleichen Sinne Revolutionäre, wie sie es 1848 gewesen waren. Nur der revisionistischen Tendenz kann ein gewisser Antimarxismus zugeschrieben werden, aber Bernstein selbst betrachtete sich weniger als Kritiker denn als Fortführer des Marxismus. Indessen entwickelte jede der „bürgerlichen" Parteien angesichts des frappierenden Aufstiegs des Sozialismus ihren jeweils eigenen Antisozialismus, den man ebensogut Antikommunismus oder Antimarxismus hätte nennen können, und darin bestätigten sie sich jeweils nur den Grundansatz, der ihnen schon eigen gewesen war, bevor das Kommunistische Manifest in die Welt trat.

Bürgerlicher Antikommunismus der Vorkriegszeit

Der Antisozialismus der christlich-konfessionellen Parteien, insbesondere des deutschen Zentrums, war vor allem Antisäkularismus, d. h. Ablehnung der Glaubenslosigkeit, welche die Sozialdemokratie mit den Liberalen teilte. Spezifischer war die thomistisch orientierte Betonung der Rechte des Privateigentums, wodurch die ältere, im Zinsverbot und im „Antikapitalismus" vieler Kirchenväter begründete Affinität zum Sozialismus fast ganz aus dem Blick geriet.

Der preußisch und protestantisch ausgerichtete Konservativismus bekämpfte schon die „Entziehung wohlerworbener Privatrechte" wie etwa der Patrimonialgerichtsbarkeit und der gutsherrlichen Polizei als eine Art des Sozialismus und brachte nicht selten mit antisemitischen Untertönen „demokratische Doktrinen" und „die rote Fahne des Aufruhrs" in Verbindung miteinander.

Während der rechte Flügel des Liberalismus mehr und mehr zu einer modernisierten Gestalt des preußisch-deutschen Konservativismus wurde und sich etwa in Treitschkes Kampfschrift „Der Sozialismus und seine Gönner" artikulierte, verkannte der Linksliberalismus nicht die Verwandtschaft mit dem sozialdemokratischen Säkularismus und Anti-Konservativismus, so daß es zu einzelnen Wahlbündnissen kam, aber die gemeinsame Linksorientiertheit konnte doch in keinem Augenblick den fundamentalen Gegensatz überdecken, der mit der positiven Einstellung aller Liberalen zur Privatwirtschaft gegeben war, auch wenn der Kampf gegen Monopole und Kartelle sogar in diesem Bereich eine gewisse Übereinstimmung zu begründen schien.

Wenn mithin jede der Parteien ihren eigenen Antisozialismus (Antikommunismus, Antimarxismus) hatte, so tauchten um die Jahrhundertwende erstmals einige Organisationen auf, die im Antisozialismus ihren Hauptinhalt besaßen und tendenziell auf ein Bündnis aller übrigen Parteien gegen die Sozialdemokratie hinarbeiteten. Dazu zählten der „Reichsverband gegen die Sozialdemokratie" und auf gewisse Weise auch die Deutschsoziale Reformpartei, die radikal antisemitisch bis hin zur Vernichtungsforderung war. Zu größerer Bedeutung gelangten sie jedoch nicht.

Der antibolschewistische Antikommunismus der Zwischenkriegsperiode

Ein grundsätzlich neuartiger Tatbestand ergab sich erst, als die vielerhoffte und vielgefürchtete Revolution von einer Partei durchgeführt wurde, die sich wieder mit starkem Nachdruck „kommunistisch" nannte und die den Reformismus so leidenschaftlich angriff, wie Marx den kleinbürgerlichen Sozialismus 1848 kritisiert hatte, aber in einem Lande, in dem für alle Marxisten *diese* Revolution nicht hätte stattfinden dürfen. Antikommunismus mußte von jetzt an in erster Linie Antibolschewismus heißen, und der früheste Antibolschewismus war derjenige der deutschen Sozialdemokraten, welche noch wenige Jahre zuvor die bewunderten Vorbilder der Bolschewiki gewesen waren. Ihnen war der Bolschewismus vor allem ein „Putschismus", ein zufällig geglückter Handstreich einer Minderheit in einem Lande, das nur für eine „bürgerliche Revolution" reif gewesen wäre, und es war völlig konsequent, daß die Mehrheitssozialdemokratie sich für die Wahl einer Nationalversammlung und gegen eine „Räteherrschaft" entschied, die für sie die Diktatur des Teils einer Klasse über die Mehrheit des Volkes gewesen wäre.

Im eigenartigsten Gegensatz zu dieser Auffassung, mit der der sozialdemokratische Antikommunismus (= Antibolschewismus) in die Welt kam, stand bis kurz vor dem Ende des Krieges die Einstellung der deutschen militärischen Führung, die man in allen innenpolitischen Fragen „konservativ" nennen mußte. Sie war nämlich pro-bolschewistisch im Sinne von pro-revolutionär als Kampfmittel gegen den Feind, und es ist in der Tat sehr zweifelhaft, ob Lenin hätte nach Rußland gelangen und sich dort durchsetzen können, wenn er nicht in deutschen Augen „nach Wunsch" gearbeitet hätte. Aber noch bevor eine Änderung dieser Politik vorgenommen wurde, erlangte der Bolschewismus für die deutschen militärischen Führer dieselbe schreckhafte Bedeutung von „Zersetzung", „Auflösung", „Disziplinlosigkeit", die sie auf das Zarenreich beschränken zu können geglaubt hatten. Schon vor dem Ende des Krieges waren nicht nur in Ludendorffs, sondern auch in Groeners Kopf zwei mythologische Bilder zusammengekommen: daß die Armee schwer verseucht sei durch „das Gift spartakistisch-sozialistischer

Ideen" und daß als „Drahtzieher" überall die Juden erkennbar seien. Als nach dem Waffenstillstand der enthusiastische Internationalismus der Bolschewiki die Form höchst grobschlächtiger Interventionen annahm, für die Lenins „Gruß"telegramm an die Bayerische Räterepublik mit seinen detaillierten Instruktionen ein Paradigma ist, da konnte sich mit dem ratlosen Entsetzen der hohen Militärs der nationalistische Trotz viel größerer Volksschichten verbinden, die sich von den geringgeschätzten Russen keinesfalls Vorschriften machen lassen wollten. Und wenn dieser militärisch-konservative Antibolschewismus der unmittelbaren Nachkriegszeit weithin ein Vermutungs-Antikommunismus war, der seinen Charakter aus Mutmaßungen über Zusammenhänge zwischen Bolschewisten und Juden, Bolschewisten und amerikanischer Hochfinanz, Bolschewisten und anderen „überstaatlichen Mächten" gewann, so darf gleichwohl als Hintergrund die Vernichtung des russischen Bürgertums und die um so glaubwürdigeren Drohungen eines Mannes wie Max Hölz nicht übersehen werden, er werde in dem von ihm besetzten Gebiet „die Bourgeoisie abschlachten, ohne Unterschied des Geschlechtes und Alters". Ein so kluger Mann wie Karl Radek riet damals seinen Genossen von der Politik des „Daumen aufs Auge und Knie auf die Brust" mit dem Hinweis ab, daß nicht nur die Situation in Deutschland nach dem Kriegsende eine ganz andere sei als diejenige in Rußland nach der Brussilow-Offensive, sondern daß vor allem das deutsche Bürgertum unvergleichlich stärker sei als das russische; aber von den Januar- und Märzkämpfen des Jahres 1919 in Berlin über den Kapp-Putsch von 1920 und die „März-Aktion" von 1921 bis hin zum Hamburger Aufstand im Oktober 1923 und zum Hitler-Putsch zwei Wochen später stützten und stärkten die bolschewistische Orientierung der Kommunistischen Partei und der militärisch-konservative Antibolschewismus einander gegenseitig.

Diese Polarisierung bedeutete jedoch nicht, daß der Antikommunismus der anderen Parteien seine Individualität verloren hätte; er gewann durch die Erfahrung des Bolschewismus lediglich einige neue Akzente. Wenn das Zentrum weiterhin die Erhaltung und Kräftigung des christlichen Kultur- und Erziehungsideals im Volksleben verlangte, so bildete jetzt der militante Atheismus Sowjetrußlands die Folie, und der Deutschen Demokratischen Partei stand offenbar das Beispiel der bolschewistischen Verstaatlichung vor Augen, als sie ihr Wirtschaftsprogramm nun folgendermaßen formulierte: „Die Vergesellschaftung der Produktionsmittel im Sinne allgemeiner Verstaatlichung wäre tödliche Bureaukratisierung der Wirtschaft und verhängnisvolle Minderung ihres Ertrages. Wir lehnen sie ab und halten an der Privatwirtschaft als der regelmäßigen Betriebsform fest". Die Sozialdemokraten wiederum gelangten bald zu einer gewissen Gleichsetzung von „Kommunisten und Rechtsbolschewisten" und begaben sich damit auf die Bahn dessen, was man später „Totalitarismustheorie" nennen würde, ohne indessen eine klare Entscheidung darüber treffen zu können, ob sie selbst nun die besseren Marxisten oder aber Nicht-mehr-Marxisten seien.

Von noch höherem Interesse ist indessen die „innerkommunistische Kritik", welche sich überwiegend als Antileninismus oder Antisowjetismus darstellte, aber von den Angegriffenen häufig als „Antikommunismus" bezeichnet wurde. Antileninistisch waren die Einwände, die Rosa Luxemburg schon 1918 gegen die Russische Revolution erhob: ohne freie ungehemmte Presse, ohne ungehindertes Vereins- und Versammlungsleben sei gerade die Herrschaft breiter Volksmassen völlig undenkbar. Antisowjetisch, d. h. gegen den staatlichen Charakter der „Sowjetunion", wenn auch gerade nicht gegen das Räteprinzip gerichtet, war der frühe Protest des holländischen Linkskommunisten Herman

Gorter gegen die Instrumentalisierung des Internationalismus zugunsten der staatlichen Selbstbehauptung Sowjetrußlands, und antisowjetisch sollten auch die leidenschaftlichen Klagen ukrainischer Kommunisten und Nichtkommunisten genannt werden, denen die Selbstbestimmung ihres Landes durch einen neuen Sowjetimperialismus gefährdet und dann vernichtet schien. Aber auch im Schoße der bolschewistischen Partei wurde schon bald nach dem Oktober entschiedene Kritik laut, die sich vor allem gegen den Sowjetbürokratismus, die Entfernung der Herrschenden vom Volk, die Herabwürdigung der Arbeiter zur willenlosen Masse, die Abtötung der Eigeninitiative der einfachen Menschen, ja sogar gegen die „neue Bourgeoisie" der Parteibürokraten richtete. Ihren Gipfelpunkt fand diese Kritik in den „14 Tagen Kronstadts" während des März 1921, dem einzigen Zeit- und Raumpünktchen in der Geschichte der Sowjetunion, in dem eine prinzipielle, massenhafte und organisierte Kritik an den Verhältnissen zu Wort kommen konnte. Sie richtete sich vor allem gegen die „unkontrollierte, verantwortungslose Diktatur der kommunistischen Partei", den „Staatskapitalismus", den „blutigen Feldmarschall Trotzki", die „fetten Kommissare", welche die Werktätigen gnadenlos ausbeuten, das „allrussische Zuchthaus", das auch als „neues Zartum" bezeichnet wurde, die von den Kommunisten wiederhergestellte „Leibeigenschaft", den bürokratischen Staatssozialismus mit seinen „Sklaven", die „kommunistische Autokratie". Als einziges Heilmittel wurde indessen immer wieder die Wiederherstellung der echten Macht der Sowjets und die Freiheit für alle „linkssozialistischen"(!) Parteien genannt: wenn das Motto der Oktoberrevolution von 1917 „Alle Macht den Sowjets" kommunistisch war, dann waren die Matrosen von Kronstadt im Jahre 1921 die besten Kommunisten, und aus der Identität der Forderungen und Klagen ließe sich leicht die These herleiten, daß Unterdrückte immer „räte"kommunistisch denken, daß es aber keinen Staat gibt, in dem sie sich weniger artikulieren dürfen als in einem „partei"kommunistischen Staat. Jedenfalls mußten gerade Trotzki und seine Anhänger diese Erfahrung machen, als sie wenige Jahre später gegen die bürokratische Entartung der Partei und den stalinistischen „Thermidor" zu Felde zu ziehen versuchten, und wo auch immer später in kommunistischen Staaten Kritik an der Staatspartei oder an anderen Staatsparteien vorgebracht wurde, hat sie aus dem reichen Reservoir geschöpft, das Kronstadt bereitgestellt hatte. Das gilt auch noch für jene Angriffe ehemaliger Kommunisten auf den Stalinismus, die in erster Linie die nationalrussischen und „reaktionären" Züge dieses „Sklavenhalterstaates" im Auge hatte.

Der „kommunistische" Antikommunismus macht es leichter, das Spezifische des faschistischen und insbesondere radikalfaschistischen (nationalsozialistischen) Antikommunismus herauszustellen, der das neuartigste und unerwartetste Phänomen der Weltkriegsepoche war. Es liegt gerade nicht in noch so negativen Charakterisierungen wie „Sklavenstaat" oder selbst „Moloch", sondern in der vollständigen Abwesenheit der auf das unterdrückte „Volk" oder „die Massen" gerichteten Hoffnungen. Die Herkunft des nationalsozialistischen Antikommunismus aus der Tradition des europäischen radikalen Konservativismus ist mit Händen zu greifen, wenn Hitler sich in einer frühen, von Dietrich Ekkart geschriebenen Broschüre dahingehend äußert, daß Moses der Vorgänger Lenins gewesen sei, weil er beim Auszug aus Ägypten unter dem Motto „Proletarier aller Länder, vereinigt Euch!" einen Anschlag auf die führende Schicht Ägyptens unternommen habe. Der Kommunismus ist für Hitler nichts anderes als die Aufstandsbewegung der einst unterworfenen minderwertigen Volksschichten, die in ganz Europa miteinander verwandt und daher durch den Appell des jüdischen Intellekts verführbar sind, und damit stellt sich Hitler aufs schroffste einem der Hauptstränge der liberalen Tradition entgegen, die in England und in Frankreich die Befreiungsbewegung der „Sachsen" gegen die „Normannen" und der „Kommunen" gegen die „Feudalherren" gefeiert hatte. Den gemeinsamen Nenner von Kommunismus und Liberalismus findet Hitler in der „Judaisierung", welche die Revolution durch die „Entpersönlichung der Wirtschaft" unter dem räuberischen Motto „Freihandel" vorbereitet habe. Das Postulat der Vernichtung des Dekadenzerregers ergibt sich mit zwingender Konsequenz: es unterliegt keinem Zweifel, daß Auschwitz nicht das Resultat von „Rassenhaß", sondern die extremste Gestalt des Antikommunismus war.

Die Antikommunismen der zweiten Nachkriegszeit

Nichts ist weniger verwunderlich, als daß nach der Niederlage Hitlers die kommunistische Propaganda bestrebt war, allen Antikommunismus mit dem Antikommunismus Hitlers in Verbindung zu bringen und dadurch eine generelle Diskreditierung herbeizuführen. Aber der christlich-konservative, der liberale und der sozialdemokratische wie auch der „kommunistische" Antikommunismus waren älter als der radikalfaschistische, und ihr möglicher Wahrheitsgehalt wurde nicht schon dadurch tangiert, daß einzelne Übereinstimmungen nachgewiesen wurden. Auch zwischen dem Stalinismus und dem Marxismus gab es gewisse Übereinstimmungen, und dennoch würde Chruschtschow 1956 seine Geheimrede vor dem XX. Parteitag nicht gehalten haben, wenn er der Meinung gewesen wäre, das grauenhafte und doch immer noch parteilich-verschönende Bild, das er von der Herrschaft Stalins entwarf, hätte sich zwangsläufig aus dem marxistischen Grundansatz ergeben müssen.

In Wahrheit ist der amerikanische Antikommunismus der
Nachkriegszeit, mit dem ein neues Kapitel beginnt – das
Kapitel des Kalten Krieges, aber auch der innerkommunistischen Kalten Kriege – vom radikalfaschistischen Antikommunismus mindestens ebenso verschieden wie der Rätekom-
munismus von der stalinistischen Diktatur. Zum einen richtete er sich gegen die Unterdrückung der Presse- und Par-
teienfreiheit in dem von der Sowjetunion besetzten Osteuropa und insbesondere in Polen; zum anderen protestierte
er gegen die Bildung eines Wirtschaftsblocks der Sowjetunion und ihrer Satelliten, aus dem der eigene Privathandel
ausgeschlossen war. Beide Tendenzen sind so tief in der
Tradition der USA verwurzelt, daß es unnötig ist, die Frage
nach verborgenen „ökonomischen Interessen" zu stellen: für
das Alternativprogramm großzügiger Kreditgewährung
sprachen ebensostarke „ökonomische Interessen". Und es
waren die Demokraten, unter deren Ägide sich der Um-
schwung vollzog, d. h. Männer, die zu einem guten Teil der
Sowjetunion erhebliche Sympathien entgegengebracht hatten. Nur an seinen Rändern war dieser liberale Antikommunismus mit Phänomenen militanterer Artung verknüpft:
dem altmodischen Antikommunismus der Republikaner, die
in Steuererhöhungen und Ausdehnung des Staatseinflusses
jene kommunistischen Tendenzen am Werk sahen, die sie
bereits in Roosevelts New Deal erblickt hatten; dem entschiedenen Antikommunismus ehemaliger Kommunisten wie Ar-
thur Koestlers und James Burnhams, der indessen überwiegend in der Tradition Kronstadts stand und die Totalitarismustheorie auf den Schild erhob; schließlich auch dem Mc-
Cartyismus, der vor allem ein Vermutungs-Antikommunismus war und mit seinen populistischen Zügen noch am ehesten an den radikalfaschistischen Antikommunismus erin-
nerte. In den westlichen Besatzungszonen Deutschlands und
später der Bundesrepublik entsprachen dem amerikanischen

Regierungs-Antikommunismus am ehesten die marktwirtschaftlichen Tendenzen, die nach anfänglichem Zögern im Gegenzug gegen die „Zwangswirtschaft" immer entschiedener von der christlich-demokratischen und der liberalen Partei vertreten wurden; dagegen gab es zu den amerikanischen Republikanern und zum McCartyismus kaum Entsprechungen, während der Antikommunismus der ehemaligen Kommunisten von Anfang an einen internationalen Charakter hatte. „Europäisch" und zwar avantgardistisch-europäisch war dagegen der Antikommunismus der westdeutschen Sozialdemokratie, welcher die Entscheidung von 1918/19 hauptsächlich aus antisowjetischen Motiven bekräftigte und damit den deutschen Kommunisten nicht nur zum zweitenmal die Möglichkeit nahm, als „die" Arbeiterpartei aufzutreten, sondern ihnen obendrein das Stigma der „Russenpartei" aufheftete, die in der DDR so etwas wie Landesverrat beging. Anders als 1918 trat die deutsche Sozialdemokratie damit an die Spitze eines „Nationalismus", innerhalb dessen diesmal jedoch eine radikalkonservative Tendenz kaum eine Rolle spielte.

Etappen zum Heute

Immerhin war die deutsche Politik mit ihrem Ziel der Wiedervereinigung stets eine Politik des „roll back", während die amerikanische sogar unter Dulles und Eisenhower sich auf das Ziel der „Eindämmung" beschränkte, und daher mußte der offizielle Antikommunismus der Bundesrepublik durch die zwei Ereignisse stärker getroffen werden als der amerikanische, die im Abstand von fünf Jahren das „Heute" des Kommunismus und des Antikommunismus herbeiführten.

Das erste dieser Ereignisse war die Geheimrede Chruschtschows, d. h. die Entstalinisierung in der Sowjetunion.

Damit bewies der sowjetische Kommunismus eine erstaunliche Vitalität, und die antistalinistische Kritik im Westen war hinfort mehr und mehr entwaffnet. Zugleich wurde der linke Impetus, der im Antistalinismus steckte, wieder zur innerwestlichen Systemkritik befreit, mit der sich nicht selten ein ausgesprochenes Verständnis für die Sowjetunion verband. Ein kennzeichnendes Beispiel war der Trotzkist Isaac Deutscher, dessen Bücher über Stalin eine Waffe im Kalten Krieg gewesen waren und der 1965 in Berkeley wesentlich zur Förderung der ersten Studentenrebellion und zum Kampf gegen das Engagement des „amerikanischen Imperialismus" in Vietnam beitrug. Wie hätte man in der Tat übersehen können, daß der sowjetische Kommunismus von Anfang an den Befreiungsbewegungen der farbigen Völker seine Unterstützung gewährt hatte, während die Westmächte sich nur höchst widerwillig aus ihren kolonialen Positionen zurückzogen? Kein bedeutender Mann zeichnete ein Schreckensbild von der „Weltrevolution der Farbigen", wie es Oswald Spengler noch um 1930 getan hatte; vielmehr wurde fast allgemein die Parallelität zwischen diesen Befreiungskämpfen und den europäischen, längst etablierten Einigungsbewegungen des 19. Jahrhunderts anerkannt, und damit entfiel die antikommunistische Sympathie, die den Kämpfen Frankreichs in Algerien und Vietnam zunächst für einige Zeit entgegengebracht wurde. Aber noch wichtiger wurde für die Bundesrepublik der Bau der Berliner Mauer im Jahre 1961, weil er die unbedingte Entschlossenheit des DDR-Regimes zur Selbstbehauptung demonstrierte und das Ziel der Wiedervereinigung unter westlichen Vorzeichen für unabsehbare Zeit in den Bereich des Irrealen verwies. Um die gleiche Zeit trat die seit 1953 erkennbare Tendenz der Entspannung zwischen den USA und der Sowjetunion durch den Beginn des „innerkommunistischen Kalten Krieges" zwischen der Sowjetunion und der Volksrepublik China in eine neue und aussichtsreiche Phase: wenn Mao Tse-tung tendenziell zum Verbündeten amerikanischer und deutscher „Reaktionäre" wurde, welchen Sinn hatte dann „der" Antikommunismus?

Die Gegenwart und ihre Fragen an die Zukunft

In der Tat wurde die Gegenwart seit 1961 in Deutschland noch mehr als in den USA zu einer Zeit wachsenden Verständnisses für den Kommunismus und insbesondere für die Traditionen, auf die er sich von jeher berufen hatte: die Aufklärung, die Französische Revolution, die deutschen Jakobiner, die Revolution von 1848, die Rätebewegung von 1918, den Antifaschismus. Freilich steckte in alldem zugleich ein beträchtliches Potential antileninistischer und antisowjetischer Kritik, und die „Renaissance des Marxismus", die sich in der Gestalt der Neuen Linken und der Studentenbewegung vollzog, legte zunächst großen Wert auf Äquidistanz zum kapitalistischen Imperialismus und zum staatssozialistischen Bürokratismus. Aber wenn sogar für Männer wie Werner Hofmann und Wolfgang Abendroth die Kritik am lebendigen Antikommunismus bald sehr viel wichtiger wurde als die Kritik am (angeblich) toten Stalinismus, so gewann die studentische Massenbewegung ein immer engeres Verhältnis zum „realen Sozialismus", und ihr Anti-Antikommunismus ähnelte mehr und mehr bis in den Wortlaut hinein demjenigen, den die Sowjetunion und die DDR in zahllosen Schriften und Artikeln von jeher vertreten hatten. Es liegt nahe, hierin einen großangelegten und bisher sehr erfolgreichen Versuch der ideologischen Entwaffnung des Gegners zu sehen und zu einer entschiedenen Gegenoffensive aufzurufen.

Aber vielleicht ist das Bild nicht gar so dunkel, wie es sich bei flüchtiger Bestandsaufnahme ausnimmt. Es scheint vielmehr, daß die westliche Welt fähig ist, auch ohne ideologischen Kampf, ja durch die Annäherung selbst, bedeutende Erfolge zu erzielen, die dem Beispiel der „freiheitlichen Lebensform" zu danken sind, welche durch sich selbst als das „Anti-Zwangssystem", das sie ist, auf den Kommunismus erschütternd zu wirken vermag. Der einzige militante Antikommunismus, den es heute in der westlichen Welt gibt, der Antikommunismus der emigrierten sowjetischen Dissidenten, würde sich als Spitze eines Eisbergs erweisen, sobald auch nur ein Modikum von Bewegungs- und Informationsfreiheit für alle Bewohner kommunistischer Länder gesichert wäre. Es ist freilich die Frage, ob die systemnotwendige radikale Kritik auch an demjenigen, was innerhalb des „Anti-Zwangssystems" an Zwängen noch oder überhaupt erforderlich ist, ausschließlich selbstbezogen und vergangenheitsorientiert bleibt und damit den Westen stärker schwächt, als sie im Osten Wandlungen herbeizuführen vermag. Dagegen kann es keine Frage sein, daß der Verzicht auf einen prononcierten Antikommunismus nicht einen Verzicht auf das Bemühen um ein genuines Selbstverständnis implizieren darf. Dazu gehört heute vor allem die Einsicht, daß der Kommunismus keineswegs eine böswillige Erfindung einiger „Drahtzieher" ist, sondern eine Doktrin, welche die mächtigste Tendenz der Moderne extrapoliert und verdinglicht, die sozialisierende Tendenz, wie man sie nennen könnte, welche indessen mit der individualisierenden eng verknüpft ist. Aber diese Doktrin ist komplex, aus verschiedenen Quellflüssen zusammengeflossen, von denen jeder unverkennbar die Spuren seiner Entstehung zeigt. Und sie hat sich auf vielfältige Weise realisiert, doch stets so, daß ihre eigentlichen Intentionen verfehlt wurden. Heute hat „der Kapitalismus", der längst etwas anderes geworden ist, als er vor 100 Jahren war, und der doch die Eignung zum universalen Prügelknaben nicht verloren hat, an „den

Kommunismus" mehr Fragen zu richten als dieser an ihn, z. B. die Frage, ob nicht die Vorstellung von der Heilung aller gesellschaftlichen Übel durch Überführung der Produktionsinstrumente in „Gemeinbesitz" zu den am meisten archaischen Bestandteilen der Doktrin gehört, nämlich zu jenem „Kommunalismus", der nur als punktueller Gegenzug zu der zentralisierenden Entwicklung noch sinnvoll ist, welche der reale Kommunismus ebenso repräsentiert wie der Kapitalismus. Die verschiedenen Antikommunismen verkörpern diese Fragen. Einige von ihnen sind untergegangen, wie der preußisch-konservative und der faschistische. Aber auch der Barrikaden-Kommunismus von 1919, 1921 und 1923, der eine so wichtige Vorbedingung des Faschismus war, ist bis auf geringe Reste untergegangen, und heute ist die selbstverständliche Forderung nahezu gegenstandslos, daß der Gewaltkommunismus, der das „richtige Bewußtsein" einer Minderheit der großen Mehrheit aufzwingen will, notfalls rechtzeitig mit der Waffengewalt des Staates niedergehalten werden muß. Die Antikommunismen der noch lebendigen Parteien müssen sich dagegen so lange von selbst verstehen, wie diese Parteien existieren. Sollte es aber einer westlichen kommunistischen Partei gelingen, die große Mehrheit der Bevölkerung davon zu überzeugen, daß ihr Programm gut und erfolgversprechend und gerade deshalb korrigierbar ist, wird sie etwas ganz anderes sein, als eine siegreiche kommunistische Partei 1848 oder 1918 oder 1945 gewesen wäre oder war. Wenn sie sich die Reflexion nicht verböte, würde sie zugeben müssen, daß sie das den Antikommunismen verdankte, und insofern würde sie eine Synthese von Kommunismus und Antikommunismus sein. Der sogenannte Eurokommunismus wird sich fragen lassen müssen, ob er eine bloße Camouflage sein will oder eine Bewegung, die nur noch wenig mit demjenigen zu tun hat, was man bisher Kommunismus nannte. Aber schon in seiner gegenwärtigen Gestalt ist er die erstaunlichste Rechtfertigung eines großen Teils der Antikommunismen, die überhaupt vorstellbar ist.

VI. Pluralität der Hitlerzeit?

Erläuterungen zu einem vielkritisierten Begriff

Im Rahmen der internationalen Diskussion, welche durch die Terrorfälle des Jahres 1977 ausgelöst wurde, veröffentlichte eine bekannte deutsche Zeitung eine Karikatur, die ein in der Bundesrepublik Deutschland weit verbreitetes Empfinden plastisch zur Anschauung brachte. Im Vordergrund steht mit betrübtem Gesicht der deutsche Michel, der auf seinen Schultern als gewaltigen Inkubus die Gestalt Hitlers zu schleppen hat. Um ihn herum sind die Symbolfiguren vieler anderer Völker aufgereiht, und sie alle weisen anklagend mit den Fingern auf ihn, aber sie alle tragen, ohne es recht zu wissen oder wahrhaben zu wollen, ähnliche Gestalten auf ihren Schultern: der Franzose seinen Napoleon, der Russe seinen Stalin, der Chinese seinen Mao Tsetung, der Ägypter seinen Nasser, der Ugander seinen Idi Amin. Der Sinn der Zeichnung besteht offenbar darin, den anderen Völkern zu sagen: „Vergeßt nicht Eure eigenen Diktatoren, wenn Ihr den deutschen Diktator und mit ihm die Deutschen insgesamt anklagt; Männer wie Hitler hat es in der modernen Welt nicht wenige gegeben; richtet nicht den Balken in unserem Auge, damit der Balken in Eurem Auge nicht gerichtet werde". Man wird sich nicht darüber wundern dürfen, daß eine solche Darstellung außerhalb und auch innerhalb Deutschlands als ein Versuch aufgefaßt wird, von der Unverwechselbarkeit des nationalsozialistischen Phänomens apologetisch abzulenken und einen Gegenprozeß anzustrengen, der nun die voreiligen Ankläger ihrerseits zu Angeklagten macht.

Es ist daher jedenfalls verständlich, daß in- und ausländische Stimmen eine ähnliche Tendenz in einem Buch zu entdecken glaubten, das im Jahre 1974 erschienen war und den Titel „Deutschland und der Kalte Krieg" trägt. Hier findet sich nämlich auf Seite 601 der Terminus „Pluralität der Hitlerzeit", und das scheint nichts anderes bedeuten zu können als die Leugnung der Singularität des deutschen Nationalsozialismus, der gleichsam auf die ganze Welt ausgedehnt und damit als Stigma Deutschlands gerade zum Verschwinden gebracht wird. Die Formulierung lautet: „Der ägyptische Präsident Sadat soll den Ausspruch getan haben: ,Unsere Hitlerzeit endet erst jetzt'. In der Tat hat jeder bedeutende Staat der Gegenwart, der sich ein außerordentliches Ziel setzte, seine Hitlerzeit mit ihren Ungeheuerlichkeiten und ihren Opfern gehabt, und es hing nur von seiner Größe und seiner Situation ab, welche Folgen daraus für die Welt im ganzen resultierten. Eine Art Hitlerzeit waren der Stalinismus mit seinem Willen zu einer ganz ungewöhnlichen Macht- und Potenzsteigerung eines imperialen Großreichs, der Maoismus mit seiner Tendenz, China wieder zum Zentrum der Welt zu machen und über Gebietsverluste „Rechnungen vorzulegen", der Nasserismus mit seinem Streben nach der Vernichtung eines Nachbarstaates, der Sukarnismus mit seinem unruhigen Drängen nach einem Groß-Indonesien, seinem Austritt aus den Vereinten Nationen und seiner Bemühung um eine weltverändernde „Achse", in der harmlosesten Gestalt wohl sogar der Gaullismus mit seinem Autarkiewunsch, seinem Ethnozentrismus, seinem Ruf ,Vive le Québec libre' und seinem

Anflug von Antisemitismus". Diese Wendung fügte sich vermutlich konsequent in ein Buch ein, dessen Absicht darin besteht, die Rolle Deutschlands im sogenannten Kalten Krieg nachzuzeichnen und zugleich theoretisch zu begreifen, indem ein weitgespanntes Koordinatensystem entwickelt wird, worin sowohl das „europäische liberale System" wie „die Linke" und in Gestalt von „Parallelen" und „Kontrasten" nicht nur China und Korea, sondern auch Vietnam und Israel einen Platz finden, während die Protagonisten der Auseinandersetzung in einer Weise, welche die Bedeutung der Ideologien stark hervorhebt, als „erster Staat der Linken" und als zum Staat gewordener Marxismus verstanden werden. So sind sehr bald eine Anzahl von gravierenden Vorwürfen erhoben worden, die zu einem erheblichen Teil mit der Kritik an dem Begriff der „Pluralität der Hitlerzeit" eng zusammenhängen. Ich gebe sie im folgenden in konzentrierter Form und in direkter Rede wieder:

Das Buch ist germanozentrisch, es will Deutschland wieder in die Mitte der Welt rücken und die Deutschen von ihrer „nationalpädagogischen Zerknirschung" befreien, der Verfasser kehrt damit als einer der ersten Historiker der deutschen Nachkriegszeit zu dem „traditionellen", nationalistischen Muster der deutschen Geschichtsschreibung der Zeit vor dem Ersten Weltkrieg" zurück.[1]

In der Konsequenz, wenn nicht gar in der Intention dieses Ansatzes liegt eine kaum verhüllte Apologie des Nationalsozialismus, dessen Verbrechen zwar nicht entschuldigt oder gar gerechtfertigt, aber doch durch die Hinweise auf die Vernichtung des russischen Bürgertums, auf Genozide in Afrika und Massenmorde in Indonesien, ja nach der Meinung einiger Autoren durch eine Gleichsetzung des amerikanischen Vorgehens in Vietnam mit Auschwitz so sehr generalisiert werden, daß sie sozusagen nicht mehr erkennbar sind.[2]

Diese nationalistische Tendenz kleidet sich in das Gewand einer wissenschaftlichen „Objektivität" und „Leidenschaftslosigkeit", welche die Unterschiede einebnet und durch das Wort „vernebelnd" charakterisiert werden sollte.[3]

Besonders starkes Befremden muß die angebliche Objektivität dort hervorrufen, wo sie dazu führt, daß der Zionismus als dem Nationalsozialismus „benachbart" bezeichnet wird.[4]

Falls nicht sogar eine antizionistische Einstellung der Grund dafür ist, mag die Fehleinschätzung darin begründet sein, daß durchweg der Ideologie eine viel zu große Bedeutung beigemessen wird; nur deshalb kann eine gewisse und unleugbare Übereinstimmung von Thesen zionistischer Autoren mit nationalsozialistischen Grundauffassungen eine stärkere Betonung finden als die tiefe Differenz der politischen und ökonomischen Voraussetzungen. Aus dem gleichen Grunde wird generell der Wichtigkeit ökonomischer Interessen und damit der Sozial- und Wirtschaftsgeschichte des Kalten Krieges keine Beachtung geschenkt, vielmehr liegt der Darstellung so etwas wie ein ideologischer Determinismus zugrunde.[5]

Peter Gay hat in der Einleitung zu seiner Aufsatzsammlung „Freud, Jews and other Germans" die meisten dieser Vorwürfe in leidenschaftlicher Sprache erneut vorgebracht und zu Anklagen gesteigert[6]: die Methode der „Trivialisierung durch Vergleich" („comparative trivialization") sei mit einer „massiven und durchtriebenen (sophisticated) Apologie für das moderne Deutschland" identisch, weil sie die Nazi-Verbrechen dadurch humanisiere, daß sie empört auf Verbrechen hinweise, die von anderen begangen worden seien, während doch zum Beispiel in Wahrheit Amerikas „schlecht geplante, hartnäckige, oftmals gefühllose Führung eines auswärtigen Krieges" durch ganze Welten von der „kalkulierten Massenvernichtungspolitik" Nazi-Deutschlands getrennt sei. Ebenso unerträglich sei es, wenn die Behauptung aufgestellt werde, im Vergleich zu der Situation im stalinistischen Rußland müsse der nationalsozialistische Staat „geradezu ein rechtsstaatliches und liberales Idyll" genannt werden. Wenn damit im Hinblick auf die Vergangenheit das schändliche Unterfangen (grubby enterprise), dasjenige zu entschuldigen, was jenseits aller Entschuldigung liege, zwar nicht intendiert, aber in der Sache gefördert werde, so seien die Konsequenzen für die Gegenwart kaum weniger gravierend: es finde sich keine Spur der humanen Position etwa Karl Dietrich Brachers, daß die Sicherung von Israels Überleben eine moralische Verpflichtung der westlichen Welt sei. Die gewundene Syntax des Verfassers, sein ausweichender konditionaler Satzbau, seine unverantwortlichen Gedankenexperimente machten es nahezu unmöglich, zu seinen eigenen Überzeugungen vorzudringen. Einige seiner Thesen seien seit langem Gemeinplätze arabischer und sowjetischer Propaganda. Jedenfalls werde in diesem Buch die richtige Feststellung, daß wir alle menschlich seien, zu der falschen Behauptung fortgeführt, wir seien alle gleich.

Der Anklagecharakter ist von vornherein bei all denjenigen Stellungnahmen gegeben, die aus kommunistischer oder marxistischer Perspektive dem Buch eine antikommunistische (im Westen freilich nur allzu traditionelle) Grundhaltung vorwerfen, welche nicht einmal davor zurückschrecke, die Lehre von Marx und Engels unter wichtigen Aspekten dem Radikalfaschismus Hitlerscher Prägung anzunähern und sogar ganz generell die Linke als eine regressive Erscheinung zu „diffamieren". Nach der Auffassung des Rezensenten der Ost-Berliner „Zeitschrift für Geschichtswissenschaft" macht sich der Verfasser im Interesse flexibleren Herangehens einzelne Erkenntnisse bürgerlicher Autoren zunutze oder verquickt progressive Anschauungen mit trotzkistischen, maoistischen oder eigenen und anderen konservativen Vorstellungen, aber sein Hauptziel besteht unverbrüchlich darin, „von der Schuld der USA und ihrer Verbündeten an der Inszenierung des kalten Krieges abzulenken".[7] Dagegen erkennt der Rezensent der „Historischen Zeitschrift" drei „Hauptstoßrichtungen": gegen die „Linke" in Verteidigung eines „Sozialismus", der zwischen Gustav Noske und Karl Schiller angesiedelt sei, gegen die nationalen Befreiungsbewegungen, die dem Faschismus angenähert würden, und gegen die nationalpädagogische Zerknirschung der Deutschen, die von einer Anerkennung der zentralen Bedeutung der deutschen Geschichte abgelöst werden müsse.[8] Aus einer ganz anderen Richtung kommt der Vorwurf, der Verfasser lege einen „westdeutschen Patriotismus des Status quo" an den Tag, der sich mit der Wiedervereinigungsforderung des Grundgesetzes nicht vereinbaren lasse.[9] Schließlich wurde in einigen der kleineren Nachbarländer der Bundesrepublik die Befürchtung zum Ausdruck gebracht, der Verfasser träume von „deutscher Größe" und lasse nicht ohne Grund jede Bezugnahme auf die „Wiedergutmachung" aus.[10]

Wie immer man diese Vorwürfe und Anklagen im einzelnen beurteilen mag: nicht wenige von ihnen sind „ehrenrührig", weil sie die These implizieren, daß dieses Buch aus dem westlichen wissenschaftlichen Konsensus heraustrete, wie er sich nach 1945 in beachtlicher Breite, doch mit einigen unbestrittenen Grundzügen herausgebildet hat, und sie machen vonseiten des Verfassers eine „Apologia pro vita sua" erforderlich, die allerdings schwerlich bloß „apologetisch" sein kann. Schon der wechselseitige Widerspruch einiger Vorwürfe sollte zum Denken Anlaß bieten und nicht minder der Gegensatz, der sich zu dem ersten Buch des Verfassers ergeben würde und der den bekanntesten Rezensenten, Richard Löwenthal, zu der verwunderten Feststellung veranlaßte, ausgerechnet der Faschismushistoriker Nolte komme zu der seinem bisherigen Werk widersprechenden Konstruktion, den Aufstieg des Nationalsozialismus als Reaktion auf die ‚kritische Bedrohung' durch den Bolschewismus zu sehen.[11] Oder sollte in Wahrheit gar kein Widerspruch vorliegen, so daß die sehr wenigen Kritiker gerechtfertigt wären, die schon vor fünfzehn Jahren das erste Buch als „gefährlich" empfanden?[12] Die Frage läßt sich nicht umgehen, ob ein Historiker, dessen erstes Buch unzweifelhaft eine große und weit über Deutschland hinausgehende Wirkung gehabt hat, sich durch sein zweites Buch als derjenige dekuvriert, der er schon immer war: als deutscher Nationalist, Apologet des Nationalsozialismus und Ankläger der restlichen Welt, wie es – vielleicht – jener Karikaturenzeichner war oder für einen Augenblick sein wollte. Zur Beantwortung dieser Frage ist ein weites Ausholen erforderlich.

Ich habe mit meinen beiden Büchern im Abstand von kaum mehr als zehn Jahren Erfahrungen gemacht, die so eigentümlich sind, daß sie im übertragenen Sinne wohl das Prädikat „geistesgeschichtlich" verdienen, d. h. „aufschlußreich für geistesgeschichtliche Entwicklungen". Als 1963 der „Faschismus in seiner Epoche" als Werk eines bis dahin vollständig Unbekannten erschien, da wurde ihm sofort die freundlichste Aufnahme zuteil. So gut wie alle Rezensionen – ob sie nun von liberaler, konservativer oder marxistischer Seite kamen – waren ungemein positiv, insbesondere in den USA; innerhalb weniger Jahre erschienen Übersetzungen in alle Hauptsprachen der westlichen Welt, und die englische Ausgabe, hervorragend übertragen, vermehrte das Ansehen der beiden bedeutenden Verlage, die sie in New York und London unter dem Titel „Three Faces of Fascism" publizierten; ich selbst sah mich sehr bald aus der Schulstube auf einen Lehrstuhl für Neuere Geschichte versetzt. Als aber im Jahre 1974 „Deutschland und der Kalte Krieg" veröffentlicht wurde, war das Resultat völlig anders und geradezu entgegengesetzt. Der größere Teil der Besprechungen war auf eine sehr emotionale Weise negativ, die großen nationalorientierten Organe verharrten in einem auffälligen Schweigen, in den USA erschien innerhalb von drei Jahren nur eine einzige größere Rezension, und sie war außerordentlich absprechend: die weitgespannten Bemühungen des deutschen Verlages stießen in den USA und erst recht in England und Frankreich auf eine Mauer der Ablehnung, so sonderbar und unterschiedlich sich die Begründungen im einzelnen ausnehmen mochten.

Die nächstliegende Erklärung ist zweifellos die folgende: Im Jahre 1963 hatte sich in der ganzen westlichen Welt eine „Wendung nach links" angebahnt. Der Kalte Krieg befand sich im Abklingen, und diejenige Version der „Totalitarismustheorie", die ihm am meisten zu entsprechen schien, hatte an Überzeugungskraft eingebüßt. Aber auch die bloße antideutsche Einstellung und die aus ihr resultierende Interpretation des Nationalsozialismus hatte ihre Glaubwürdigkeit verloren, obwohl sie immer noch für sogenannte Bestseller gut war. Dadurch war die Bereitschaft zu einem Wiederaufgreifen des Faschismusbegriffs geschaffen, und mein Buch war das erste, das diesen Schritt vollzog. Es verdankte seinen Erfolg also der anhebenden linken Strömung, und es war bis zu einem gewissen Grade selbst ein Bestandteil dieser Strömung. Was immer es an wissenschaftlichen Qualitäten haben mochte: diese allein hätten nie ausgereicht, um ihm einen Platz im deutschen und amerikanischen Bewußtsein und in geringerem Maße auch in Frankreich und Italien zu sichern. Zu dem vorherrschenden Empfinden jüdischer Intellektueller setzte es sich nicht in Widerspruch, denn es verfolgte die Wurzeln des Hitlerschen Antisemitismus bis tief in die Vergangenheit und brachte den neugebildeten Begriff des „Radikalfaschismus" aufs engste mit der Vernichtung der europäischen Juden in Zusammenhang.

1974 dagegen war der Abbau des Kalten Krieges bis zu dem Punkt gelangt, daß sogar die Verwendung des Begriffs unverkennbare Abwehrreaktionen hervorrief, es sei denn, sie wäre mit jener Attacke gegen das „kapitalistische System" verknüpft gewesen, die als „Revisionismus" auftrat und von der inzwischen außerordentlich erstarkten marxistischen oder prononciert linken Tendenz hervorgebracht und getragen wurde. Zugleich hatte sich das relative Gewicht der Bundesrepublik Deutschland gerade durch ihren Verzicht auf die Fortführung der überlieferten Wiedervereinigungspolitik innerhalb des Westens sehr verstärkt, so daß im Gegenzug eine neue antideutsche Tendenz aufkommen mußte. Schließlich hatte sich die Situation Israels in der Folge des Krieges von 1973 beträchtlich verschlechtert, und bei vielen Juden in der ganzen Welt trat Nervosität an die Stelle der Zuversicht der Jahre nach dem Siebentagekrieg von 1967. All das bildete einen schlechten Ausgangspunkt für ein Buch, das die Linke und den Marxismus einer kritischen Analyse unterzog, das den Begriff „innerkommunistischer Kalter Krieg" prägte, das eingestandenermaßen den Deutschen wieder einen Zugang zu ihrer Geschichte bahnen wollte, das den weitverbreiteten Enthusiasmus über die „nationalen Befreiungsbewegungen" der Dritten Welt nicht teilte, so wenig es ihre historische Notwendigkeit anzweifelte, und das schließlich in seinem komparativen Vorgehen auch Israel ausdrücklich zum Thema machte.

Aber mit dieser Ableitung des Schicksals der beiden Bücher aus der Atmosphäre der jeweiligen Zeiten ist nicht schon der Aufgabe Genüge getan, auf jene Vorwürfe und Anklagen zu antworten, die ja nicht dadurch aufhören, richtig oder falsch zu sein, daß sie aus den Zeitumständen heraus verständlich gemacht werden.

Da ist zunächst zu sagen, daß die Hauptintention des „Faschismus in seiner Epoche" darin bestand, gerade die

Singularität des deutschen Nationalsozialismus herauszustellen, und die Singularität wird vor allem in dem Vernichtungsangriff gegen die Juden gesehen. Diese Auffassung leitet die Darstellung und findet ihrerseits durch die Darstellung ihre Bestätigung. So heißt es bereits in der Einleitung: „Und dabei hat der Faschismus doch gerade *als* Faschismus in seiner extremsten Form jene Untat begangen, der in der Weltgeschichte nichts verglichen werden kann, auch nicht der Terror Stalins gegen das eigene Volk und die eigene Partei, weil sie zugleich rational bis zur Perfektion und irrational bis zum Exzeß war und die Opfer nicht mehr als Menschen, sondern entweder als dämonische Lebewesen oder als rechtlose Instrumente ansah…" [13]. Freilich wird die Einzigartigkeit nicht aus dem deutschen Volkscharakter oder gar aus den Eigentümlichkeiten des Mannes Hitler abgeleitet, sondern es wird ihre Verwurzelung in einer durchaus internationalen Tendenz des Denkens und Empfindens hervorgehoben, die insbesondere in der antisemitischen Version des französischen konterrevolutionären Denkens zum Vorschein gekommen war. Aber weder Drumont noch Barrès noch Maurras haben jemals einen so unmittelbar auf Auschwitz vorausweisenden Haß in Worte gekleidet, wie es Hitler in einer aus dem Jahre 1924 stammenden Schrift seines Mentors Dietrich Eckart tut, die ich entdeckt und als erster interpretiert habe [14]. Den Vorgang der „Judenvernichtung" selbst sah ich in der zentralen Intention des Nationalsozialismus begründet, der seit 25 Jahren von einer „Weltkrankheit" und von dem jüdischen Bazillus gesprochen hatte. Ich habe mich nicht auf den Ausdruck einer moralischen Verurteilung beschränkt, sondern ich habe schon aus der Hitlerschen Judenpolitik des Jahres 1938 sehr gravierende Konsequenzen für die Deutschen abgeleitet, nämlich die Erschütterung der rechtlichen Basis für die Existenz deutscher Minderheiten in Osteuropa und sogar des Rechtsanspruchs auf Nationalität. Und ich habe nicht gezögert, den Juden nicht nur im moralischen Sinne recht zu geben, sondern auch im historischen: „Ein Vierteljahrhundert war vergangen, voll der ungeheuersten Ereignisse, von denen eines der jüngsten den Namen Auschwitz trug: Adolf Hitler war unverändert geblieben. Offenbar hatte er vom ‚stärkeren Ostvolk' nur deshalb gesprochen, um nicht zugeben zu müssen, daß *er* die Ursache des verlorenen Krieges und ‚der Jude' der Sieger dieses Ringens sei." [15]

Freilich steht ‚der Jude' hier in Anführungszeichen. Dadurch wird die Bindung der nationalsozialistischen Singularität an den extremen Antisemitismus insofern relativiert, als nach meiner These das eigentliche Objekt des Hitlerschen Vernichtungsangriffes nicht eine bestimmte Menschengruppe war, sondern die tiefste Tendenz der Geschichte selbst, mag man sie nun Fortschritt, Prozeß der Zivilisation oder, wie ich es tue, „Transzendenz" nennen. Und auf einer niedrigeren Ebene liegt eine Relativierung darin, daß der Begriff „Faschismus" zwar differenziert, aber doch als legitim anerkannt wird. Insofern war die Warnung derjenigen Kritiker nicht unberechtigt, welche die absolute Singularität Hitlers und seiner Bewegung nur dann gesichert glaubten, wenn sie in der Singularität des deutschen Volkscharakters begründet sei. Begreiflicherweise waren es gerade zionistische Autoren, die der Abwendung vom negativ gefaßten Germanismus mit großem Mißtrauen begegneten, und es nimmt sich nachträglich wie ein Präludium zur Emotionalität der Angriffe auf „Deutschland und der Kalte Krieg" aus, wenn eine jüdische Wochenzeitung in Detroit eine Anmerkung als „devilish annotation" bezeichnete [16], in welcher der Zionismus mit dem Nationalsozialismus verglichen worden war, obgleich keineswegs in der Absicht einer Identifizierung, sondern ganz im Gegenteil mit der Schlußwendung: „Gerade die Parallele erweist den Widersinn der zentralen

These des Nationalsozialismus. Wie konnte ein Volk, das so sehr unter den Folgen der Emanzipation litt, gar deren Ursache sein?"[17] Und es läßt sich nicht übersehen, daß die Vorwürfe von 1976 hinsichtlich der „Leidenschaftslosigkeit" bereits 1963 von mir selbst, wenn auch mit positiver Akzentuierung, vorweggenommen wurden, als ich schrieb: es sei meine Absicht, etwas anderes hervorzubringen „als zornerfüllte Anklage oder verwischende Apologie".[18]

Trotzdem kann im ganzen kein Zweifel daran bestehen, daß im Buch über den Faschismus die Singularität des Nationalsozialismus im Zentrum steht. Das ist als ein erster Grundtatbestand festzuhalten. Nahezu jeder Mann und jede Frau in der Welt hat irgendwelche Meinungen über Hitler und das Dritte Reich, und diese Meinungen kann man für richtig oder falsch halten, mag man sie unterstützen oder bekämpfen. Aber wenn ein Wissenschaftler sich zu diesem Thema äußert, der sich zuvor schon ausführlich damit beschäftigt hat, wird er den Anspruch erheben dürfen, daß seine früheren Aussagen mitberücksichtigt werden. Es ist von vornherein unwahrscheinlich, daß im Terminus „Pluralität der Hitlerzeit" das veranschaulichende Wort „Hitlerzeit" dasselbe bedeuten soll wie „Nationalsozialismus" oder auch nur „Faschismus", denn dann läge ein grober Widerspruch vor, und ich hätte mich selbst Lügen gestraft. Aber man braucht nur eine einzige Seite weiterzublättern, um auch ohne Berücksichtigung des „Faschismus in seiner Epoche" festzustellen, daß ich von der Singularität des Nationalsozialismus ebensosehr überzeugt bin wie vor 15 Jahren. Dort heißt es nämlich: „Aber erst wenn eingesehen ist, daß der Drang nach nationaler Integrität und Größe sowie nach der Zerschlagung ihrer angeblichen Feinde, daß Fremdenhaß und Austreibungen, ja selbst die ‚Oradours' und Genozide verbreitete Realitäten auch der Zeit nach 1945 waren – erst dann kann einleuchtend gemacht werden, daß der Nationalsozialismus noch mehr war als eine Kombination von alldem, nämlich der Versuch, die Auflösung der nationalen Selbstgenügsamkeiten und die Gefährdung der überlieferten Kollektivindividualitäten durch den geschichtlichen Prozeß mittels der Vernichtung der angeblichen Erreger des als Dekadenz gefaßten Vorgangs zum Stehen zu bringen und die Menschheit dadurch zur Gesundheit eines multinationalen bzw. vielrassigen und hierarchisch geordneten Zustandes zurückzuführen".[19] Was neu ist, ist lediglich die stärkere Hervorhebung eines Tatbestandes, der auch im Faschismusbuch keineswegs fehlt, nämlich der Endursächlichkeit des „ideologischen Alleinlegitimitätsanspruchs, der sich gewaltsam durchsetzen und Vernichtung praktizieren will" [20]. Wenn damit der Nationalsozialismus als spiegelbildliche Folge der Russischen Revolution und in gewisser Weise auch des Marxismus begriffen wird, so impliziert doch nicht einmal die Herstellung dieses Zusammenhangs so etwas wie Identifizierung, denn ich betrachte Marxismus und Bolschewismus als Ausflüsse eines genuinen und uralten Glaubens, den Nationalsozialismus und schon den italienischen Faschismus dagegen als Resultate eines abgeleiteten Anti-Glaubens. Mithin bedeutet das Wort „Hitlerzeit" in der Wendung „Pluralität der Hitlerzeit" zunächst nichts anderes als dasjenige, was ich an anderer Stelle „gespannte Gesellschaft" nenne und in einen Gegensatz zu der „entspannten Gesellschaft" des liberalen Systems stelle [21]. Aber wie der Zusammenhang erkennen läßt, soll nicht etwa der Begriff des „Totalitarismus" lediglich durch eine Metapher anschaulicher gemacht werden. Es werden ja nur solche Regimes genannt, die unter Führung charismatischer Figuren infolge ihrer Programmatik und Praxis eine tiefgreifende Beunruhigung unter den Nachbarstaaten hervorrufen mußten. Die Metapher, die sich in den Begriff „Führerstaat mit tendenziell umwälzenden Ansprüchen" transformieren ließe, zieht also eine an der Außenpolitik orientierte Linie durch die Fülle der totalitären und auch (wie die Erwähnung des Gaullismus zeigt) autoritären Regimes. Ungarn war unter Rákosi ein totalitärer Staat, aber es lebte nicht in einer „Hitlerzeit", weil es von keinem seiner Nachbarn als Bedrohung empfunden wurde, und das gleiche gilt für das Österreich Schuschniggs und für das Spanien Francos mit der Maßgabe, daß es sich hier (mindestens seit 1936 bzw. seit 1945) um autoritäre Regimes handelte. „Hitlerzeit" ist eine Bezeichnung a fortiori, und der Gaullismus wird deshalb genannt, um die untere Grenze anzudeuten. Sicherlich wies das gaullistische Frankreich unter außenpolitischen Aspekten weit mehr Ähnlichkeiten mit dem revisionistischen Deutschland der Weimarer Republik als mit dem revolutionären Deutschland des Dritten Reiches auf, und dennoch wird man sagen müssen, daß seit dem Beginn der Gegenwart, d. h. seit 1914, kein parlamentarischer oder liberal-präsidentieller Staat einem anderen Staat auf konzentrierte Weise eine tendenziell so umwälzende Forderung gestellt hat, wie sie in de Gaulles „Vive le Québec libre" enthalten war. Über die Zuordnung des Gaullismus mag man indessen streiten, aber die Nützlichkeit einer Differenzierung des Begriffs „Totalitarismus" nicht nur unter primär innenpolitischen, sondern auch unter primär außenpolitischen Gesichtspunkten sollte außer Zweifel stehen. Jedenfalls ist „Hitlerzeit" nicht mit „Faschismus" und erst recht nicht mit „Radikalfaschismus" gleichzusetzen; die Metapher dient nicht der Verdunkelung, sondern der weiteren Erhellung von Unterschieden.

Es ist sonderbar, daß keinem der Kritiker aufgefallen ist, wie eng die angeblich germanozentrische und nationalistische Einstellung mit dem Konzept der Singularität Hitlers und seines Regimes verknüpft, ja geradezu daraus zu deduzieren ist. Eins der letzten Kapitel ist überschrieben „Singularität und Komplexität der ‚Anerkennung der Teilung Deutschlands'". Wo soll denn diese Singularität herkommen, wenn nicht aus der Singularität des Dritten Reiches? Es ist nicht mein Buch, das Deutschland erstmals wieder in die Mitte der Welt rückt, sondern durch Hitler machte sich Deutschland für ein gutes Jahrzehnt unzweifelhaft zur Mitte der Welt, und zwar so sehr, daß es auch nach 1945 für geraume Zeit in einer singulären Stellung verbleiben mußte. Diese Vorgänge zeichnet mein Buch lediglich nach, und ein wirklicher Nationalist müßte es aufs heftigste mit dem Argument angreifen, es rechtfertige die Teilung Deutschlands, indem es die im Faschismus-Buch getroffene Unterscheidung von Hitlers Raubkrieg im Osten und dem „europäischen Normalkrieg" im Westen mit dem Konzept der zwingenden Interessen der USA und der Bedeutung des liberalen Systems verknüpfe, ohne dem Gegenkonzept des neutralisierten Gesamtdeutschland überhaupt Beachtung zu schenken. Tatsächlich könnte man allenfalls in demjenigen, was ein genuiner Nationalist als „antinational" bezeichnen müßte, einen versteckten Nationalismus erkennen: zwar würde ich es als Privatmann bei weitem vorziehen, in einem neutralisierten Gesamtdeutschland zu leben, aber als Denker kann ich mich nicht davon überzeugen, daß die Deutschen zu irgendeiner Zeit unbedeutend genug gewesen wären, um in der Mitte zwischen den streitenden Weltmächten eine gesicherte und idyllische Winkelexistenz zu führen. Um zu dieser Überzeugung zu gelangen, braucht man aber kein Nationalist zu sein, sondern es genügt, sich Bevölkerungszahlen und Produktionsziffern zu vergegenwärtigen. 80 Millionen Menschen, im Zentrum Europas in einem einheitlichen Staat lebend und im Besitz des konzentriertesten und vergleichsweise leistungsfähigsten Produktionsapparates der Welt, müssen im Streit der beiden großen Kontinentalmächte entweder Opfer oder Zünglein an der Waage sein.

Nur die zunächst bloß faktische, dann auch mit einigen Rest-Vorbehalten anerkannte Teilung Deutschlands hat das Welt-system möglich gemacht, das auf dem gewiß fragilen Gleich-gewicht zwischen den Vereinigten Staaten und der Sowjet-union beruht. Was die allein mögliche Gegenthese angeht, Deutschland habe zwar nicht im Rahmen eines Kalten Krie-ges seine Einheit bewahren können, wohl aber auf der Grundlage einer Fortsetzung der antifaschistischen Kriegs-freundschaft zwischen den USA und der SU, so halte ich diese Vorstellung in Übereinstimmung mit allen ernstzu-nehmenden Marxisten für eine Illusion. Der letzte weltge-schichtliche Akt „Deutschlands", der in der Folge der Hitler-schen Singularität vollzogen wurde, war nach meiner These die mit den „Ostverträgen" faktisch vorgenommene Aner-kennung der Teilung Deutschlands, die sozusagen die Konse-quenzen des doppelgestaltigen Hitlerschen Krieges institu-tionalisiert. Die Nachzeichnung dieses Weges, nämlich des Wiederheraustretens Deutschlands aus der Mitte der Welt, ist der Inhalt von „Deutschland und der Kalte Krieg", und insofern bedeutet das angeblich nationalistische Buch ganz im Gegenteil so etwas wie die Selbstüberwindung des deut-schen Nationalismus, denn ich brauche nicht zu versichern, daß ich das Verlangen nach der Einheit Deutschlands grund-sätzlich für ebenso berechtigt halte, wie es nahezu jeder an-dere Deutsche tut und jeder andere Mensch tun sollte. Wenn man Nationalismus sucht, dann ist er allenfalls in der These zu finden, daß die Bundesrepublik zur Stätte der Möglich-keit der Wahrheit und insofern des Daseins Deutschlands werden könne, sobald der Verzicht auf die staatliche Reali-tät Deutschlands vollzogen sei; aber dieser „Nationalismus" ist so subtil und abstrakt, daß er keinen Gegensatz zu jener Selbstüberwindung bildet.

Ich gestehe, daß ich nicht nur nicht an die faktische Mög-lichkeit einer Wiedervereinigung Deutschlands als isolierten Aktes glaube, sondern nicht einmal an deren Wünschbarkeit. Ich bin nämlich überzeugt, daß die Ostverträge das Ende der Möglichkeit einer Wiedervereinigung unter westlichen Vorzeichen bedeuteten und daß nur noch eine kommunistische Wiedervereinigung real möglich ist, auch wenn sie im Augenblick von den orthodoxen Kommunisten nicht betrieben wird. Diese Überzeugung beruht auf der Meinung, daß der Besitz einer Ideologie der wichtigste Besitz ist, den ein einzelner Mensch, eine Menschengruppe oder ein Staat haben kann. Insofern trifft der Vorwurf einer „Überschätzung" der Ideologie etwas Richtiges. Aber wer kann im Ernst daran zweifeln, daß die Sowjetunion und insbesondere die DDR in den ersten zwanzig Jahren nach dem Kriege erheblich schwächer waren als die USA und deren Verbündete, insbesondere die Bundesrepublik, und daß nur die unvergleichliche Prägung, die der bloße Selbstbehauptungswille durch die Leitung einer Ideologie erfährt, ihnen das Überleben sicherte? Man braucht sich ja nur für einen Augenblick vorzustellen, in der Sowjetunion hätte sich die „Partei des Westens", die es sehr wohl gab, so frei entfalten können wie die „Partei des Ostens" in der westlichen Welt, in der DDR hätte sich die „Partei der Bundesrepublik" so relativ ungehindert regen können wie die „Partei der DDR" in der Bundesrepublik Deutschland und eine große Phalanx kritischer Intelligenz hätte sich zum Sprachrohr und Verstärker der Unzufriedenheit großer Teile der Bevölkerung gemacht: der Vielvölkerstaat der Sowjetunion wäre von „nationalen Befreiungsbewegungen" zerrissen worden und ein zweiter Ungarnaufstand, eine neue und weitaus stärkere Erhebung in der DDR hätten nicht lange auf sich warten lassen. Kein noch so starker Polizeiapparat hätte diese Entwicklung verhindern können, wenn ihm nicht einige Hunderttausend bzw. Millionen entschiedener Kommunisten zur Seite gestanden hätten. Der Respekt vor der

Stärke des „Glaubens" zieht sich in der Tat durch das ganze Buch, und ich bin mit John Stuart Mill davon überzeugt, daß zwei Menschen, die von einem Glauben erfüllt sind, stärker sind als hundert, die weiter nichts kennen als Interessen.

Ich kann Peter Gay nicht recht geben, wenn er meint, meine Überzeugungen seien kaum erkennbar. Sie bedürfen keiner Dechiffrierung, aber sie passen in der Tat nicht ohne weiteres in das Schema, nach dem jeder Mensch entweder ein Kommunist oder ein Antikommunist, ein Zionist oder ein Antizionist, ein Anhänger oder ein Gegner Amerikas und als Deutscher ein Nationalist oder ein Kosmopolit sein müsse.

Eindeutig falsch ist die Behauptung, ich hätte Auschwitz und Vietnam gleichgesetzt. Vielmehr kritisiere ich diese Auffassung, die ich lediglich referiere, noch auf der gleichen Seite mit klaren Worten in dem Satze, die Tet-Offensive des Vietcong und der Nordvietnamesen habe nur noch in einem Teil der amerikanischen Bevölkerung den zornigen Willen zum Widerstand angesichts der überraschenden Stärke der angeblichen Opfer eines Genozids hervorgerufen.

Was die Sicherung der Existenz Israels angeht, so findet sich auf S. 603 die folgende Aussage: daß die DDR es lerne, diese Anerkennung (nämlich der historischen und moralischen Legitimität der Bundesrepublik) zu vollziehen, sei als Grundlage künftiger Koexistenz der Staaten der Welt ebensowichtig wie die Anerkennung der Existenz Israels durch die Araber.

Die anstößige Aussage über das „liberale und rechtsstaatliche Idyll" nimmt im Kontext, wie ich glaube, ein ganz anderes Aussehen an und sollte jedenfalls nicht zu der Meinung Anlaß geben, ich wollte vor meinen Lesern die Existenz der Nürnberger Gesetze oder der „Kristallnacht" verbergen. Sie wird im Zusammenhang der Wiedergabe von Chruschtschows Geheimrede gemacht und lautet: „Sie (diese Rede) bedeutete allem zuvor die ‚Stunde der Wahrheit' für den sowjetischen Kommunismus. Im Vergleich zu den Verhältnissen, die sie beschrieb, mußte der nationalsozialistische Staat bis 1939 trotz der Röhm-Affäre geradezu ein rechtsstaatliches und liberales Idyll genannt werden. Chruschtschow bestätigte voll die in ihrer Kürze besonders grauenhafte Aussage, die Mosche Pijade auf dem Höhepunkt des innerkommunistischen Kalten Krieges im Jahre 1951 gemacht hatte: ‚In den Jahren 1936, 1937 und 1938 wurden in der Sowjetunion über drei Millionen Menschen getötet. Sie gehörten nicht der Bourgeoisie an, denn die war in diesem Lande schon lange liquidiert' ".[22] Peter Gay glaubt, Beweise für „Präferenzen" oder bestenfalls für Ignoranz auf meiner Seite zu entdecken, aber bereits auf der übernächsten Seite hätte er den folgenden Satz lesen können: „Und damit kommt schon die andere Seite der Medaille in Sicht. Chruschtschows Rede war auch ein Beweis für die Andersartigkeit des Kommunismus im Vergleich zum Radikalfaschismus des deutschen Nationalsozialismus ... Der kommunistische Glaube war – anders als der nationalsozialistische Führerkult – eine echte Sozialreligion, und deshalb konnte er Renaissancen erleben, innerhalb der Sowjetunion und außerhalb ihrer." [23]

Es ist in der Tat meine Überzeugung, daß alle menschlichen Dinge, wenngleich auf je sehr verschiedene Art und Weise, eine „andere Seite der Medaille" aufweisen. Diese Überzeugung ist alles andere als originell oder tiefsinnig. Aber die unvermeidbare Folge ist, daß man eine ganze Kollektion höchst fragwürdiger Behauptungen zusammenstellen kann, indem man die jeweiligen Komplementäraussagen wegläßt und damit zugleich die Akzentuierung unerkennbar macht. Nach der Auffassung des Ostberliner Rezensenten ist mein Buch eine Apologie der USA, aber er erspart sich die Feststellung, daß es der Sowjetunion als Verdienst angerechnet wird, die ‚Amerikanisierung‘ der Welt verhindert zu haben[24]; in den Augen des HZ-Autors ist die Linke ein Hauptziel des Angriffs, aber er übersieht die These, gegenüber jeder konkreten Gesellschaft habe die extreme Linke stets ebenso recht wie unrecht[25]. Ger van Roon klagt über das „germanozentrische" Bild der Welt, aber er nimmt die Wendung nicht wahr, daß eine zentrale Rolle Deutschlands in einer historischen Zeit unmöglich sei, welche der Epoche des Anspruchs Deutschlands auf eine zentrale Rolle folgte[26]. Beispiele wie diese ließen sich häufen.

Mithin wäre am ehesten der Vorwurf gerechtfertigt, das Buch sei von Anfang bis Ende durch ein schwächliches „einerseits – andererseits" gekennzeichnet und vermeide nichts sorgfältiger als eine entschiedene Parteinahme in den großen Fragen der Zeit. Aber die Grundüberzeugung, welche Auswahl und Akzentuierung möglich und notwendig macht, ist beinahe so etwas wie ein Gemeingut der westlichen Welt, und die Frage könnte nur sein, ob sie auf konsequente Weise zur Leitlinie gemacht worden ist. Es handelt sich um die liberale Grundüberzeugung, daß die Einzelnen und die Gruppen, welche einen totalen Wahrheitsanspruch erheben, eines Tages von der geschichtlichen Realität zum Scheitern gebracht werden. Diese Überzeugung entspricht der anthropologischen Grundgegebenheit schlechthin, aber sie hat eine freie Existenz nur in derjenigen Gesellschaft, die ich das liberale System nenne und die man auch die Gesellschaft derjenigen Glaubensrichtungen nennen könnte, die so sehr geschwächt sind, daß sie zur Koexistenz bereit sind. Nur diese Gesellschaft hat so viel Distanz von sich selbst, daß in ihr so etwas wie eine kritische Intelligenz, wie wissenschaftliches Bemühen um Wahrheit zu existieren vermag. Nur in einer solchen Gesellschaft kann eine Linke existieren. Und so wenig der Titel das erkennen läßt, so gewiß handelt „Deutschland und der Kalte Krieg" von der Linken und ihren Geschicken noch mehr als von Deutschland. Aber die extreme Linke richtet ihre Blicke nie auf den gesellschaftlichen Boden, der ihre Existenz möglich macht. Sie sieht nur auf dasjenige hin, was sie als Ungerechtigkeit oder Unmenschlichkeit bekämpft und wird in diesem Kampf zu einer Art Naturkraft ohne Selbstreflexion. So hat die extreme Linke in der Bundesrepublik bei ihrer Renaissance in den Jahren ab etwa 1965 den Begriff des Faschismus aufgenommen und in seinem Lichte vieles entdeckt, was auch vorher nicht unbekannt, aber wenig beachtet war: zum Beispiel den Zusammenhang zwischen der Machtergreifung des Nationalsozialismus und der Großindustrie oder die präfaschistischen Tendenzen im Bismarck-Reich. Aber sie hat sich im großen und ganzen rasch zu Vorstellungen forttreiben lassen, die den Staat der Bundesrepublik in eine ganz verzerrende Perspektive rücken und zum bedingungslosen Kampf gegen ihn auffordern. Mutatis mutandis gilt oder galt das auch für die Vereinigten Staaten. Dieser Linken, welche die Fundamentalsympathie mit dem gesellschaftlichen System verloren hat, in dem allein sie existieren kann, muß man sich entgegenstellen, und mein Buch ist auch eine Form dieses Widerstandes. Aber der Widerstand ist in erster Linie deshalb notwendig, weil die extreme Linke so blind und ausschließlich auf ihr Ziel bezogen ist, daß sie nicht mehr abwägen kann und damit wissenschaftsfeindlich wird.

Ich bestreite, daß diejenigen einen Anspruch auf den Titel „kritische Intelligenz" haben, die sich in ihrem Kampf gegen Mißbräuche, Ungerechtigkeiten oder gefährliche Entwicklungen bis zu einer dogmatischen Systemfeindschaft forttreiben lassen, denn es gibt bis heute keinen Beweis dafür, daß Kritik und kritische Wissenschaft irgendwo überlebt haben, wo Gruppen dieser Art die Macht in einem Staat ergriffen. Aber immerhin handelt es sich um Leute, die einmal Intellektuelle oder Wissenschaftler waren oder in der

entsprechenden Atmosphäre lebten. Was war dagegen der
Nationalsozialismus anderes als eine Lehre, die von vornherein die naturkraftmäßige Selbstbezogenheit, welche möglicherweise eine Phase in der Entwicklung jener Intellektuellen ist, als unüberwindbare Eigenart aller Volks- oder
Rassegenossen postulierte und damit die Grundtendenz der
Wissenschaft als einen aus Dekadenz resultierenden „Ob-
jektivismus" verneinte? Daher behaupte ich, daß kein Intellektueller oder Wissenschaftler ein genuiner National-
sozialist sein konnte oder auch nur nachträglich mit dem
Nationalsozialismus als solchem zu sympathisieren vermag,
weil der Nationalsozialismus der grundsätzliche Gegner jener universalistischen Tendenz war, die aller Wissenschaft
und allem Streben nach „Objektivität" zugrundeliegt. Wohl
aber ist es möglich, daß ein Wissenschaftler in den Anfangs-
zeiten des Nationalsozialismus mit einzelnen seiner Tendenzen sympathisierte, und heute ist es notwendig, daß sogar
ein in seinem Kern so antiwissenschaftliches Phänomen aus
einem großen Zusammenhang heraus verständlich gemacht
und nicht ohne jene ganz abstrakte und doch unverzichtbare
‚Sympathie' betrachtet wird, mit der anerkannt wird, daß
auch das Unmenschliche noch menschlich ist. Dazu gehört
nicht zuletzt die Forderung nach Zeitgerechtheit und innerer
Konsistenz der Gegnerschaft. Es ist in meinen Augen nicht
zeitgerecht, unablässig durch die Beschwörung nationalsozialistischer Greueltaten ganz andersartige Realitäten zu
bekämpfen, und ich halte es für inkonsistent, einerseits das
Schuld- und Vergeltungsprinzip als Relikt einer barbari-
schen Vergangenheit zu betrachten und andererseits alte
und längst harmlos gewordene Männer im Gefängnis zu
halten, sofern es sich um Nationalsozialisten und Kriegsver-
brecher handelt. Wenn diese Auffassung eine Apologie des
Nationalsozialismus ist, so wird über kurz oder lang die
Apologie des Nationalsozialismus noch nachträglich zum

Postulat der Gerechtigkeit werden. Mir scheint es ein Gebot der einfachsten intellektuellen Redlichkeit zu sein, daß man Oradour als solches nur verurteilt, wenn man My Lai und Katyn und Deir Yassin mit derselben oder gegebenenfalls noch größeren Entschiedenheit zu verurteilen bereit ist.

Und damit komme ich zum Schluß. Wenn man in der Geschichte dieser Gegenwart eine umfassende Polarität entdecken kann, dann ist es die von Selbstbezogenheit und Selbstverlust. Jeder Mensch und jede organisierte menschliche Gruppe ist von Natur selbstbezogen, jeder Mensch und jede menschliche Gruppe erfährt seit dem Zeitalter der Aufklärung und in verstärktem Maße seit dem Ausbruch des Ersten Weltkrieges in unterschiedlicher Stärke, aber mit wachsender Beängstigung die Gefahr des Selbstverlustes, der Auflösung der Identität. Sogar die Sowjetunion von heute, abgeschirmt und konzentriert wie sie ist, kennt verbreitete Klagen über zersetzende Einflüsse und den drohenden Verlust des revolutionären Ethos. Die Beängstigung ist um so größer, je offener die Atmosphäre und je älter und/oder gefährdeter die Identität der Gruppe ist. In aller Regel sind es die Intellektuellen, die diesen Zwiespalt austragen, weil sie ohne ihn gar nicht definierbar wären. Nicht wenige von ihnen reden seit langem der Auflösung aller nationalen und religiösen oder ethnischen Individualitäten das Wort, und sie werden dabei von machtvollen Tendenzen in der objektiven Realität unterstützt. Eisenbahnen und Zeitungen, Flugzeuge und Fernsehapparate vertragen sich, wie es scheint, nicht mit der Existenz von Ghettos, und seien diese Ghettos souveräne Staaten. Alle Nationalismen sind bereits Reaktionen auf den drohenden Selbstverlust, und sie streben eine nicht mehr bloß natürliche, sondern bewußte und gewollte Selbstbezogenheit an. Keine dieser Reaktionen war erstaunlicher als die jüdische, welche durchaus nicht bloß aus Furcht vor dem physischen Untergang entstand und einen seit 2000 Jahren verlorenen Staat ebenso rekonstituierte wie eine anscheinend seit langem erstorbene Sprache. Keine dieser Reaktionen war für die Welt so folgenreich wie die deutsche, die nicht nur alle schon bekannten Erscheinungsformen der Selbstbezogenheit in sich barg, sondern sich zu der singulären Gestalt einer zerstörerischen Selbstbezogenheit forttrieb. Nie hatte es in der modernen Weltgeschichte einen solchen Zusammenbruch nicht bloß eines Staates, sondern einer nationalen Tradition gegeben wie 1945 denjenigen Deutschlands. Nie durfte ein Staat ein so festbegründetes Gefühl des eigenen Rechts haben wie Israel 1948. Aber das konnte nicht bedeuten, daß die Deutschen in einer nach wie vor von Staaten und Nationalitäten bestimmten Welt als einzige ohne Identität dahinlebten. Es konnte ebensowenig zur Folge haben, daß die Amerikaner und die Russen, die Franzosen und die Israeli hinfort dem Prozeß des Selbstverlustes entzogen sein würden, welcher die andere Seite des Prozesses der Geschichte selbst ist. Für die einen wie für die anderen stellte sich die Aufgabe, eine neue und abstraktere Identität anzustreben, sei es zunächst durch Selbstkritik und Abstandnahme, sei es durch den Versuch, ihre Vergangenheit in Teilen oder auf neuartige Weise im ganzen zurückzugewinnen. Die Deutschen haben dabei den Vorteil, daß sie bis auf bedeutungslose Randgruppen sich weiter von ihrer Vergangenheit entfernt haben als jedes andere Volk. Kein großer Staat ist heute von einer „Hitlerzeit" innerlich weiter entfernt als die Bundesrepublik Deutschland. So ist es zwar begreiflich, aber nicht gerechtfertigt, daß der Versuch, zu einem zweiten Schritt anzusetzen, im Inland wie im Ausland Kritik und Beunruhigung hervorruft. Wie unvollkommen dieser Versuch in „Deutschland und der Kalte Krieg" auch gemacht sein mag, so folgt er doch im Grunde keinem bloß deutschen Imperativ. Er kann nicht getan werden, ohne daß in der Fragestellung weit über Deutschland hinausgegriffen würde, und wer diese Fragestellung bloß deshalb als verboten betrachtet, weil sie von einem Deutschen kommt, würde mit einem solchen Ethnismus beweisen, wie stark Hitler gerade in seinen schärfsten Gegnern sein kann. Auch die schwierigste aller Fragen, diejenige nach dem Verhältnis von Deutschen und Juden, braucht heute nicht mehr in die Form von Versicherungen gebracht zu werden, die das Selbstverständliche nur von neuem bestätigen. Ich könnte die Intention meiner Bücher in dem Satze zusammenfassen, daß ich den Deutschen den Verlust ihres Nationalstaates verständlich machen und ihnen zu einer neuen und abstrakteren Identität verhelfen wollte. Wenn jüdische Intellektuelle sich der Aufgabe unterzögen zu zeigen, inwiefern der Gewinn eines Nationalstaates die Juden letzten Endes in eine größere Distanz zu sich selbst bringen muß, so würden sie es sehr viel schwerer haben, aber ihr Verdienst würde auch um so viel größer sein.

Pluralität der Hitlerzeit? Worin immer die Vorzüge oder die Mängel dieser Formel bestehen mögen – sie führt, eindringlich befragt, nahe an den Kern des Rätsels, das unsere Epoche den Mitlebenden aufgibt und zu dessen Lösung kein Beitrag je genügen wird.

Anmerkungen

1 So Felix Gilbert in „American Historical Review", Vol. 80, 3, June 1976 (zweites Zitat), Lutz Niethammer in „Historische Zeitschrift" Bd. 221, 1975 (erstes Zitat).
2 Peter Gay: Freud, Jews and Other Germans. New York 1978. S. XI–XIV, ähnlich Gilbert.
3 Gilbert a. a. O.
4 So u. a. Richard Löwenthal in „Die Zeit" vom 13. Juni 1975
5 Werner Link in „Neue Politische Literatur" 3/1975
6 Peter Gay a. a. O.
7 Hans Teller in „Zeitschrift für Geschichtswissenschaft 11/1975

8 Lutz Niethammer a. a. O.

9 Wilfried Loth in „Deutschland-Archiv" 2/1976

10 Hans Haas in „Österreichische Zeitschrift für Politikwissenschaft" 1/1976
   Ger van Roon in „Tijdschrift voor Geschiedenis" 89/1976

11 Richard Löwenthal a. a. O.

12 S. „Nachwort zum Gesamtwerk" in Ernst Nolte: Die Krise des liberalen Systems und die faschistischen Bewegungen. München 1968, S. 432–458, insbes. S. 438, 457

13 Ernst Nolte: Der Faschismus in seiner Epoche. München 1963, S. 35

14 „Eine frühe Quelle zu Hitlers Antisemitismus", in „Historische Zeitschrift", Bd. 192 (1961), S. 584–606

15 Der Faschismus in seiner Epoche, a. a. O. S. 444

16 „The Jewish News" (Detroit), 20. 5. 1966

17 „Der Faschismus in seiner Epoche", S. 608

18 ebenda, S. 35

19 Ernst Nolte: Deutschland und der Kalte Krieg. München 1974. S. 602

20 ebenda

21 ebenda, S. 132 u. a.

22 ebenda, S. 360 f.

23 ebenda, S. 362

24 ebenda, S. 606

25 ebenda, S. 610

26 ebenda, S. 599

VII. Despotismus — Totalitarismus — Freiheitliche Gesellschaft
Drei Grundbegriffe im westlichen Selbstverständnis

Ich versuche im folgenden, wenngleich in äußerster Kürze, die historische Dimension und die gesellschaftlichen Voraussetzungen des Begriffs des Totalitarismus zu umreißen sowie die Bedeutung der Kritik zu kennzeichnen, die auf vielfältige Weise an diesem Begriff geübt worden ist und weiterhin geübt wird. Eine skizzenhafte Erörterung der Begriffe „Despotismus" und „freiheitliche Gesellschaft" ist ein notwendiger Teil dieser Überlegungen. Ich gehe so vor, daß ich zunächst vier Thesen aufstelle und diese Thesen dann erläutere.

1. Die Tendenz, die seit etwa 1930 in der negativen Verwendung des Begriffs „Totalitarismus" ihren vorwiegenden Ausdruck findet, ist in ihrem Kern so alt wie die westliche, d. h. im Ursprung europäisch-abendländische Gesellschaft selbst, und sie wird solange den Charakter der Notwendigkeit haben, wie diese Gesellschaftsordnung als unterschiedene und sich unterscheidende bestehen bleibt.

2. Die Kritik, die seit dem Anfang der sechziger Jahre an der bis dahin vorherrschenden Version der „Totalitarismustherorie" geübt wurde, wurzelte in historischen Veränderungen tiefgreifender Art, so daß ihr schon deshalb ein gewisses Recht nicht abzusprechen ist.

3. Diese Kritik bedeutete keineswegs durchweg eine Ver-

114

werfung, sondern weithin eine Überprüfung und Vertiefung des Totalitarismusbegriffs, auch wenn sie sich partiell neuer oder aus dem Gebrauch gekommener Termini bediente.

4. Falls sich die Tendenz zur Verwerfung des Totalitarismusbegriffs durchsetzen sollte, wäre darin entweder ein Vorzeichen des Untergangs der Gesellschaftsordnung oder aber ein Symptom eines präzedenzlosen Wandels zu erblicken.

ad 1) Es bedürfte nicht mehr als eines Körnchens Salz, wenn man guten Gewissens behaupten wollte, daß die gesamte Staatsphilosophie der europäischen Neuzeit, gestützt auf die platonische und aristotelische Lehre von der Tyrannis als einer gesetzlosen Willkürherrschaft und auf die mittelalterliche Doktrin vom Widerstandsrecht, vor allem eine Analyse des „Despotismus" und zugleich ein Kampf gegen den Despotismus bzw. die Tyrannei gewesen sei. Lange vor Montesquieu entwickelten die Vorkämpfer der französischen Parlamente wie Pasquier und La Roche Flavin die Lehre von der Notwendigkeit der „Gegengewichte", wenn der Staat nicht einen despotischen Charakter tragen solle, und diese Lehre war so wenig an ihren konkreten Ausgangspunkt gebunden, daß sie über mannigfaltige Vermittlungen zum Element des angelsächsischen Verfassungskonzepts der „checks and balances" werden konnte. Der letzte der großen französischen Adelsaufstände, die Fronde, brachte in ihren geistigen Nachwehen bei Joly und Le Vassor die frühesten liberalen Forderungen auf dem Kontinent nach persönlicher Freiheit und Unverletzlichkeit des Eigentums hervor. Der protestantische Dogmatiker Pierre Jurieu und der skeptische Begründer der historischen Kritik Pierre Bayle wandten sich von ihrem Exil in den Niederlanden aus gleichermaßen gegen Maximen wie „un roi, une foi, une loi"[1] oder „La France toute catholique sous Louis le Grand",[2] mit denen der französische Absolutismus sein un-

ter vielen Gesichtspunkten so fortschrittliches Werk zu fördern versuchte. Was war das Werk von Locke anderes als
der geistige Ausdruck der Selbstbehauptung der englischen
„Freiheiten" gegen den Absolutismus der Stuartkönige, der
in Filmer einen traditionalistischen, in Hobbes einen sehr
modernen Verteidiger gefunden hatte und der doch sowohl
von Filmer wie von Hobbes als ein *begrenzter* Absolutismus verstanden worden war? Der in Frankreich aufkommende Terminus „despotisme oriental" diente Montesquieu
nicht zuletzt dazu, den Kampf des Königtums gegen die
„pouvoirs intermédiaires" als freiheitsfeindlich zu brandmarken, und als Nicolas Antoine Boulanger 1761 sein Buch
„Recherches sur l'origine du despotisme oriental" veröffentlichte, da faßte er die fortgeschrittenen Länder Europas
zwar ausdrücklich und voller Stolz als die nicht-despotischen
Staaten auf, aber seine Ableitung des orientalischen Despotismus aus der Theokratie hatte doch einen unverkennbaren
und polemischen Bezug auf die Kirche. Eine positive Verwendung des Begriffs wie bei Linguet und vor allem bei
den Physiokraten und bei Diderot war an Bedingungen geknüpft („despotisme éclairé") und verhältnismäßig selten;
die Französische Revolution wollte wie der radikale Flügel
der Aufklärung vor allem den „Despotismus der Könige
und der Priester" niederwerfen, und doch mußte sie bald
von ihren Gegnern, die häufig genug noch 1789 zu ihren
Anhängern gezählt hatten, den Vorwurf hören, sie sei spätestens ab 1793 selbst zu einer Form des Despotismus geworden. Als nach 1815 überall in Europa die gesellschaftlichen Mächte und Richtungen ihr Selbstbewußtsein neu
konstituierten, da wandte buchstäblich eine jede den Begriff „Despotismus" auf den jeweiligen Hauptgegner an und
gebrauchte ihn in einem oftmals sehr emotionalen und unbestimmten Sinne dazu, die eigene Vorstellung von „Freiheit" in ein vorteilhafteres Licht zu rücken. Es war keines-

wegs nur der Frühliberalismus, der etwa durch den Mund
Karl von Rottecks seine Gegner – hier die Gegner des ver-
nunftrechtlichen im Gegensatz zum historischen Denken –
als Anhänger des Despotismus bezeichnete: Karl Ludwig
von Haller setzte sein Konzept des patrimonialen Fürsten-
tums dem Despotismus eines bloß vorgestellten „Allgemein-
wohls" als freiheitsfördernd entgegen, und das Berliner
Politische Wochenblatt nannte 1832 den Despotismus des
Repräsentativsystems unmenschlicher als jeden anderen, da
er keiner Vorstellung und Bitte zugänglich sei.[3] In der zweiten Hälfte des Jahrhunderts ließ die Pariser Kommune die
Vendôme-Säule als „Symbol des Despotismus" niederrei-
ßen[4], und für Marx und Engels war das Bismarck-Reich
ebenso ein „Militärdespotismus" wie das Zweite Kaiserreich
Napoleons III[5]. Bismarck selbst hingegen sprach sich um
die gleiche Zeit dahingehend aus, daß in einem künftigen
sozialistischen Zuchthaus die Aufseher die schlimmsten Ty-
rannen sein würden.[6] Auch ein nichtparteimäßiges Element
wie das Judentum entging dem entsprechenden Vorwurf
nicht: Eugen Dühring, längst vom Sozialisten zum Anti-
semiten geworden, erklärte die jüdische Einheitsvorstellung
für einen „Despotismus der Selbstsucht"[7], und er konnte
damit an die Linke der Aufklärung anknüpfen, für die der
Baron d'Holbach den Gott des Alten Testaments als einen
„Despoten" angegriffen hatte. Aber es wurden ebenfalls
schon früh so eigenartige Paradoxien möglich wie Robespierres Wendung, die Revolution bedeute den Despotismus
der Freiheit gegen die Tyrannei[8], oder die Behauptung
Louis Veuillots, es gebe überall dort keinen Despotismus,
wo die Kirche frei sei.[9]
Und dennoch fehlte es in all diesen Kämpfen gegen den
Despotismus der jeweils gegnerischen Partei offensichtlich
nicht an Bewußtsein dafür, daß es Gesellschaftsordnungen
gebe, die als ganze von despotischem Charakter seien. Der

„orientalische Despotismus" war nicht *ausschließlich* ein innenpolitisches Kampfinstrument, und der „moskowitische Despotismus" hatte auch für die deutschen und die französischen Sozialisten noch unmittelbar vor dem Ersten Weltkrieg eine andere Qualität als der bloß tendenzielle Despotismus ihrer innenpolitischen Gegner.

Die Beispiele ließen sich leicht in indefinitum vermehren, aber ich breche hier ab und formuliere einige Thesen:

a) Nur in einer Gesellschaft, die durch das Mit- und Gegeneinander verschiedener relativ selbständiger und der Artikulation fähiger Kräfte gekennzeichnet ist – Stände und Klassen, Kirchen und Parteien, Staaten und wissenschaftliche Richtungen –, muß ein Begriff wie „Despotismus" zu weitester Verbreitung gelangen, damit zunächst eine innenpolitische Auseinandersetzung vorgenommen werden kann, welche immer von neuem die immanenten Absolutheitsansprüche der jeweils stärksten und meist jüngsten Kraft zum Scheitern bringt. Eine solche Gesellschaft wird mit einem wenig geeigneten Ausdruck häufig „pluralistisch" genannt, sie sollte besser als die liberale Gesellschaft des europäischen Systems bezeichnet werden, welche in ihrem letzten Grunde vermutlich auf der Trennung der religiösen und der politischen Macht im abendländischen Christentum beruht und inzwischen ihre geographische Begrenzung weitgehend verloren hat.

b) In dieser Gesellschaft ohne beherrschendes Zentrum vollzieht sich eine Entwicklung, in der Revolution und Reaktion, Ökonomie und Politik, Fortschritt und Rückschritt dialektisch miteinander verknüpft sind [10], so daß die Begriffe, mit denen sie sich über sich selbst zu verständigen sucht, sich aus ihren jeweiligen Entstehungsumständen lösen und daher verwendbar bleiben können.

c) Eine Gesellschaft, in der der Begriff „Despotismus" oder ein entsprechender Begriff wie „Totalitarismus" auf eine führende soziale Kraft, ideologische Richtung und sogar den eigenen Staat angewendet werden kann, ohne daß vernichtende Sanktionen die Folge sind, ist eine nicht-despotische oder nicht-totalitäre Gesellschaft. Sie *muß* einen Begriff wie Despotismus oder Totalitarismus auch deshalb ausbilden, um dasjenige zu bezeichnen, was im ganzen einen Gegensatz zu diesem Charakter bildet.

ad 2) Es steht außer Zweifel, daß schon früh die Notwendigkeit empfunden worden ist, den allzu traditionell gewordenen Begriff des „Despotismus" durch einen Begriff zu ersetzen, der die neuartigen und überraschenden gesellschaftlichen Entwicklungen besser zum Ausdruck bringe: schon Tocqueville sprach davon, daß die „alten Worte Despotismus und Tyrannis" im Hinblick auf eine künftige strikt reglementierte Massengesellschaft nicht mehr passend seien, da es sich um eine „neue Sache" handle.[11] Andererseits bedarf die Kontinuität der Begriffe Despotismus (bzw. Tyrannei oder Diktatur) und Totalitarismus kaum des Nachweises: bereits um 1923 wurde die Sowjetunion von westlichen Marxisten als „terroristische sowjetische Diktatur" bezeichnet,[12] und noch 1930 sagte ein nationalsozialistischer Gauleiter Hitler ins Gesicht, er sei kein Führer im germanischen Sinne, sondern ein orientalischer Despot.[13] Ich brauche ebensowenig näher auf die Frühgeschichte des Totalitarismusbegriffs ab 1925 einzugehen, die ihren Ausgangspunkt in der positiven Selbstbezeichnung Mussolinis und seines Regimes hatte, jedoch im Westen sehr bald die Wendung zur negativen Bedeutung und dann zur mehr oder weniger vollständigen Identifizierung des italienischen, des deutschen und des sowjetischen Regimes nahm. Es sticht ins Auge, wie groß der Schock insbesondere der nationalsozialistischen Machtergreifung und dann des Hitler-Stalin-Paktes sein mußte und wie notwendig es war, die unzweifelhaft verschiedenartigen, aber in ihrem Gegensatz zur liberalen Demokratie so sehr übereinstimmenden Regimes einem einzigen Begriffe zu subsumieren. Ich will lediglich stichwortartig einige der Gründe aufzählen, die dazu führten, daß die in den fünfziger Jahren ausgebildete „klassische" Totalitarismustheorie ab etwa 1960 mehr und mehr kritisiert und nicht selten sogar mit dem Stigma der Obsoletheit versehen wurde:

a) Bald nach Stalins Tod im März 1953 trat die Sowjetunion in eine erste Phase des „Tauwetters" ein, und der „Terror", der am meisten bei Hannah Arendt, aber ganz unübersehbar auch bei Carl J. Friedrich und Zbigniew Brzezinski im Zentrum der Analyse stand, verlor seinen hervorstechenden Platz im sowjetischen Dasein. Es dauerte nicht lange, bis Termini wie „Liberalisierung" und „Polyzentrismus" häufig verwendet wurden, und die Anfänge des chinesisch-sowjetischen Konflikts machten endgültig deutlich, daß „der Kommunismus" mit dem stalinistisch-monolithischen System nicht identisch war, welches so lange die Aufmerksamkeit des Westens in Anspruch genommen hatte.

b) Das Komplement dieser Entwicklung auf westlicher Seite war die allmähliche Schwächung der Mentalität des Kalten Krieges, die in den Publikationen von Männern wie Borkenau, Burnham und anderen ehemaligen Kommunisten ihren entschiedensten Ausdruck gefunden hatte und generell in einem Klima der Selbstverherrlichung des „Westens" ausgebildet worden war. Zunächst zaghaft, dann immer stärker brach sich die Überzeugung Bahn, daß auch im Westen sehr vieles kritikwürdig sei und daß Kritik an den eigenen Schwächen sogar zu den kennzeichnendsten und notwendigsten Merkmalen der westlichen Gesellschaft gehöre.

c) Im Einklang mit diesen Tendenzen setzte sich in der wissenschaftlichen Kommunismus- und Ostforschung schon gegen Ende der fünfziger Jahre die Überzeugung weitgehend durch, daß der Kommunismus ein wandlungsfähiges

System sei, das nicht mit einer seiner Phasen und erst recht nicht mit dem nationalsozialistischen Regime identifiziert werden dürfe.

d) Etwa auf die gleiche Zeit darf man die Anfänge dessen datieren, was ich die „Renaissance der Linken" nenne [14], d. h. das Wiederauftauchen einer radikalen Kritik am westlichen System als solchem, welche nun nicht mehr lediglich totalitäre Tendenzen im eigenen Hause entdeckte, sondern den Begriff der „Herrschaft" überhaupt mit einem so negativen Akzent versah, daß sogar der nationalsozialistische Totalitarismus seinen neuartigen und unvergleichbaren Charakter verlor und bloß noch als besonders schreckliches Beispiel in der langen Kette der historischen Unterdrückung galt. Wenn diese Auffassung zunächst noch den Osten und den Westen, den Kommunismus und den Antikommunismus gleichmäßig kritisierte, so lag es doch in ihrer Konsequenz, daß sie eine Extremform hervorbrachte, welche die Ausgangsthese der alten, d. h. vor-Hitlerschen und vor-Stalinschen Linken erneuerte, daß der Faschismus nur ein Epiphänomen des Kapitalismus darstelle und daß diesem der „reale Sozialismus" entgegenzusetzen sei, welcher allenfalls unter der Hitlerschen bzw. der amerikanischen Drohung eine temporäre Deformierung erlitten habe. Mithin mußte der Begriff des Totalitarismus als ein bloßes Strategem des kapitalistischen Westens im Kalten Krieg gegen das Weltsystem des Sozialismus erscheinen. Die amerikanische Intervention in Vietnam förderte diese Gestalt der „Renaissance der Linken" mindestens in Westeuropa so sehr, daß zu Beginn der siebziger Jahre der Begriff des Totalitarismus auch in der wissenschaftlichen Literatur vergleichsweise nur noch wenig Verwendung fand.

ad 3) Es ist von vornherein ausgeschlossen, daß im Rahmen so tiefgreifender Wandlungen der Totalitarismusbegriff einfach dasjenige bleiben konnte, was er war und nicht einmal so sehr lange war; nichts lag vielmehr näher, als daß das Postulat Tocquevilles in veränderter Gestalt wieder lebendig werden würde. Zum wenigsten war eine Akzentverschiebung der verschiedenen Momente des Begriffs zu erwarten und daraus mochte sogar ein neuer Terminus resultieren, zumal wenn man es für wünschenswert hielt, den emotional-polemischen Gehalt des Begriffs abzubauen. Es bot sich an, die verschiedenen Regimes nun differenzierter zu sehen und von der Vorstellung fortzukommen, daß jedes totalitäre Regime notwendigerweise zu immer größerer Totalität strebe und daß mithin allenfalls Übergänge vom „Autoritarismus" zum Totalitarismus, nicht aber umgekehrt „Liberalisierungen", d. h. Entwicklungen *hin* zum „bloßen" Autoritarismus möglich seien. Vor allem konnten die Gegensätze zwischen den einzelnen totalitären Regimes wieder stärker in den Vordergrund gestellt werden, ohne daß deshalb der Begriff als solcher aufgegeben werden mußte. So mochte an die Stelle des Terrors etwa die „Mobilisierung" als Hauptkennzeichen des Totalitarismus treten, und der Terminus mochte durch einen Ausdruck wie „revolutionary mass movement regime" ersetzt werden.[15] Robert Tucker tat das bereits 1961. Man mochte sich auch daran erinnern, daß ein Terminus wie „Totalität" ursprünglich und seinem eigentlichen Sinne nach keineswegs eine negative Bedeutung hatte und daß eins der ersten Bücher, die den heute geläufigen Begriffsinhalt umrissen, den Titel „Le parti unique" getragen hatte.[16] Warum hätte man nicht von „Unitarismus", „Monismus" oder „Parteimonopolismus" sprechen sollen? Als Begriff hätte jeder dieser Termini eine etwas andere Akzentuierung in sich geschlossen. Die Komplexität des Phänomens mochte auch zu Kombinationen Anlaß bieten, und Ernst Fraenkel setzte 1964 der „autonom-pluralistisch-sozialen-rechtsstaatlichen Demokratie" des Westens die „heteronom-monistisch-totali-

täre Diktatur" des Ostens und nicht *nur* des Ostens entgegen.[17] Wenn man aber an dem Terminus „Totalitarismus"
als dem nun einmal eingeführten festhielt, dann konnte man
es dennoch für geboten halten, die inhaltlichen Unterschiede
zwischen dem kommunistischen und dem faschistischen Totalitarismus stärker herauszuarbeiten, die zwar von keinem
ernstzunehmenden Totalitarismustheoretiker jemals ge-
leugnet worden waren, denen aber in der Regel nicht viel
Aufmerksamkeit zugewandt worden war. Eben darin bestand die Intention meines 1963 erschienenen Buches „Der
Faschismus in seiner Epoche", und es möge mir erlaubt sein,
ein paar Worte dazu zu sagen, um das verbreitete Mißverständnis richtigzustellen, dieses Buch habe mit seiner Wie-
dereinführung des Faschismusbegriffs einen wesentlichen
Anteil an der „Überwindung" des Totalitarismusbegriffs
gehabt. Das Mißverständnis ist nicht völlig unbegründet,
denn im Eingangskapitel heißt es: „Aber wenn zwei Erscheinungen wesentliche Ähnlichkeiten aufweisen, die weder der gleichen Situation entwuchsen noch über ein ver-
gleichbares Substrat verfügen noch sich zu ähnlichen Zwek-
ken bekennen, dann ist diese Ähnlichkeit entweder eine bloß
formale, oder die eine hat sich der anderen angeglichen" [18],
und im Schlußkapitel wird unzweideutig gesagt: „Eben deshalb ist die Kennzeichnung (der Sowjetunion) als ‚Entwick-
lungsdiktatur' unzureichend und die Differenz gegenüber
dem Faschismus trotz aller strukturellen Ähnlichkeiten fundamental [19]." Indessen sollte nicht übersehen werden, daß
der Begriff des „Totalitarismus" des öfteren Verwendung
findet und daß der Begriff des Faschismus nicht undifferen-
ziert bleibt. Wenn einerseits eine Unterscheidung zwischen
Frühfaschismus, Normalfaschismus und Radikalfaschismus
getroffen wird, so wird andererseits der sowjetische Totalitarismus als ein „notwendiger", zunächst auf die industrielle
Entwicklung eines großen Landes gerichteter, dem faschisti-

schen Totalitarismus entgegengesetzt, dessen Telos der Krieg sein mußte.[20] Aber so wenig der augenfällige Unterschied zwischen Radikalfaschismus und Normalfaschismus die Legitimität des auf die Übereinstimmung der Denkweise, die Ähnlichkeit der geschichtlichen Situation und die Vergleichbarkeit der sozialen Substrate gegründeten Allgemeinbegriffs in Frage stellt, so wenig tangiert die „fundamentale Differenz" zwischen dem sowjetischen und dem nationalsozialistischen System die Anwendbarkeit des Totalitarismusbegriffs, sofern als Bezugspunkt mit genügender Klarheit die „liberale Gesellschaft" als die historisch exzeptionelle und doch die moderne Entwicklung initiierende Gesellschaftsform in den Blick gefaßt wird. Man könnte sagen, Bolschewismus und Nationalsozialismus seien in bezug auf das Verhältnis zum weltgeschichtlichen Prozeß qua „Emanzipationsbewegung" einander entgegengesetzt, aber in ihrem praktischen Verhältnis zum Ursprung dieses Prozesses gleich. Aber selbst in der Gleichheit besteht ein Unterschied (und allerdings mag auch der Gegensatz sich durch den Lauf der Zeit abschwächen oder gar auflösen). Der faschistische Totalitarismus gelangte nämlich auf dem Boden dieser liberalen Gesellschaft zum Siege, wenngleich bei weitem nicht überall, so daß kein Anlaß besteht, in westliche Selbstverherrlichung zu verfallen oder dem Totalitarismus die je verschiedenartige Grundlage eines Enthusiasmus zu bestreiten, der aus der Glaubwürdigkeit oder Popularität der obersten Ziele resultiert. Mithin war „Der Faschismus in seiner Epoche" ein Beitrag zur Vertiefung und Bereicherung des Totalitarismusbegriffs und keineswegs ein Versuch zu dessen „Überwindung". Das Schlüsselwort findet sich in der Einleitung zu den „Theorien über den Faschismus", wo es heißt: „Der Begriff (des Totalitarismus) steckte schon in der singularisierenden Entgegensetzung von Faschismus und freiheitlichem Risorgimento und mußte bei jeder Ausweitung der Perspektive zu allgemeiner Bedeutung gelangen. Die Frage war, wie weit er selbst totalitär wurde und die materialen Unterschiede in den Bereich des Irrelevanten rückte"[21]. Ich wollte den Totalitarismusbegriff, sit venia verbo, „enttotalitarisieren", aber ich hatte keineswegs die Absicht, ihn durch den Faschismusbegriff zu ersetzen. Wenn Bücher nicht immer so rasch in bestimmte Kästchen eingeordnet würden, so würde längst klar sein, daß auch „Deutschland und der Kalte Krieg" eine Fortführung dieser Bemühung ist, obgleich darin der Akzent eine Veränderung erfahren hat.[22]

ad 4) Wenn man freilich der Meinung ist, daß historisches Denken von der Logik der Konsequenz beherrscht sein müßte und einen „clean sweep" anzustreben habe, so mag man in all dem einen bloßen halben Schritt erblicken, der über kurz oder lang bei entschiedeneren Geistern zu der Einsicht fortgetrieben werden mußte, daß der Begriff des „Totalitarismus" ein Kampfinstrument des Kalten Krieges gewesen sei und daß der eigentliche Gegensatz der Gegenwart derjenige zwischen Kapitalismus und Sozialismus sei, welcher durch den faschistischen Ausnahmestaat, zu dem sich der Kapitalismus zwecks entschiedener Selbstverteidigung mindestens potentiell fortentwickle, bloß eine zusätzliche Verschärfung erfahren habe. Faschismus und Sozialismus, weit davon entfernt, einem gemeinsamen Begriff subsumierbar zu sein, unterschieden sich vielmehr wie Feuer und Wasser: die eine Erscheinung in der humanistischen Tradition der Aufklärung stehend, von der Arbeiterklasse getragen und der Abschaffung aller Unterdrückung sich widmend, die andere gerade dem pessimistischen Anti-Humanismus der Gegner der Aufklärung entwachsen, im deklassierten Mittelstand seine soziale Basis findend und die kapitalistische Ausbeutung tendenziell zu einem weltweiten Unterdrückungssystem verschärfend.[23] Es liegt auf der flachen Hand, daß diese Auffassung mit nur geringen Modifikationen die Rückkehr zu einer Konzeption bedeutet, die vor dem Ersten Weltkrieg für die Sozialisten ganz Europas selbstverständlich war und die dann sehr bald nach dem Ende des Krieges unter dem Eindruck der Russischen Revolution und ihrer unerwarteten oder auch erwarteten Folgen aufgegeben und zunächst durch das Gegensatzpaar von Demokratie und Diktatur ersetzt worden war. Ihr Auftauchen ist zunächst vor allem ein Symptom dafür, wie sehr sich die Verhältnisse nach dem Tode Stalins und dem Abklingen des Kalten Krieges abermals verändert haben. Ich frage abschließend nicht danach, ob diese Auffassung nicht doch im Recht sein könnte, obwohl sie offenkundig eine Regression, eine Verleugnung schwerster historischer Erfahrungen darstellt. Ich frage lediglich, was es bedeuten würde, wenn sie, unzweifelhaft seit bald 15 Jahren im Vordringen begriffen und von zahlreichen ähnlichgerichteten Tendenzen unterstützt, zu einem vollständigen Siege gelangen würde. Es wird sich zeigen, daß die Wahrheitsfrage durch diese Fragestellung nicht einfach bloß ausgeklammert wird. Zuvor ist aber die Feststellung zu treffen, daß diese Tendenz von vornherein in zwei große und einander feindliche Strömungen geteilt ist, deren Konsequenzen getrennt in die Betrachtung gezogen werden müssen. Die eine sieht nämlich den Sozialismus in der Sowjetunion und/oder der Volksrepublik China, in Albanien und/oder in Kuba, in Kambodscha und/oder in Angola verwirklicht; die andere hält den „realen Sozialismus" entweder für eine schlimme Deformierung des eigentlichen und bisher noch nirgendwo realisierten Sozialismus oder stellt ihr Konzept ihm sogar mit ebenso großer Entschiedenheit entgegen wie „dem Kapitalismus".

Von den Anhängern des „realen Sozialismus" sind für unabsehbare Zeit nur diejenigen von praktischem Interesse, für die das Vorbild der Sowjetunion und der DDR maßgebend ist. Sie haben seit etwa 10 Jahren zwar nicht in der „großen" Öffentlichkeit, wohl aber in der „kleinen" Öffentlichkeit des akademischen Lebens außerordentliche Fortschritte gemacht. Ein Hochschullehrer, der 1965 von Berlin oder Marburg, von Frankfurt oder Bremen nach Cambridge oder Sydney gegangen wäre und nun erstmals zurückkehrte, würde vollständig fassungslos vor den Büchertischen mit Parteiliteratur aus der Sowjetunion und der DDR stehen, die in den Universitäten aufgestellt sind, und er würde sich die Augen reiben, wenn er die überall aufgehängten Wandzeitungen sähe. Es kann sich nicht darum handeln, diese Erscheinung anzuklagen, sondern es kommt darauf an, sich aus einer artifiziellen Distanz ihrer Bedeutung bewußt zu werden. Nicht viel weniger als die Hälfte der politisch aktiven akademischen Jugend in der Bundesrepublik Deutschland fühlt sich heute der Sowjetunion und der DDR weitaus stärker verbunden als ihrem eigenen Staat oder dem „Westen" – auch wenn man das vorpolitische Moment des Aktivitätsdrangs angemessen in Rechnung stellt, der sich in anderen Zeiten einer anderen kämpferischen Sache verschrieben hätte, so kann man in dieser Tatsache mit guten Gründen die schwerste Niederlage der Totalitarismustheorie und des gesellschaftlichen Systems sehen, das in ihr sein Selbstbewußtsein gewann. Wenn dieser Teil zur Gesamtheit würde, wäre das Schicksal der Bundesrepublik besiegelt, selbst wenn ihre Produktionsziffern noch weiter in schwindelerregende Höhen stiegen und wenn alle Arbeiter mit ihrer Lage weitgehend zufrieden wären. Aber auch die Anhänger der Sowjetunion und der DDR können nicht in Abrede stellen, daß der Sozialismus nach der Meinung von Marx und Engels aus dem höchstentwickelten Kapitalismus hätte hervorgehen müssen und daß die Geschichte der Bundesrepublik und des Westens seit langem und im ganzen sinnlos und unwahr gewesen wäre, wenn ihr ihre Zukunft von der Gegenwart der Sowjetunion und der DDR gezeigt würde. Eben das ist die These. Die Ausblendung des Faschismus aus allen realen und nicht bloß strukturellen Bezügen zum Leninismus-Stalinismus ist ihre Hauptstütze. So bedeutet sie die Umkehrung und Verschärfung jenes Simplismus, auf den jene Niederlage der Totalitarismustheorie in ihrer verbreitetsten Version zu einem guten Teil zurückzuführen ist, und die innere Unwahrhaftigkeit dieses intellektuellen Unterwerfungsversuchs springt so sehr ins Auge, daß man in die Notwendigkeit und Unüberwindbarkeit des Widerstandes ein mehr als bloß empirisches, ich möchte sagen ein existentielles Vertrauen setzen darf.

Es ist in hohem Grade wahrscheinlich, daß auch jene systemfeindliche Linke, die sich weigert, im „realen Sozialismus" ihr Paradigma zu sehen, als eine Form dieses Widerstandes gelten muß. Aber nur in Randgruppen tendiert sie dahin, den Begriff des Totalitarismus oder ein Analogon zu verwenden. Was auch sie in erster Linie interessiert, ist der Faschismus als Phase einer Unterdrückungsgeschichte, die mit der Geschichte der Menschheit so gut wie identisch ist. Von Klassenkampf, Klassenstruktur und verwerflichen Klassenkompromissen läßt sich aber am leichtesten, ja nahezu ausschließlich in bezug auf kapitalistische Gesellschaften sprechen. Hier spielen sich in der Tat solche Kämpfe im vollen Licht der Öffentlichkeit ab, wenn man auch bei näherem Hinsehen merken sollte, daß (außer bei Tarifverhandlungen und großen Streiks) dasjenige, was da kämpft, keine Klassen sind und daß die Klassen als solche und im ganzen nie miteinander kämpfen; hier wird von vielen Seiten eine Fülle von Material bereitgestellt, hier stolpert man über Ungleichheiten, und wenn man nur von einer Autobahnbrücke aus die Mercedeswagen und die Volkswagen zählt. Zwar redet man gelegentlich auch über „Klassenkämpfe in der Sowjetunion", aber aus Mangel an Material und aufzählbaren Daten klingt das Wort seltsam hohl; und es ist nicht wahrscheinlich, daß der Forscher anwesend war, wenn gerade alle Ampeln auf Rot geschaltet wurden, um einem Mitglied der obersten Führung die ungehinderte Durchfahrt zu einer wichtigen Sitzung zu ermöglichen. Daß „ökonomisch bestimmte Klassenstrukturen" so wenig etwas Selbstverständliches sind wie „Klassenkämpfe", daß sie vielmehr ein bestimmtes Minimum an Bewegungsfreiheit der Individuen und Gruppen sowie eine undirigierte Öffentlichkeit voraussetzen – eine Bewegungsfreiheit auch und gerade des Partikularinteresses und eine Öffentlichkeit auch und gerade des bloßen Sensationalismus – daß es all das bisher nur in der „kapitalistischen Gesellschaft" gibt, die bis heute die einzige Art der „freiheitlichen Gesellschaft" ist – all das will diese Linke nicht wahrhaben, auch wenn sie in guten Stunden nicht weit von der Einsicht entfernt sein mag, daß „Sozialismus" ein Grenzbegriff ist und daß nichts gefährlicher ist als der Versuch einer integralen Realisierung eines Grenzbegriffs. Es ist vielmehr die Möglichkeit nicht auszuschließen, daß diese Linke mit ihrem ausschließlichen Interesse für Klassenkämpfe und Klassenstrukturen, Unterdrückungen und Revolutionen, Auflösung von Herrschaftsverhältnissen und „Emanzipation" von allem und jedem eines Tages in der westlichen Welt oder mindestens in der Bundesrepublik Deutschland das intellektuelle Leben total beherrscht. Dann würde sich ein präzedenzloses Phänomen entwickelt haben.

Alle Staaten und Kulturen, die wir kennen, haben über ein Selbstbewußtsein verfügt, das in seinem Kern Selbstpreisung war. Bei allem Wechsel der Inhalte und Formen stimmen babylonische Königsinschriften und päpstliche Enzykliken, Ciceronische Reden und Dekrete der ersten französischen Nationalversammlung in diesem Punkte durchaus überein. Nur innerhalb der Staaten des liberalen Systems hat es eine zu öffentlicher Wirksamkeit gelangte Selbstkritik gegeben, die etwas anderes war als die Gründung eines neuen Glaubens, der bald unterdrückt wurde oder sich zum eigenen Staat ausbildete. Diese Selbstkritik ist ein wesentliches Moment der Entwicklung dieses Gesellschaftstypus gewesen, aber sie hat bisher nie und nirgendwo das Feld allein beherrscht, sie war immer Dissent, Nichtkonformismus, und gewann ihre Schärfe und auch ihre Würde aus der Existenz des vorherrschenden und positiven Selbstverständnisses. Die ganze deutsche Geschichtsschreibung der Zeit nach 1870 ist in der Tat beherrscht und befeuert von dem Stolz auf die Reichsgründung, aber das gleiche gilt mutatis mutandis auch für die englische und französische Geschichtsschreibung. Gerade deshalb jedoch konnten sich Männer wie Ludwig Quidde, wie W. H. Dawson, wie Gabriel Monod der vorherrschenden „nationalistischen" Tendenz entgegenstellen, und die Nachwelt hat ihnen in wichtigen Punkten Recht gegeben. Seitdem „die westliche Welt" ein Bewußtsein ihrer Einheit und ihrer initiierenden Rolle für die „Industrialisierung" besitzt, hat sie vor allem eine Haupttendenz eines positiven Selbstverständnisses entwickelt: den liberalen Fortschrittsoptimismus. Aber immer existierten einzelne Denker, die Kritik daran übten: Schopenhauer, Nietzsche, Renan, schließlich bis zu einem gewissen Grade sogar Herbert Spencer. Im Marxismus wurde die Selbstkritik zur Bewegung, aber gerade er enthielt Ansätze zu einem vertieften westlichen Selbstverständnis, die bis zum Ersten Weltkrieg allzu selbstverständlich und eben deshalb wenig beachtet waren. Er wurde indessen nirgendwo zur Haupttendenz des geistigen Lebens. Aus dem Kriege und der Erfahrung der Russischen Revolution bildete sich als extreme Gegentendenz der Faschismus heraus, der gerade in seiner deutschen Radikalgestalt sowohl westlich wie antiwestlich orientiert war. Ihm gegenüber wurde der Begriff des Totalitarismus zuerst ausgebildet, und im Kalten Krieg wurde er zur Basis des westlichen Selbstverständnisses vor allem gegenüber der Sowjetunion. Unumstritten war der Begriff indessen nie, und der „Revisionismus" der Jahre ab 1960 konnte an eine „antifaschistische" oder „demokratische" Tendenz anknüpfen, welche die Grundlinie Roosevelts oder jedenfalls der Rooseveltianer gewesen war. Aber wie immer sich die Sowjetunion „liberalisieren" mochte – sie blieb auch nach der Chruschtschowschen Geheimkritik an Stalin ein Staat der unbedingten Selbstpreisung. Im Westen dagegen scheint das Moment der Selbstkritik dabei zu sein, das ganze Feld des gesellschaftlichen Selbstverständnisses zu besetzen, und selbst die Festreden der Staatsmänner formulieren die Affirmation nur noch zögernd. Eine Zivilisation, die ihr Selbstverständnis *nur* noch aus der Kritik an sich selbst und der eigenen Geschichte gewinnt, wo die Herrschenden keine Ideen mehr haben, wo die Ideen herrschen, die alle Herrschaft bekämpfen, wo die Linke ihren Begriff, nichtkonformistisch zu sein, eingebüßt hat und nunmehr die Konformität repräsentiert – eine solche Zivilisation wäre etwas ganz Neues in der Weltgeschichte. Sie wäre aber auch etwas Unwahres. Denn *sie* wäre, anders als ihr realsozialistisches Pendant, *kein* Präludium des Umsturzes der Verhältnisse. Sie wäre nicht die Verneinung des Kapitalismus, sondern seine Sumpfblüte.

Noch ist dieser Punkt nicht erreicht, und er wird möglicherweise nie erreicht werden. Aber die Tatsache, daß es eine ausgedehnte empirische Wissenschaft gibt, ist für sich allein kein zureichendes Gegengewicht. Nur wenn ein vertiefter, differenzierter, entemotionalisierter und gleichwohl nicht neutraler Totalitarismusbegriff entwickelt wird und sich weitgehend durchsetzt – sei es auch mit einem neuen Wort und in einem neuen Kontext –, wird der Westen als freiheitliche Gesellschaft fortexistieren, die Wahrheit ermöglicht, d. h. das Ringen um Wahrheit und damit die Abweisung der praxisfördernden Illusion, in ihrem unangefochtenen Besitz zu sein.

Anmerkungen

1 Paul Hazard: Die Krise des europäischen Geistes 1680 bis 1715. Hamburg 1939, S. 317
2 Wilhelm Bolin in der biographischen Einleitung zu Ludwig Feuerbach „Pierre Bayle“, Stuttgart 1905, S. 47
3 Berliner Politisches Wochenblatt, 1. Jg. 1832, S. 192
4 Alfred Stern: Geschichte Europas von 1848 bis 1871. 4 Bd. S. 525
5 Z. B. Karl Marx, Friedrich Engels: Werke (MEW), Berlin 1956 ff. Bd. 16, S. 71, Bd. 19, S. 29
6 Fürst Bismarck als Redner. Hrsg. von Wilhelm Böhm, Bd. 9, S. 194 (Rede vom 17. Sept. 1878)
7 Eugen Dühring: Die Judenfrage als Frage des Rassencharakters und seiner Schädlichkeiten für Völkerexistenz, Sitte und Kultur. Nowawes-Neuendorf b. Berlin, 1901 [5], S. 32
8 Robespierre, Oeuvres. Paris 1840, Bd. 3, S. 550. Zitiert nach „Historisches Handwörterbuch der Philosophie“.
9 Waldemar Gurian: Die politischen und sozialen Ideen des französischen Katholizismus 1789–1914. Mönchen–Gladbach 1929, S. 219
10 Vgl. Revolution und Reaktion, Exempel einer verdrängten Dialektik. S. 43
11 Alexis de Tocqueville: De la démocratie en Amérique, 2. Bd. Paris 1961, S. 324 (Oeuvres Complètes. Edition définitive publiée sous la direction de J.-P. Mayer): „Je pense donc que l'espèce d'oppression dont les peuples démocratiques sont menacés ne ressemblera à rien de ce qui l'a précédée dans le monde ... Je cherche en vain moi-même une expression qui

reproduise exactement l'idée que je m'en forme et la ren-
ferme; les anciens mots de despotisme et de tyrannie ne con-
viennent point. La chose est nouvelle, il faut donc tâcher de la
définir, puisque je ne peux la nommer."

12 Milorad M. Drachkovitch: De Karl Marx à Léon Blum. La
   crise de la social-démocratie. Genève 1954, S. 66
13 Albert Krebs: Tendenzen und Gestalten der NSDAP. Erinnerungen aus der Frühzeit der Partei. Stuttgart 1959, S. 156
14 Ernst Nolte: Deutschland und der Kalte Krieg. München-
   Zürich 1974, S. 536 ff.
15 Zum Ganzen vgl. Martin Jänicke: Totalitäre Herrschaft. Ana-
   tomie eines politischen Begriffs. Berlin 1971, bes. S. 134 ff.
16 Mihail Manoilescu: Le parti unique. Paris 1936
17 Ernst Fraenkel: Deutschland und die westlichen Demokratien,
   Stuttgart 1964, S. 7
18 Ernst Nolte: Der Faschismus in seiner Epoche, München 1963,
   S. 34
19 ebenda, S. 544
20 ebenda, S. 470 ff.
21 Ernst Nolte, Hrsg.: Theorien über den Faschismus, Köln
   1967 [1], S. 47
22 vor allem durch die Ausbildung von Begriffen wie „entspannte
   Gesellschaft, „gespannte Gesellschaft", „europäische unvollendete Revolution", „parteistaatskapitalistische Mobilisie-
   rungsdiktatur" sowie durch die Herausstellung des „linken"
   Totalitarismus.
23 Besonders ungebrochen und naiv im Beitrag von Johann
   Baptist Müller in: Martin Greiffenhagen, Reinhard Kühnl,
   Johann Baptist Müller: Totalitarismus. Zur Problematik eines
   politischen Begriffs. München 1972

VIII. Einige abschließende Bemerkungen zum Begriff des Faschismus

Ich brauche gewiß nicht eigens zu betonen, daß das Wort „abschließend" im subjektiven und keineswegs im objektiven Sinne zu verstehen ist. Selbst die subjektive Bedeutung mag sich auf den ersten Blick prätentiös ausnehmen, aber vielleicht sollte es einem Manne, der vor 15 Jahren eine Definition des Faschismus vorlegte, welche mancherlei Reaktionen hervorgerufen hat, lange nach dem Ende seiner unmittelbar einschlägigen Arbeiten erlaubt sein, seine Bemühungen in einen größeren Rahmen zu stellen und dabei in sträflicher Kürze ein wenig zu konstruieren und zu meditieren.

Selbst der entschiedenste Verfechter des historischen Individualitätsprinzips kann nicht umhin, mindestens ansatzweise einen Begriff des Faschismus zu bilden, denn es ist eine unbestreitbare Tatsache, daß es in der Zeit nach dem Ersten Weltkrieg in Europa und sogar außerhalb Europas eine Anzahl von politischen Bewegungen gab, die sich ausdrücklich auf das Vorbild der faschistischen Partei Italiens beriefen und in ihrer Ideologie, ihren Organisationsformen und ihrem Stil unverkennbare Ähnlichkeiten mit der Bewegung bzw. mit dem Regime Mussolinis aufwiesen. Zwar mag er diese Aussagen für Mißverständnisse und die Ähnlichkeiten für Augentäuschungen erklären, aber dann sieht er sich dem Einwand ausgesetzt, daß man mit ähnlicher

Begründung die Legitimität von Begriffen wie Parlamentarismus oder Liberalismus in Abrede stellen könnte und daß andererseits auch der Name „italienischer Faschismus" Begriffscharakter trägt: bekanntlich haben nicht wenige zeitgenössische Beobachter behauptet, der Faschismus in der Venezia Giulia sei etwas ganz anderes gewesen als der Faschismus in Umbrien und der „linke Faschismus" der Jahre 1919 und 1920 habe kaum mehr als den Namen mit jenem „agrarischen" Faschismus gemeinsam gehabt, der ab 1921 das Gesicht der Partei bestimmte. Das historische Individualitätsprinzip löst sich selbst auf, wenn es die Existenz jener Generalia zu leugnen versucht, die vielen Individuen gemeinsam sind. Die Sprache gibt den Individuen Namen, aber sie vermag die Individuen immer nur als einen Komplex von Charakterzügen zu beschreiben. Ein Ensemble besonders hervorstechender Charakterzüge wird in einem Begriff erfaßt. Die Vorkämpfer des historischen Individualitätsprinzips haben recht, wenn sie davor warnen, Kollektivindividualitäten allzu rasch und unterscheidungslos bestimmten Begriffen zu subsumieren; ihr Recht schlägt in Unrecht um, wenn sie meinen, ohne Begriffe auskommen zu können. Die engstmögliche Definition des Begriffs Faschismus wäre also die folgende: „Unter Faschismus sind diejenigen Bewegungen und Regimes zu verstehen, die in ihren wesentlichen Freundschaften und Feindschaften mit dem italienischen Faschismus übereinstimmten und in ihrer Kampfesweise, ihren Organisationsformen und ihrem Stil ihn ausdrücklich oder unausdrücklich als Vorbild anerkannten." Diese erste und vorläufige Definition wäre durch zahlreiche Fragen zu klären bzw. durch die entsprechenden Antworten zu ergänzen: Worin bestehen die „wesentlichen Feindschaften und Freundschaften", wodurch ist die „Kampfesweise" vornehmlich zu kennzeichnen, welche Organisationsformen sind charakteristisch und welche sind uncharakteristisch?

Zweifellos würden sich unter den Kennern beim Versuch der Beantwortung dieser Fragen bereits erste Differenzen ergeben, und sicher würde sehr rasch die zusätzliche Frage auftauchen, ob nicht auch solche Bewegungen und Regimes faschistisch genannt werden dürfen, die in ihrem Selbstverständnis von einer Anerkennung der Vorbildhaftigkeit des italienischen Faschismus weit entfernt sind. Aber im Umriß dürfte sich eine noch engere Definition des Begriffs Faschismus nicht finden lassen.

Die weitestmögliche Bestimmung muß das Selbstverständnis als Begriffsmerkmal eliminieren und das Kriterium in dem Gegensatz zu einer eindeutig nicht-faschistischen Realität erblicken. Es ist möglich, alle diejenigen Systeme, Regimes und korrespondierenden Parteien bzw. Bewegungen „faschistisch" zu nennen, die vom Typus des westlichen Verfassungsstaates abweichen, wobei für gewisse Übergangsformen ein Terminus wie „halbfaschistisch" gewählt werden mag. Diese Interpretation braucht schon deshalb nicht bloß polemisch zu sein, weil bekanntlich kommunistische Regimes sich gegenseitig nicht selten als „faschistisch" bezeichnet haben und bezeichnen, wobei dann freilich der Begriff „Kommunismus" tendenziell in einen Namen für das jeweils eigene Regime verwandelt wird. Unter Umständen kann dann durch die Vermittlung des Terminus „Diktatur der Bourgeoisie" – in Abweichung von der klassisch-marxistischen Konzeption der „bürgerlichen Demokratie" – auch der westliche Verfassungsstaat unter den Begriff des Faschismus gebracht werden, so daß sich ein „westlicher" und ein „östlicher" Begriff gegenüberständen, die man beide cum grano salis als Konzepte des „Panfaschismus" bezeichnen könnte. Da es mithin faktisch nicht eine einzige politische Erscheinung der Gegenwart von einiger Bedeutung gibt, die nicht unter Anführung von Gründen einmal „faschistisch" genannt worden wäre, könnte man schließlich sogar zu einem universalen Faschismusbegriff gelangen, von dem nicht einmal der Definierende sich ausschlösse. Dann läge im strikten Wortsinne ein Konzept des „Panfaschismus" vor, der freilich aus leicht einsehbaren Gründen ein bloß konstruierbarer Grenzbegriff ohne praktische Bedeutung sein müßte.

Aber wenn man einmal das Selbstverständnis als „bloß subjektiv" außer Betracht läßt, ist eine noch stärkere Ausweitung möglich, nämlich die Ausweitung in eine ferne Vergangenheit. So sah Arturo Labriola bereits um 1925 den Grundwesenszug des Faschismus in dem „spontanen Militarismus", welcher nichts anderes als eine Regression zu vorzivilisatorischen Formen der menschlichen Gesellschaft darstelle. Wilhelm Reich wiederum erklärte 1933 gerade das Hauptmerkmal der bisherigen repressiven Zivilisation, die autoritäre Familienstruktur, für die wichtigste Wurzel des Faschismus. Und 1968 bildete Barrington Moore den eigenartigen Begriff des „Catonismus" als einer schon in der Antike erkennbaren Reaktion führender Landbesitzerschichten auf die fortschreitende Urbanisierung und Kommerzialisierung, einer Reaktion, welche die positive Rolle der kriegerischen und disziplinierten Bauern im Gegensatz zur städtischen Dekadenz mit ihrer permanenten Revolutionstendenz unterstreiche und welche ihre jüngste Erscheinungsform im europäischen und asiatischen Faschismus des 20. Jahrhunderts gefunden habe. Alle Konzepte dieser Art gewinnen ihr Profil freilich erst aus der Überzeugung der Autoren, daß zum mindesten die Zukunft der Menschheit vom Faschismus in allen seinen Erscheinungsformen und Wurzeln frei sein werde, doch abermals ließe sich ein Grenzbegriff bilden, der das menschliche Wesen selbst insofern für faschistisch erklärt, als jede menschliche Gesellschaft von jeher und bis in die fernste Zukunft hinein von den Charakteren der Herrschaft, der Ungleichheit und des feindlichen Gegensatzes zu anderen menschlichen Gesellschaften bestimmt sein werde, die im Faschismus bloß ihre schärfste Ausprägung erfahren hätten. Erst damit wäre der schlechterdings weiteste Umfang des Begriffs Faschismus erreicht.

Alle „klassischen" Konzeptionen des Faschismus sind in einem Bereich angesiedelt, der zwischen dem engstmöglichen und dem weitestmöglichen Begriffsumfang gelegen ist. Für sie alle bildet der Faschismus eine neue (und unerwartete!) Etappe innerhalb eines übergreifenden Vorgangs, und er ist nichts anderes als eine neue (und unerwartete!) Erscheinungsform eines alten Gegners. Für den katholischen bzw. protestantischen bzw. allgemeinchristlichen Konservativismus ist er eine Phase der Säkularisierung, d. h. der Abfallsbewegung vom Glauben, die mit dem Protestantismus oder dem Rationalismus oder dem Liberalismus ihren Anfang nahm; dem Liberalismus stellt er sich als eine besondere Phase der „Reaktion" dar, d. h. des Konservativismus; dem Sozialismus erscheint er als ein Stadium – in der Regel das höchste und letzte Stadium – des Kapitalismus. Die größte Schwierigkeit für jede dieser Interpretationen besteht nicht darin, die Ähnlichkeiten aufzuzeigen, sondern mehr und mehr darin, die immer klarer hervortretenden Unähnlichkeiten zu erfassen und der augenfälligen Tatsache Rechnung zu tragen, daß die Phase, Etappe oder Erscheinungsform *nicht* einen bloßen Formwandel bedeutet, so daß man sich auf unerwartete Weise in ein Bündnis mit einem Teil derjenigen Kraft hineingezwungen sieht, die man kurz zuvor noch ohne nennenswerte Differenzierung als Gegner tout court betrachtet hatte: der christliche Konservative mit dem antifaschistischen Liberalen, der Sozialist mit dem humanistischen Kapitalisten. Wie immer man den Faschismus definieren mag, ein verwirrenderes Phänomen als ihn hat es in der Geschichte der Menschheit schwerlich je gegeben.

Ich will mich im folgenden an einem Begriff orientieren,

der den drei klassischen Konzeptionen bis zu einem gewissen Grade gemeinsam ist, um an seinem Beispiel zu zeigen, weshalb ich es für erforderlich halte, in der Abstraktion einen Schritt über die klassischen Konzeptionen hinauszugehen und sie dadurch aus der vorwaltenden Gegensätzlichkeit herauszubringen. Es handelt sich um den Begriff der Unterdrückung.

Auf den ersten Blick scheint es vornehmlich ein marxistischer Ansatz zu sein, den Faschismus als Phase einer Unterdrückungsgeschichte begreifen zu wollen. Aber es genügt, einen Blick auf das Kapitel „Herrschaft und Knechtschaft" in Hegels „Phänomenologie des Geistes" zu werfen, um sich klar zu machen, daß „Unterdrückungsgeschichte" ja nur ein Komplement zu jener „Befreiungsgeschichte" ist, welche den Kern alles christlichen und weiterhin europäischen Geschichtsdenkens bildet, soweit es sich von der antiken Tradition der Kreislaufvorstellungen gelöst hat.

Daß es in der Geschichte sehr häufig genuine Unterdrückung gegeben hat, steht außer jedem Zweifel. Sie scheint zunächst überall die Konsequenz kriegerischer Unterwerfung eines Stammes oder Volkes durch einen anderen Stamm oder ein anderes Volk gewesen zu sein. Als die Dorer um 1000 v. Chr. in die Peloponnes eindrangen, unterwarfen sie die achäische Urbevölkerung und machten sie zu Heloten. Die Heloten waren nicht Sklaven, jedenfalls nicht Privatsklaven, sondern eher so etwas wie Halbpächter, welche die den einzelnen Spartiaten zugeteilten Landlose bebauten und einen erheblichen Teil des Ertrages ablieferten. Die These, daß es sich auch bei ihnen, wie in Attika, um ehemalige Schuldner und damit Angehörige desselben Volkes gehandelt habe, hat in der Wissenschaft keinen Glauben gefunden. Alles, was dieses Verhältnis kennzeichnete, läßt vielmehr auf die Herkunft aus einem Eroberungs- und Enteignungskriege schließen: alljährlich erklärten die Ephoren den

Heloten von neuem den Krieg [1] und legalisierten damit die Gewalttaten, die von der Geheimpolizei, der Krypteia, in einem permanenten präventiven Terrorfeldzug gegen einzelne Heloten verübt wurden, auf die auch nur ein entfernter Verdacht der Aufsässigkeit gefallen war. Zwar wurden Heloten in Kriegen gelegentlich als Hilfstruppen verwendet, aber auch für diese Dienste erhielten sie keinerlei Rechte; sie blieben durch mehrere Jahrhunderte hindurch dasjenige, was sie waren: eine unterworfene Bevölkerung, von deren Arbeit eine klar abgegrenzte kriegerische Herrenschicht lebte und die untereinander ohne jede legale Kommunikation war. Eine Veränderung des spartanischen Staates erfolgte nicht infolge einer allmählichen Emanzipation der Heloten, sondern aus außenpolitischen und innerspartanischen Gründen. Daraus ist zu schließen, daß die Unterdrückung einer Anzahl von Menschen durch eine zahlenmäßig weit unterlegene Herrenschicht unter bestimmten Voraussetzungen in indefinitum fortdauern kann: die Herrenschicht muß ein klares Bewußtsein davon haben, daß ihre Existenz an das unveränderte Fortbestehen des Unterdrückungsverhältnisses gebunden ist; sie muß aus „Gleichen" bestehen, d. h. sie darf in sich selbst nicht auf gravierende Weise differenziert sein; sie muß die Verbindungen ihres Staates nach außen so gering wie nur möglich halten, und sie darf vor allen Dingen den Unterworfenen keine Kommunikationsmöglichkeit gewähren. Mit anderen Worten: sie muß das Entstehen einer „Mittelschicht" verhindern, welche sowohl mit den Unterdrückern wie mit den Unterdrückten in Kontakt steht und welche in der Form des Handels tendenziell immer stärkere Verbindungen mit dem Ausland herstellt. Eine solche Schicht könnte sich eines Tages selbst als „unterdrückt" empfinden, weil sie nicht die vollen staatsbürgerlichen Rechte besitzt, und sie könnte daher mit den durch Kontakt- und Organisationsverbote Unterdrückten gemeinsame Sache machen. Die spartanischen Periöken waren nicht in diesem Sinne eine Mittelschicht. Deshalb hat sich in Sparta während eines halben Jahrtausends nicht einmal ein Ansatz zu einer Befreiungs- und Emanzipationsbewegung herausbilden können. Die Möglichkeit einer solchen Bewegung hängt offenbar von mehreren gesellschaftlichen Voraussetzungen ab: Die Starrheit des Zwei-Klassen-Schemas muß gebrochen sein, die herrschende Schicht muß sich differenziert haben, und es muß eine Mittelschicht entstanden sein, die nach innen und nach außen Kommunikation herstellt.

Als zweites Beispiel wähle ich Irland, das Irland des 18. Jahrhunderts.[2] Nach der Schlacht an der Boyne im Jahre 1690 und nach dem Bruch des Vertrages von Limerick waren die katholisch-keltischen Iren in ihrer Gesamtheit zu einer unterdrückten Schicht geworden, die durch die penal laws so gut wie rechtlos gemacht wurde: das Land der katholischen Gentry wurde bis auf geringe Reste konfisziert, die Erziehung der Kinder in katholischen Schulen selbst des Auslandes wurde verboten, die irischen Pächter mußten ihre Zehnten an die anglikanische Staatskirche zahlen, welche die anglo-irischen Herren des Landes umfaßte und sogar die zahlreichen Presbyterianer des Nordens diskriminierte, kein Katholik durfte Rechtsanwalt oder Arzt werden, spezielle Erbgesetze für die Katholiken sorgten dafür, daß die aus der nicht verbotenen Handelstätigkeit entstehenden Vermögen nur in Ausnahmefällen Bestand haben konnten. Und dennoch waren die katholischen Iren nicht im gleichen Sinne unterdrückt, wie es die Heloten waren. Sie hatten ihr Land nicht im Zuge einer systematischen „Landnahme" verloren, sondern im Zusammenhang der Staatenkämpfe des konfessionellen Zeitalters, und als der englische Haß gegen das Papsttum und das absolutistische Frankreich sich abschwächte, erhielten die kleinen Pächter im letzten Viertel des Jahrhunderts sogar das aktive Wahlrecht, das ursprünglich zwar nur einer Stärkung der Macht der protestantischen Grundherren dienen sollte, aber mancherlei unvorhersehbare Möglichkeiten in seinem Schoße barg. Die Erbgesetze wurden verändert, und es bildete sich eine kleine irisch-katholische Mittelschicht. Die dissentierenden Protestanten des Nordens fühlten sich selbst entrechtet, und Teile der anglo-irischen Aristokratie entzogen sich einem gegen das Mutterland gerichteten Nationalismus nicht. So vermochte England die Einflüsse der amerikanischen und der französischen Revolution von der unterworfenen „Schwesterinsel" nicht fernzuhalten, und der Aufstand von 1798 wurde von Protestanten und Katholiken gleichermaßen ins Werk gesetzt. Die Folge der Niederlage war die „Union" von 1800, die zwar das Parlament in Dublin beseitigte, aber die irischen Abgeordneten in das britische Reichsparlament brachte. Es dauerte noch mehr als ein Vierteljahrhundert, bis die schon vom jüngeren Pitt betriebene und am Widerstand Georgs III. gescheiterte „Katholikenemanzipation" durchgesetzt wurde, doch von 1829 an hatte das Parlament zu Westminster auch Katholiken als Mitglieder, an ihrer Spitze den „Befreier" Daniel O'Connell, und zum ersten Mal entfaltete sich in Europa auf der Grundlage einer öffentlichen Diskussion und einer nur noch partiell eingeschränkten Organisationsfreiheit eine „Emanzipationsbewegung", die etwas anderes war als ein bewaffneter Aufstand wie in Spanien, Polen oder Griechenland. Zwar vollzog sich dieser Prozeß unter schweren Rückschlägen und oft genug in einem Klima der Gewalttätigkeit, aber seine Erfolge waren bis zum Ende des Jahrhunderts mit Händen zu greifen, und sie hätten nicht errungen werden können, wenn nicht die irische Fraktion im Parlament immer wieder in der Position des Züngleins an der Waage gewesen wäre. Die Situation änderte sich erst grundlegend, als die Protestanten in Ulster während der letzten Jahre vor dem Ersten Weltkrieg mehr und mehr in einen schroffen Gegensatz zur katholischen Bevölkerung gerieten und der Forderung nach Home Rule einen militanten Widerstand entgegensetzten, in dessen Formen manche Beobachter den Anfang des europäischen Faschismus gesehen haben.[3]

Wenn man sich vor dem Hintergrund der beiden Beispiele nun die innerenglische Entwicklung seit der Glorreichen Revolution vor Augen stellt, von der Toleranzakte und der Bill of Rights über das Reformgesetz von 1832 bis hin zur Gewährung des nahezu allgemeinen Wahlrechts im Jahre 1884, so wird man die folgende These aufstellen dürfen: Die englische Gesellschaft war trotz ihrer Herkunft aus der „normannischen Eroberung" keine Unterdrückungsgesellschaft, denn eine Unterdrückungsgesellschaft ist geradezu dadurch zu definieren, daß in ihr die Frage eines Wahlrechts und wohl gar eines allgemeinen Wahlrechts für die unterdrückten Schichten nicht erörtert, ja kaum auch nur konzipiert werden kann. Wo immer ein solches Wahlrecht besteht, sei es auch in ganz eingeschränkten oder bloß indirekten Formen, ja wo immer die Unterdrückten sich überhaupt artikulieren und rudimentär organisieren können, da kann nur noch in metaphorischer oder propagandistischer Weise von Unterdrückung gesprochen werden, da ist jener Emanzipationsprozeß in Gang gekommen, der auf Differenzierung und Kommunikation und damit auf der Existenz einer Mittelschicht basiert. Insofern ist die Nicht-Unterdrückung die elementare Voraussetzung jedes Kampfes gegen „Unterdrückung". Diese zugespitzte These bedeutet nun aber keineswegs, daß es in einer solchen Gesellschaft nicht stärkste Ungleichheiten und gravierende Benachteiligungen geben kann. Das war, wie jedermann weiß, im England des 19. Jahrhunderts in prononciertem Maße der Fall. Aber diese Tatsache sollte nicht den Blick auf die allzu selbstverständlich erscheinenden Voraussetzungen des Kampfes gegen die Benachteiligungen ganzer gesellschaftlicher Schichten und biologischer Gruppen verhindern. Und die These darf nicht auf die englische Gesellschaft beschränkt werden, sondern sie müßte folgendermaßen ausgeweitet werden: Die europäische Gesellschaft birgt in sich auf Grund ihres „polygonalen" oder „pluralistischen" Charakters, d. h. wegen der Abwesenheit eines omnipotenten Zentrums und wegen des Mit-, Neben- und Gegeneinanders relativ selbständiger Kräfte und Staaten die Möglichkeit, daß sogar die temporär und marginal auf schroffe Weise Unterdrückten ihre Stimme zur Geltung und Wirkung bringen können und erst recht diejenigen, die Opfer einer Benachteiligung sind oder zu sein meinen. Als differenzierte und kommunikationsreiche Gesellschaft ist sie das genaue Gegenteil jener spartanischen Gesellschaft von Herren und Heloten, und in starker Verkürzung mag sie die „Mittelstandsgesellschaft" genannt werden, welche die Voraussetzung jeder zusammenhängenden Emanzipationsbewegung ist.

Aber „Emanzipation" hat nicht bloß häufig übersehene Prämissen, sondern sie gleicht in ihrem Verlauf keineswegs einem Naturprozeß. Es gibt verschiedene Konzeptionen von Emanzipation und verschiedene Formen der Benachteiligung. John Stuart Mill war der Meinung, daß sich die Frauen im viktorianischen England und erst recht anderswo in der Situation von Sklaven befänden. Aber er zweifelte nicht daran, daß ihre Lage seit langem in einer Besserung begriffen sei und daß sie im christlichen Europa von jeher günstiger war als im mohammedanischen Orient. Der entscheidende Schritt zur endgültigen Emanzipation war für ihn die Erringung des Wahlrechts, und er hielt es für gewiß, daß danach die rechtlichen Benachteiligungen rasch hinfällig werden würden, wenn auch nicht von heute auf morgen, weil der Wille der Hälfte der Wahlberechtigten entscheidend in die Waagschale fällt. Der beste Weg schien ihm die Zusammenarbeit der Frauen mit Männern wie ihm selbst zu sein; eine Befreiung des weiblichen Geschlechts im Kampf und wohl gar im gewalttätigen Kampf gegen alle Männer war für ihn trotz des hohen zahlenmäßigen Anteils der Frauen an der Bevölkerung eine phantastische und gefährliche Vorstellung. Die Algerier dagegen wären töricht gewesen, wenn sie von 1945 an mit allen Kräften nach dem allgemeinen und gleichen Wahlrecht gestrebt hätten, sofern die Unabhängigkeit ihr oberstes Ziel war; denn dieses Wahlrecht hätte ihnen als der großen Mehrheit der Bevölkerung die integrale Realisierung ihres Ziels gestattet, und eben das *konnten* die Franzosen nicht konzedieren; dieses Ziel war nur in blutigem Kampf zu erreichen. Die schwarze Bevölkerung in den USA wiederum würde ihre eigene Vernichtung wählen, wenn sie den Bürgerkrieg initiierte, statt auf die langsamen, aber untrüglichen Auswirkungen ihrer Wählermacht und einer sympathisierenden öffentlichen Meinung zu vertrauen.

„Die Armen" haben zu allen Zeiten und in allen Gesellschaften die große Mehrheit der Bevölkerung gebildet, wenngleich nicht auf die gleiche Art und in gleichem Ausmaß. Die heftigen Widerstände, welche schon das Projekt der Einführung des allgemeinen Wahlrechts überall in Europa unter „den Besitzenden" hervorrief, beruhte durchweg auf der Vermutung, die arme Bevölkerung werde die ihr zufallende Übermacht sofort in der Weise verwenden, daß sie eine gleichmäßige Verteilung des gesellschaftlichen Reichtums durchführen und dadurch die Quelle der materiellen Entwicklung zum Versiegen bringen würde. Aber es zeigte sich an allen Stellen, daß „die Partei der großen Mehrheit", der in der Tat die Allmacht hätte zufallen müssen, gar nicht existierte, daß vielmehr diese Mehrheit selbst in verschiedene Parteien gespalten war und daß nur die

Führer der radikalsten Gruppierungen sich keine Rechenschaft über die außerordentlichen Schwierigkeiten gaben, die in einer arbeitsteiligen und international verflochtenen Wirtschaft durch allzu eingreifende Umverteilungsmaßnahmen entstehen müßten. Und was sich unter den Vorzeichen des allgemeinen Wahlrechts bildete, waren nicht „Armenparteien", sondern „Arbeiterparteien", die weder die Bauern noch die selbständigen Handwerker vertreten wollten. Dennoch stand eine Mehrheit in sicherer Aussicht. Saint-Simon sagte auf seinem Totenbett die bevorstehende Gründung „der Arbeiterpartei" voraus und fügte zuversichtlich hinzu: „Die Zukunft ist unser"[4]. Seine Schüler, die Saint-Simonisten, verkündeten immer wieder, daß die modernen Arbeiter sich im Zuge der fortschreitenden Zivilisation immer mehr vom gedrückten Status ihrer Vorväter, der Sklaven und Leibeigenen, entfernt hätten und daß sie nur noch einen kleinen Schritt bis zu ihrer vollständigen Emanzipation zu tun haben würden. Louis Blanc und Ferdinand Lassalle waren fest davon überzeugt, daß das allgemeine Wahlrecht den Arbeitern den Sieg bringen werde.

Von hier aus läßt sich der historisch-soziologische Ort des Marxismus leicht bestimmen. Er trat als diejenige Richtung, die den entschiedensten Anspruch auf den Alleinbesitz der richtigen Einsicht in Voraussetzungen und Verlauf des Emanzipationsprozesses besaß, in eine Bewegung ein, der von Freunden und Gegnern längst der unvermeidbare Sieg prophezeit worden war und die ja tatsächlich in enger Entsprechung zu dem allgemeinsten Grundtatbestand der „Industriellen Revolution" überhaupt stand, der unaufhaltsamen Zunahme der städtischen Bevölkerung. Aber er gab dem leidend-lernenden Subjekt des Prozesses die engste Definition, die es irgendwo im Gesamtbereich des Sozialismus erhalten hatte, indem er es als die Gesamtheit der Handarbeiter der großen Industrie in den fortgeschrittenen Ländern verstand, und er stellte diesem Subjekt nur einen einzigen ernstzunehmenden Gegner gegenüber: nämlich die Besitzer der durch einen unwiderstehlichen und einsinnigen Konzentrationsprozeß in wenigen Händen vereinigten Produktionsmittel, die Bourgeoisie. Und den Antagonismus zwischen den „Hauptklassen" Proletariat und Bourgeoisie faßte er als ein Unterdrückungsverhältnis, das eine immer stärkere Zuspitzung erfahre, weil der unersättliche Drang „des Kapitals" nach Aneignung von Mehrwert zu einer immer stärkeren Ausbeutung und Verelendung aller Arbeiter führe. Die Austragung dieses Konfliktes werde in einem gewaltigen Klassenkampf erfolgen, indem das Proletariat unter Führung einer einheitlichen und ihrerseits straff zentralisierten Partei, der kommunistischen, mit allen und immer wieder auch gewaltsamen Mitteln die Kapitalmagnaten und die in deren Diensten stehende Staatsmacht angreifen und schließlich bezwingen werde, um mit der Abschaffung des Privateigentums an Produktionsmitteln endlich jene weltweite, gewaltfreie und staatenlose Gesellschaft ohne Entfremdung und Unterdrückung herzustellen, von der die anderen Sozialisten (und, wie man hinzufügen müßte, zahlreiche antike, christliche und bürgerliche Denker) bloß geträumt hätten. Damit wandte der Marxismus also das Zweiklassenschema von Unterdrückern und Unterdrückten auf die Gesellschaft an, deren Auszeichnung gerade darin bestand, daß sie in sich die Voraussetzungen für dessen Überwindung enthielt. Wenn die westliche Gesellschaft eine „Mittelstandsgesellschaft" war, wie es John Stuart Mill in seiner Tocqueville-Rezension von 1840 am Beispiel Amerikas entwickelt hatte, dann stand das Marxsche Konzept in genauem Gegensatz zu der innersten Tendenz der Gesellschaft, welcher es selbst sein Dasein verdankte. Wenn diese Gesellschaft eine Gesellschaft der Differenzierung und der vielfältigen Kommunikation war, dann war die Marxsche

Zukunftsvorstellung mit ihrer unverkennbaren Orientierung an den uralten Postulaten der Durchsichtigkeit der Verhältnisse und der Aufhebung der Arbeitsteilung in einem zugespitzten Sinne reaktionär. Wenn der Hauptinhalt der zweiten Hälfte des 19. Jahrhunderts in Westeuropa und in Amerika der weltgeschichtlich erstmalige Vorgang war, daß die große Masse der Bevölkerung dauerhaft über jene „Hungergrenze" emporgehoben wurde, die in allen früheren Zeiten für nahezu alle Schichten eine ständige Drohung und für zahlreiche Menschen eine kaum je aufgehobene Wirklichkeit gewesen war, dann zeigte die zuerst von Malthusianern und Tories entwickelte und von Marx bloß übernommene „Verelendungstheorie" genau in die Gegenrichtung des geschichtlichen Prozesses. Wenn die Zahl der Handarbeiter in der großen Industrie nach Jahrzehnten starken Anwachsens nicht mehr zunahm, sondern sogar zugunsten anderer Bevölkerungsschichten relativ zurückging und jedenfalls nie die Hälfte der Gesamtbevölkerung erreichte, dann war die Vorstellung von der „ungeheuren Mehrzahl" zu revidieren. Wenn, um im Bilde zu bleiben, die Anlegung des spartanischen Maßstabs auf eine mehr und mehr unspartanische Gesellschaft sich als verfehlt erwies, dann mußte der Marxismus scheitern. Aber wenn es ihm gelang, sich in der Arbeiterbewegung durchzusetzen, dann stand er doch auch wieder so offenkundig im Einklang mit so machtvollen Tendenzen, dann wurde er so unstreitig auch von Phänomenen getragen, die mit seiner Lehre nicht im Einklang standen – z. B. von der objektiven „Entelendung" als Voraussetzung für das Bewußtwerden des anschaulich genug verbleibenden Elends –, daß eine außerordentliche Beunruhigung, ja Angst in all denjenigen Schichten der Gesellschaft um sich greifen mußte, die zum Tode verurteilt zu sein schienen. Das war sogar im viktorianischen England der Fall, wo der Marxismus sich bekanntlich ebensowenig durchzusetzen vermochte wie in den Vereinigten Staaten. Aber das viktorianische England hatte immerhin den Chartismus gekannt, der in seiner „physical force"-Fraktion so etwas wie ein Marxismus avant la lettre gewesen war, und angesichts der Schwäche der Staatsgewalt hatte sich schon um 1840 die Frage gestellt, ob die Gesellschaft eine nicht-staatliche „Widerstandsreserve" aufzuweisen hatte oder ob sich der Kampf wirklich nur zwischen „den" Arbeitern und „den" Kapitalisten abspielte, während der Rest der Bevölkerung allenfalls passiv zuschaute. Tatsächlich vollzog sich ein aufschlußreiches Präludium künftiger Ereignisse. Den Chartisten in und um Manchester gelang es für einige Zeit, nahezu alle Versammlungen der neugegründeten Anti-Corn Law League durch Anwendung verbaler und auch physischer Gewalt zu verhindern oder zu sprengen. Da gründeten die Männer um Cobden ihre eigene Arbeiterorganisation, die „Operative Anti-Corn Law Association", und in einer Serie schwerer Saalschlachten wurden die Chartisten dazu gebracht, daß sie die immer größeren Umfang annehmenden Versammlungen nicht mehr zu stören wagten.[5] Damals sprach selbstverständlich noch niemand von „Faschismus". Aber wenn das Wort bekannt gewesen wäre, so hätte es vermutlich, wenngleich sicherlich zu unrecht, Anwendung gefunden. Und sicherlich hätte dann schon damals die älteste aller Auslegungen des Faschismus das Licht der Welt erblickt: er sei nichts anderes als eine mit Geld angeworbene Truppe aus deklassierten Elementen der Mittel- und Unterschicht zwecks gewalttätiger Verteidigung des Kapitalismus. Wir wissen in der Tat, daß nicht wenige Iren Mitglieder der Vereinigung waren. Und dennoch müßte ein Marxist heute sagen, daß die Forderung nach Freihandel so sehr im Zuge der Zeit lag und daß die Chartisten des Feargus O'Connor unter vielen Gesichtspunkten so eindeutig „rückwärtsorientiert" waren, daß die Operative Anti-Corn Law

Association vielleicht letzten Endes überflüssig war, aber auch dann nicht die bloße Hilfstruppe für eine ihren letzten Kampf kämpfenden Sache gewesen wäre, wenn sie bis zum letzten Mann aus irischen Handstuhlwebern bestanden hätte.

Ich fasse zusammen: der Marxismus gab der Emanzipationsbewegung eine so eigenartige und verengende Auslegung, daß er eine Fülle unvorhergesehener Reaktionen hervorrufen mußte, sofern die Gesellschaft, deren führende Schicht er als „Bourgeoisie" begriff und mit der Vernichtung bedrohte, einen breiteren, differenzierteren, umfassenderen Aufbau hatte, als er seinem Bilde entsprach. Andererseits war er mit dieser Bewegung und deren von vielen Seiten hervorgehobenen Unwiderstehlichkeit so eng verbunden, daß mindestens eine dieser Reaktionen einen besonders prinzipiellen, angespannten, ihrerseits auf Vernichtung ausgerichteten Charakter tragen würde und sich unter besonderen Umständen sogar durchsetzen könnte.

Wir wissen nicht, was geschehen wäre, wenn der Erste Weltkrieg nicht ausgebrochen wäre und wenn eine marxistische Bewegung in einem der großen Staaten Europas, am ehesten in Deutschland, im Rahmen einer der von ihr vorhergesehenen „normalen" Ausnahmesituationen, nämlich einer schweren Wirtschaftskrise, auf revolutionärem Wege nach der Macht gegriffen hätte. Wir wissen dagegen mit Bestimmtheit, daß schon vor dem Weltkrieg die korrosiven Kräfte der Gesellschaft die marxistischen Parteien selbst einer Wandlung unterworfen hatten, welche die Orthodoxen mit Bestürzung erfüllte. Und es ist eine Tatsache, daß die „besonderen Umstände" durch den Krieg geschaffen wurden, der zugleich im größten Lande der Welt, welches in der Schwäche seiner Mittelklasse jenem spartanischen Schema weit eher entsprach als Deutschland oder Frankreich, eine marxistische Partei, die von vielen Marxisten nicht als genuin marxistisch anerkannt wurde, zu einem Siege gelangen ließ, der nicht wenigen ihrer bedeutendsten Anhänger schon nach kurzer Zeit einer Niederlage gleichzukommen schien.

Damit sind wir bei dem Faschismus angelangt, und es möge mir zum Schluß gestattet sein, abschließend und abkürzend einige Worte zu derjenigen Interpretation zu sagen, die ich selbst vor 15 Jahren vorgelegt habe – über dasjenige, was sie intendierte und über dasjenige, was sie unausgeführt ließ.

Ich hielt und halte jene engste Definition des Begriffs für unzureichend, weil ich meine, daß es in mehreren Ländern Europas eine Bewegung geben *mußte*, die auf die internationale Bewegung des sich partiell bolschewisierenden Marxismus in der schärfstmöglichen Form reagierte. Daher habe ich den Faschismus als eine durch das Vernichtungspostulat gekennzeichnete Form des Antimarxismus im Zeitalter der Weltkriege bestimmt. Ich stimme mit den Marxisten, aber keineswegs *nur* mit den Marxisten, in der Überzeugung überein, daß die Definition unter der Perspektive jenes übergreifenden Prozesses vorgenommen werden muß, den man den Befreiungs- oder Emanzipationsprozeß nennen mag. Ich glaube aber nicht, daß der Marxismus eine Abspiegelung oder exakte Bewußtwerdung dieses Prozesses darstellt, sondern ich bin der Meinung, daß er ihn in einer verengenden Weise interpretiert und gerade dadurch zu jenem konkreten Verlauf beigetragen hat, welcher sich erst nachträglich und annähernd der menschlichen Einsicht erschließt. So wenig ich dem Marxismus vollständig recht gebe, so wenig gebe ich dem Faschismus ausschließlich unrecht. Wenn es richtig ist, daß die europäische Gesellschaft als polygonale Gesellschaft und eben dadurch als Initiativkraft der Weltgeschichte und der „Industrialisierung" verstanden werden muß, dann demonstrierte der Faschismus in denjenigen Ländern, die durch den Krieg in eine von den eigentlichen Siegermächten abweichende Position geraten waren, auf gewalttätige Weise dem Marxismus das Unrecht, das er mit der Anlegung des „spartanischen Maßstabs" begangen hatte. Aber er machte sich sofort selbst eines größeren Unrechts schuldig, als er in seiner italienischen Erscheinungsform tendenziell und in der deutschen ganz ausdrücklich nun mit positiver Akzentsetzung den spartanischen Kriegerstaat und seine schroffe Polarität von Herrschern und Unterdrückten zum Paradigma einer endlosen Zukunft machte.

Daraus erwuchs unmittelbar die ideologische Untat der „Judenvernichtung", die ja nicht eigentlich ein Genocid war, sondern in der Gestalt eines vorgestellten „Erregers" jenen übergreifenden Prozeß zum Stehen bringen, ja rückgängig machen wollte, der die vorgestellten wahren Entitäten zu zerstören schien, nämlich die Nationen und Rassen. Und dennoch wird man heute sagen müssen, daß der Radikalfaschismus nicht schlechthin und von vornherein im Unrecht war, als er jenen Befreiungs- und Emanzipationsprozeß nicht so positiv sah, wie das Christentum, der Liberalismus und der Marxismus es getan hatten (wenngleich keine der drei Lehren ganz ohne Einschränkungen ausgekommen war), sondern als er in ihm nach Nietzsches und Renans Vorgang etwas Unheimliches und Bedrohliches erblickte, das letzten Endes die Existenz der Menschheit im ganzen gefährden könnte. Deshalb habe ich den Faschismus auf der höchsten Ebene als eine Form des Widerstandes gegen die Transzendenz bestimmt, denn Transzendenz meint nichts anderes als den auf seinen anthropologischen Ursprung zurückgeführten und vom Akzent des Optimismus befreiten „Fortschritt".

Alles, was ich getan habe, habe ich nur im Umriß getan, der auf vielfältige Weise der Ausfüllung bedürfte, und selbstverständlich auf so unvollkommene oder auch fehlerhafte Weise, daß für Kritik ein breiter Raum gegeben ist. Was ich nicht einmal in dieser Form getan habe, läßt sich in drei Postulaten zusammenfassen: die Weltgeschichte als ganze könnte im Ausgang von dieser Erfahrung des Faschismus als eine Unterdrückungs- und Befreiungsgeschichte neu geschrieben werden, d. h. gerade *nicht* in der überlieferten Schwarz-Weiß-Zeichnung; die Gegenwart ließe sich als ein Komplex von Realitäten verstehen, die in größerem oder geringerem Maße, auf diese oder auf jene Weise Elemente des Faschismus in sich bergen, ohne daß vermutlich irgendeine das „faschistische Minimum" erreichte; die Zukunft der Menschheit sollte dort, wo Wissenschaft möglich ist, ohne Überschwang in den Blick gefaßt werden, so daß die korrespondierende Verzweiflung den Boden ihres Wachstums verliert.

Anmerkungen

1 Aristoteles nach Plutarch, Lykourgos 28; zum Ganzen vgl. H. Michell: Sparta. Cambridge 1964

2 Vgl. J. A. Froude: The English in Ireland in the Eighteenth Century. 3 Bde. London 1895

3 Moritz Julius Bonn: Die Krisis der europäischen Demokratie. München 1925, S. 51

4 Lorenz von Stein: Der Socialismus und Communismus des heutigen Frankreich. Ein Beitrag zur Zeitgeschichte. Leipzig 1842, S. 175

5 Norman McCord: The Anti-Corn Law League 1838–1846. London 1958, S. 97 f.

IX. Europa 1929 — 1933
Aspekte einer Krisenzeit

„Wer von Europa spricht, hat unrecht" – so lautet ein häufig zitiertes Wort Bismarcks. Mit einer gewagten Abwandlung des Sinnes ließe sich dieser Satz folgendermaßen umformen: „Wer von der europäischen Krise einer bestimmten Zeit spricht, hat unrecht", genauer gesagt: er hat dann Unrecht, wenn er den Eindruck zu erwecken sucht, als handle es sich um etwas Exzeptionelles und einem „Normalzustand" Entgegenzusetzendes. Eine Krise und nicht bloß eine Notzeit, hervorgerufen durch Mißwuchs, Kriegszerstörungen und Seuchen oder auch durch lähmende Machtkämpfe von Personen, Familien und Sippen, wie es sie zu allen Zeiten in allen Weltgegenden gegeben hat, war der Zusammenbruch der Compagnie des Indes John Laws oder der englische Southsea bubble um 1720, d. h. eine schwere Störung der Wirtschaft, die durch den Mangel an Koordination zwischen menschlichen Projekten, Hoffnungen, Erwartungen auf der einen und objektiven Realitäten auf der anderen Seite zustandekommt, wobei die „objektiven Realitäten" ihrerseits zu einem wesentlichen Teile durch andere menschliche Projekte, Hoffnungen, Erwartungen bestimmt sein mögen. Aber die Wirtschaft ist nichts anderes als eine Form menschlichen Zusammenlebens und Zusammenwir-

kens, und eine rein ökonomische Krise, die in ihrer Entstehung und Auswirkung nicht zugleich mit dem gesellschaftlichen und staatlichen Zusammenleben und Zusammenwirken großer Menschengruppen zusammenhinge, kann es nicht
geben, so unterschiedlich das Ausmaß der Verflechtung sein
mag. Nichts liegt daher näher, als die Begriffe Krise, Revolution und Krieg miteinander zu verbinden, und schon 1762
meinte Rousseau, Europa nähere sich dem Zustand der Krise
und dem Jahrhundert der Revolutionen. Als Thomas Paine
1776 einer Zeitschrift den Titel „The Crisis" gab, da traten
die Bewohner eines Teils des englischen Nordamerika gerade in ihren weltgeschichtlichen Kampf gegen ihr Mutterland ein, und als zwei Jahrzehnte später Thomas Robert
Malthus seine erste Schrift mit dem gleichen Titel versah,
da war England bereits seit einiger Zeit in das große Ringen
mit dem revolutionären Frankreich verwickelt, das erst 1815
zu Ende gehen sollte. Als unerklärliche Krise wurden von
den englischen Zeitgenossen weithin die Notjahre nach 1815
empfunden, die sich im Rückblick so leicht als das unvermeid-
liche Resultat der Umstellung einer Kriegswirtschaft auf die
Friedenswirtschaft erklären lassen. Die Wirtschaftskrise von
1825 hatte ihren Ursprung in den übertriebenen Hoffnungen, welche englische Kapitalgeber in die Entwicklungsmög-
lichkeiten des eben erschlossenen südamerikanischen Marktes setzten, die Depression von 1830 verschärfte sich auf
gefahrdrohende Weise durch die Nachricht von der französischen Julirevolution und machte einem erneuten Aufschwung erst nach der Verabschiedung der Reform Bill im
Jahre 1832 Platz. Und doch gingen die beiden folgenden
Jahrzehnte unter dem Namen „the cruel thirties and hungry
forties" in die Geschichte ein, und wenn Robert Owens Zeitschrift „The Crisis" nach wenigen Jahren ihr Erscheinen
einstellte, so blieb das Hungerjahr 1842, hervorgerufen
durch einen plötzlichen Auftragsrückgang für die allzu rapid

aufschießende Baumwollindustrie, nicht nur den englischen Arbeitern noch für lange Zeit in schrecklicher Erinnerung. Die Kritik, die sich nun als konservative und sozialistische immer breiter entfaltete, wurde mehr und mehr zu einer Kritik an der Krisenhaftigkeit des schon vielfach als „kapitalistisch" bezeichneten Systems und damit zum bloßen Komplement von Entwürfen einer „Krisenlosigkeit", die für das Denken von Coleridge und Carlyle ebenso kennzeichnend sind wie für die Ideen von Fourier und Owen. Aber die Krise von 1846/47 war das Vorspiel zur europäischen Revolution von 1848, und das Eisenbahnzeitalter, das darauf folgte, wurde 1857 durch die erste genuine Weltwirtschaftskrise erschüttert, ohne daß unmittelbare politische Konsequenzen zu verzeichnen gewesen wären. Ich breche die Aufzählung hier ab und stelle die folgende These auf: „Krisen" im eigentlichen Sinne kann es nur in einer Gesellschaftsordnung geben, in der verschiedene Gruppen und Individuen so viel geistige, politische und ökonomische Bewegungsfreiheit besitzen und zugleich auf einer mehr als bloß staatlichen Basis so eng miteinander verbunden sind, daß sich ein Gesamtzusammenhang herstellt, der von keinem Zentrum aus beherrscht wird und gerade deshalb eine Tendenz zur Erweiterung zeigt, welche sich unter ständigen Erschütterungen eines jeweils bloß momentan erreichten Gleichgewichts vollzieht und zwar derart, daß ein Krisenbewußtsein mit der Krise stets aufs engste verknüpft ist. Ich nenne diese Gesellschaftsordnung diejenige des europäischen liberalen Systems, deren Wurzeln tief in die mittelalterliche, ja antike Vergangenheit zurückreichen und die doch als solche erst mit der durch die Reformation eingeleiteten „Säkularisierung" in ihrer Differenz gegenüber allen anderen Gesellschaftsordnungen klar erkennbar wird. Und so mag es erlaubt sein, noch ein Wort eines anderen großen Mannes einer noch gewagteren Abwandlung zu unterwerfen: „Die Angst und ich sind Zwillinge", schrieb Thomas Hobbes, dessen Mutter sich vor der Landung der spanischen Armada gefürchtet hatte, als sie mit ihrem Sohne schwanger ging – „ Europa und Krise sind Zwillinge", könnte man in Analogie dazu sagen, um jenem Unrecht zu entgehen, das mit der Themenstellung „Europa 1929–1933. Aspekte einer Krisenzeit" verbunden zu sein scheint.

Der spezifische Charakter der Weltwirtschaftskrise

Es kommt also darauf an, die individuelle Natur derjenigen Krise zu bestimmen, von der Europa und die mit Europa verknüpfte Welt in jenen Jahren erschüttert wurde und die nach allgemeiner Auffassung eine Krise von ganz besonders gravierender Art war. Eine erste Vorentscheidung ist bereits durch die Nennung des Jahres 1929 getroffen. Das Jahr 1929 bedeutete den Beginn „der" Weltwirtschaftskrise, wie man zu sagen pflegt: im Oktober 1929 brach, um Bekanntes aufzuzählen, die New Yorker Börse zusammen, die sich bis dahin auf der Grundlage von neuartigen Kreditausweitungen in einer spekulativen Hausse befunden hatte, und daraus resultierten ein allgemeiner Preisverfall, besonders für Agrarerzeugnisse und Rohstoffe, Verstopfung der Märkte, Rückgang der industriellen Produktion, Erschütterung des Kreditwesens, Zusammenbrüche großer Banken, Ansteigen der Arbeitslosigkeit auf bis dahin unbekannte Zahlen, Einführung einer Devisenzwangsbewirtschaftung in nahezu allen Ländern, Abgehen vom Goldstandard sogar in Großbritannien, Einführung von Importrestriktionen, tastende und isolierte Versuche der einzelnen Staaten, der Krise durch Deflations- oder Inflationspolitik, durch Arbeitsbeschaffung und Konjunkturankurbelung Herr zu werden. Wie hätte eine so tiefgreifende wirtschaftliche Krise ohne die schwerstwiegenden politischen Auswirkungen bleiben sollen? Den

Zeitgenossen fehlte es keinesfalls an Empfinden für die grundlegende Bedeutung dessen, was man „das Ökonomische" nennt. Kurz nach den Septemberwahlen von 1930, die das präzedenzlose Ansteigen der Mandate einer Partei auf beinahe das Zehnfache gezeitigt hatten, rief ein geistlicher Abgeordneter der Bayerischen Volkspartei im Reichstag den Nationalsozialisten zu: „Jawohl, wenn die Wirtschaft gesund wäre, würden Sie nicht hier sein." Daß es sich um eine Weltkrisis handele und keineswegs bloß um eine Not des deutschen Volkes, wiederholte der Reichskanzler Brüning unermüdlich, und ab 1930 findet kein Wort in den Neujahrsansprachen und -kundgebungen der Diplomaten, Politiker und Verbände häufiger Verwendung als der Begriff „Weltwirtschaftskrise", auch wenn er in Termini wie „Krise der Demokratie", „Staatskrise", „Systemkrise" bloß mitgemeint war. In der Tat konnten sich die deutschen Arbeitslosen aus Zeitungsmeldungen leicht darüber unterrichten, daß in den Vereinigten Staaten nahezu 13 Millionen Menschen ohne Beschäftigung waren, d. h. doppelt so viele wie im Deutschen Reich, und so ungenügend die geldliche Unterstützung war, so bedurfte es dennoch keiner großen Phantasie, um sich eine Vorstellung davon zu machen, daß die Bevölkerung der Agrarländer noch härter getroffen war als diejenige der großen Industriestaaten. Dennoch werden einige Feststellungen zu treffen sein, die auf den ersten Blick nicht leicht miteinander zu vereinbaren sind:
1. Die deutsche Krise war, auch soweit sie als rein ökonomische Krise betrachtet werden kann, die schwerste von allen, weil der akuten industriellen Krise schon während der sog. Blütejahre der Weimarer Republik eine chronische industrielle Dauerkrise mit einer vergleichsweise sehr hohen Zahl von Arbeitslosen vorhergegangen war und weil die gleichzeitige Agrarkrise schon vor der New Yorker Börsenkatastrophe keineswegs nur im ostelbischen Raum, sondern

auch in Bayern und Schleswig-Holstein ein äußerst heftiges Aufbegehren hervorgerufen hatte.

2. Gleichwohl waren die politischen Folgen, die man als unmittelbar ökonomisch induziert ansehen kann, unverhältnismäßig. Eine genuine Analogie zu dem springflutartigen Anschwellen der nationalsozialistischen Partei, wie es in den Wahlen vom September 1930 und vom Juli 1932 sich vollzog, sucht man vergeblich, auch wenn nahezu überall in Europa Bewegungen von faschistischem Typ aufkamen. Freilich fanden in Italien, Polen und Jugoslawien ökonomische Nöte bereits keinen greifbaren politischen Ausdruck mehr. Aber in dem von der Krise schwer getroffenen Belgien ergaben sich bei den Kammerwahlen nur geringfügige Verschiebungen zwischen den etablierten Parteien, und die Ablösung der Rechtsregierungen durch das Cartel des gauches in Frankreich hatte 1932 weit mehr politische als ökonomische Gründe, denn Frankreich war 1932 erst kaum in die Krise eingetreten, so gewiß die Kritik an der endemischen Schwäche der reinen Parlamentsherrschaft eine lange Tradition hatte. Ein politischer und ökonomischer Umbruch, verknüpft mit einer erdrutschartigen Veränderung der parlamentarischen Mehrheitsverhältnisse, vollzog sich nur in Großbritannien, wo die Labour-Regierung Macdonalds im August 1931 zurücktrat, um einem „nationalen Konzentrationskabinett" unter demselben MacDonald Platz zu machen, der indessen jetzt zur Galionsfigur der Konservativen und zum Führer einer winzigen Splitterpartei von „nationalen" Sozialisten geworden war. Die Wahlen vom Oktober 1931 reduzierten die Arbeiterpartei von ca. 250 auf ca. 50 Sitze, während die Konservativen ihre Mandatszahl weit über die absolute Mehrheit hinaus verdoppelten; aber dieser englische Erdrutsch erzeugte im Gegensatz zu dem deutschen Analogon gerade parlamentarische Stabilität und damit eine sichere Grundlage für die äußerst folgenreichen

wirtschaftlichen Entscheidungen, mit denen Großbritannien von seinen stolzesten Traditionen Abschied nahm.

3. Je mehr eine Krise in der europäischen Geschichte „rein ökonomisch" verursacht war, um so weniger hat sie zu schwerwiegenden politischen Folgen geführt. Die englische Krise von 1825 rief überhaupt keine nennenswerte politische Veränderung hervor, und das gleiche gilt von der Weltwirtschaftskrise von 1857. Der Staatsstreich Napoleons III. und damit das Aufkommen des „Bonapartismus" in Frankreich hatte gewiß auch ökonomische Ursachen, aber sie waren weit mehr in einem wenn auch verzögerten Aufschwung als in partiellen Nöten zu suchen; die deutschen Einigungskriege und die Gründung des Bismarck-Reiches fielen in eine Periode der Prosperität, und die „große Depression" vermochte der Reichskanzler mit einer veränderten Zollpolitik und einem „Sozialimperialismus" politisch aufzufangen, die, bei Licht besehen, durchaus nichts Exzeptionelles oder besonders Gravierendes an sich hatten.

Es ist daher gewiß legitim, nach Ursachen dafür zu suchen, weshalb die Weltwirtschaftskrise der Zeit seit 1929 „objektiv" die schwerste aller Wirtschaftskrisen gewesen ist, und man mag diese Ursachen etwa in einer besonderen Konfiguration der lang- und mittelfristigen Konjunkturzyklen finden oder auch in der Lähmung der Marktmechanismen durch einen unbeweglich gewordenen „Spätkapitalismus". Aber man darf bei der Suche nicht übersehen, daß diese Weltwirtschaftskrise mit Sicherheit auch die am meisten politisch bedingte von allen Weltwirtschaftskrisen gewesen ist. Ohne die Prämisse des Weltkriegs ist sie auf konkrete Weise nicht zu verstehen. Und genau hier dürfte der erste Hauptgrund für die „Unverhältnismäßigkeit" der deutschen Reaktion zu finden sein.

Der Erste Weltkrieg
als politische Prämisse der Weltwirtschaftskrise

Der Weltkrieg von 1914 bis 1918 war so wenig der erste Weltkrieg, wie die Weltwirtschaftskrise der Jahre von 1929 bis 1933 die erste Weltwirtschaftskrise war. Schon im Siebenjährigen Krieg war auf nahezu allen Schauplätzen der damals bekannten Welt gefochten worden, und der zwanzigjährige Kampf Englands und seiner Verbündeten gegen das revolutionäre und imperiale Frankreich hatte keinen Teil der Welt unberührt gelassen. Aber seit 1815 hatte es nicht nur keinen Weltkrieg mehr gegeben, sondern nicht einmal einen großen Krieg. 1848 hatte die extreme Linke vergeblich gefordert, die Revolution durch einen Weltkrieg zu vollenden, und wenige Jahre später scheiterte sie mit dem entsprechenden Postulat von neuem: auch der Krimkrieg blieb auf punktuelle Feldzüge beschränkt und entfaltete sich nicht zur großen Auseinandersetzung zwischen dem „fortschrittlichen" Westen und dem „despotischen" Osten. Sogar die drei deutschen Einigungskriege waren nicht viel mehr als Feldzüge, und das gilt trotz der Schlachten von Magenta und Solferino in noch höherem Maße von den Kämpfen und Schauspielen, durch die Italien zum Nationalstaat wurde. So hatte der Kriegsausbruch von 1914 schon deshalb eine bis dahin unbekannte Qualität, weil er das friedlichste aller Jahrhunderte an ein Ende brachte und zugleich alle Entwicklungen dieses Zeitalters – vor allem die industrielle Herstellung von Massengütern und die verbesserte Ausbildung großer Massen von Menschen – in seinen Dienst stellte. Und wenn auch der Ausbruch des Deutsch-Französischen Krieges auf beiden Seiten von Szenen des Massenenthusiasmus begleitet gewesen war, so wurden doch erst die Ereignisse der letzten Juli- und ersten Augusttage des Jahres 1914 von zahllosen Menschen als Erlösung von einem unerträglich scheinenden

Druck empfunden, dem Druck einer allzu langen, allzu unsicheren und allzu komplizierten Friedenszeit. Einen Pflüger wie diesen Krieg hatte es in der Geschichte der Menschheit noch nicht gegeben: wenn sich tiefgreifende Emotionen und umwälzende Erfahrungen quantifizieren ließen, so würde die Generation, die den Ersten Weltkrieg erlebte, vermutlich allein allen vorhergehenden Generationen das Gleichgewicht halten. Nichts hätte nach dem blutigen Maelstrom näher gelegen als der Ruf „Nie wieder!" Aber er setzte sich bloß in einem Lande nahezu vollständig durch, nämlich in Frankreich, das nur mit der Hilfe der ganzen Welt und unter ungeheuerlichen Verlusten den deutschen Angriff hatte abwehren können. Der einzige Sieger, die Vereinigten Staaten, hatte den Krieg nur mit der linken Hand geführt, und so zogen sich die USA wieder auf sich selbst zurück, ohne den Willen jedes Siegers stärker als in bloßen Ansätzen auszubilden, nämlich den Willen, den Krieg von neuem und wirkungsvoller zu führen, wenn der Besiegte versuchen sollte, das Resultat in Frage zu stellen. Der vollständig besiegte Staat, Rußland, war durch den Triumph einer Partei, die zugleich die entschiedenste Friedenspartei und, in anderer Perspektive, die entschlossenste Kriegspartei war, in eine völlig neue Lage geraten und hatte jedenfalls für geraume Zeit aufgehört, als Staat im Machtspiel der Staaten mitzuspielen. Österreich-Ungarn war untergegangen und in seine Bestandteile zerfallen. Nur das Deutsche Reich war zugleich siegreich und besiegt: siegreich im Osten, besiegt im Westen. Nur das Deutsche Reich war in seiner Struktur und Politik zugleich bestätigt und widerlegt – bestätigt, weil seine Führung und sein Volk beispiellose Leistungen vollbracht hatten, widerlegt, weil ein „Kampf gegen die ganze Welt", nach 1918 immer wieder dummstolz gepriesen, in Wahrheit ein sehr negatives Urteil über die Struktur und die Politik eines so isolierten Staates impliziert. Und damit sah sich nur das Deutsche Reich einem weltweiten Vorwurf konfrontiert: dem Vorwurf, die Schuld an diesem Kriege zu tragen. So gewiß der Kampf gegen diesen Vorwurf, der von allen Parteien – sogar, auf ihre Weise, von der äußersten Linken – geführt wurde, eine Anerkennung der These in sich schloß, daß der Krieg noch mehr ein moralisch verwerfliches Ereignis als ein namenloses Verhängnis gewesen sei, so gewiß bedeutete er doch auch eine Bestätigung der Übereinstimmung von 1914 zwischen Regierung und Volk und eine Verwerfung der in Österreich sich durchsetzenden Meinung, daß das alte Regime verantwortlich gewesen sei, aber nicht das Volk. Daher entstand in Deutschland von neuem eine „Kriegspartei", die sich in vielfältigen Modifikationen durch alle Parteien und Klassen hindurchzog: von der bloßen Behauptung der Unschuld am Kriege über die These, der Krieg sei gerecht gewesen, bis hin zum gebrochenen Stolz des Besiegten, dem der Sieg, wie er meinte, durch einen „Dolchstoß" entrissen worden war.

Der Revisionismus in Europa

So blieb Deutschland im Mittelpunkt der intellektuellen und politischen Auseinandersetzung um den Krieg, und von allen Revisionismen, die der Krieg erzeugte, war sein Revisionismus der gewichtigste und potentiell folgenreichste. Er bezog sich zunächst auf die Reparationen, und die Empörung über die Forderungen der Alliierten war allgemein, so schroff der Gegensatz zwischen der vorsichtigen „Erfüllungspolitik" der Regierungen und der Protestpolitik der „nationalen" Kreise war, die ihren Höhepunkt in dem Volksbegehren von 1929 gegen den Young-Plan und die Kriegsschuldlüge fand. Daß dieses Revisionsverlangen einen objektiven und berechtigten Kern hatte, ließ sich nicht leugnen: schon 1920 hatte John Maynard Keynes gezeigt, daß die ökonomischen Folgen des Versailler Friedens ungemein schwerwiegend sein mußten, und man kann auch heute noch mit guten Gründen der Meinung sein, daß die politischen Ursachen der Weltwirtschaftskrise – die ohne Gegenleistung erfolgenden Kaufkraftübertragungen durch die deutschen „Tribute", die Kreditkündigungen nach den Katastrophenwahlen vom September 1930, die Attacke gegen die Österreichische Kreditanstalt nach dem Bekanntwerden des Zollunionsplanes vom März 1931 – von nicht geringerem Gewicht waren als die ökonomischen. Und das Verlangen nach der Revision der finanziellen Folgeregelungen des Krieges war in der Tat allgemein: die amerikanischen Forderungen an die Alliierten wären auch dann als ungerecht empfunden worden, wenn die deutsche Zahlungsunfähigkeit das Problem nicht verschärft hätte.

Aber die deutschen Revisionsforderungen gingen weiter. Daß die Frage des polnischen Korridors durch eine Wiederherstellung der alten Grenze gelöst werden müsse, war zwischen den Parteien unstrittig, und der sozialdemokratische Innenminister Preußens, Grzesinski, vertrat 1930 keine andere Meinung als der deutschnationale Reichstagsabgeordnete Hoetzsch. Der Verzicht auf Elsaß-Lothringen war durch die Locarno-Verträge nur faktisch, aber nicht rechtlich bestätigt worden, und der Widerstand blieb stark. Der Gedanke eines Anschlusses Österreichs an das Deutsche Reich war von den Sozialdemokraten so wenig aufgegeben wie vom Zentrum oder den Deutschnationalen, und er hatte eine tadellose Legitimation im Prinzip des Selbstbestimmungsrechts, auf das der Friede von Versailles angeblich gegründet war. Die starke emotionale Anteilnahme, die das Schicksal des „Auslandsdeutschtums" nahezu überall hervorrief, ließ sich ohne Mühe zum Konzept eines Befreiungskampfes der unterdrückten Deutschen um ihre nationale Selbstbestimmung und Selbstvollendung fortbilden, und dieses Konzept mußte die europäischen Verhältnisse von Grund auf umstürzen, wenn es zur Leitlinie eines ernsten Willens wurde.

Aber wenn die tatsächlichen oder potentiellen Revisionsforderungen Deutschlands über das Verlangen nach einer Wiederherstellung der Vorkriegsgrenzen weit hinausgingen, so waren sie in Europa doch nichts schlechthin Exzeptionelles, und fast überall rieb sich ein alter oder ein neuer Nationalismus an den Grenzen, welche die Friedensverträge gezogen hatten. Ungarn war das Paradigma des revisionistischen Staates, und wenn es auch immer wieder laut seinen Friedenswillen betonte, so ließ es dennoch alle Fahnen auf Halbmast wehen, solange das Reich der Stefanskrone nicht wiederhergestellt sei, das doch ohne Umwälzungen fundamentaler Art nicht wieder ins Dasein treten konnte. Litauen verlangte von Polen die Rückgabe seiner historischen Hauptstadt Wilna und sperrte wie in Kriegszeiten jeden Verkehr mit dem Feinde. Die Sowjetunion erklärte laut und öffentlich, sie werde niemals auf Bessarabien verzichten, dessen Bevölkerung die Wiedervereinigung mit dem Mutterlande anstrebe. In der Slowakei und in Kroatien machten sich Unabhängigkeitsbewegungen bemerkbar, die zweifellos den „nationalen Befreiungsbewegungen" zugezählt werden müssen, obwohl sie in ihren radikalen Flügeln nicht wenige Charakteristika der neuen Parteien faschistischen Typs aufwiesen. Das flämische Streben nach Unabhängigkeit überwand rasch den Rückschlag, den es durch die Zusammenarbeit mit den Deutschen während des Krieges erlitten hatte, und im belgischen Parlament beschimpften Abgeordnete andere Abgeordnete als „Verräter". Selbst Frankreich wurde durch eine autonomistische Bewegung in Elsaß-Lothringen erschreckt und durch sonderbare Tendenzen in Korsika, in der Bretagne und im Baskenland beunruhigt.

Faschismus und Kriegsdenken

Potentielle „Kriegsparteien" gab es in Europa um 1930 also

zur Genüge. Sie wären allesamt nur dann harmlos gewesen, wenn Deutschland so vollständig niedergeworfen gewesen wäre, daß es die Niederlage ein für allemal hätte akzeptieren müssen. Und dennoch war Deutschland nicht das einzige Land, in dem der „Geist" des Krieges weiterlebte. Paradoxerweise leistete gerade Italien in den zwanziger Jahren und noch darüber hinaus den spektakulärsten Beitrag dazu.

Anders als alle anderen Staaten Europas war Italien 1915 erst nach monatelangen innenpolitischen Auseinandersetzungen in den Krieg eingetreten, und zwar hauptsächlich durch das Betreiben relativ kleiner Gruppen von Nationalisten und Syndikalisten um Gabriele d'Annunzio und um Benito Mussolini, der bis zum August 1914 die einflußreichste Persönlichkeit, ja fast schon der „Duce" der Sozialistischen Partei gewesen war. Nach 1918 hatten diese Urheber der Intervention „ihren" Krieg und dessen Sinn gegen eine machtvolle sozialistische und pazifistische Strömung verteidigen müssen, die zeitweise dicht vor dem Siege zu stehen schien. Nirgendwo in Europa wurde die „Verteidigung des Krieges" so früh zum Motto einer großen Partei, und nirgendwo errang eine neuartige, militärisch organisierte und überwiegend von ehemaligen Offizieren und Soldaten getragene Massenbewegung so früh den Sieg wie in Italien. Sie nannte sich „faschistisch" unter Verwendung eines Terminus, der bis dahin auf die Linke beschränkt gewesen war, und sie war nach ihrem Erscheinungsbild und nach der politischen Herkunft ihrer Führer die am meisten linksorientierte Rechtspartei, die man bis dahin gekannt hatte. Zwischen 1930 und 1932 war es zwar in ganz Europa und insbesondere in Deutschland möglich, große Hoffnungen auf die „Frontkämpfer" zu setzen und die Heilung der gesellschaftlichen Schäden von einem Wiederaufleben der „Frontkameradschaft" zu erwarten, aber es gab nur einen einzigen Staatsmann in Europa und der Welt, der es wagen konnte zu sagen, er sei stolz auf den Krieg und er liebe nicht Ruhe und Frieden, sondern sehne sich nach neuen Kämpfen und Schlachten. In diesem Sinne war zu Beginn der dreißiger Jahre Mussolini der Führer der „Kriegspartei" in Europa. Zwar jubelten seit 1930 so große Massen Adolf Hitler zu, wie Mussolini sie vor dem „Marsch auf Rom" nie hatte versammeln können, und die Schriften des Deutschen enthielten weitaus radikalere Aussagen über einen künftigen Krieg als diejenigen des Italieners, aber viele der maßgebendsten Politiker hielten Hitler für einen bloßen Nachahmer Mussolinis, und in den Reden der Jahre von 1929 bis 1933 sprach Hitler zwar sehr viel und leidenschaftlich über die Gefahr des Bolschewismus, aber einen künftigen Krieg erwähnte er nie mit positivem Akzent. Wenn die Bedeutung seiner Machtergreifung begriffen werden soll, dann muß nicht nur von der Weltwirtschaftskrise und von den krisenhaften Folgen des Krieges, sondern noch von einer dritten Krise die Rede sein.

Friedensidee, Sozialismus und Bürgertum

Der Realität des Krieges in der Geschichte hat fast zu allen Zeiten irgendeine Art der Friedenshoffnung und der Friedensverheißung gegenübergestanden. Aber von einem Friedensgedanken kann erst die Rede sein, seit der Abbé de St. Pierre zu Beginn des 18. Jahrhunderts die christliche Vorstellung des künftigen Gottesreiches zum Plan eines dauerhaften Friedensbundes der Staaten säkularisierte. Dieser Gedanke zog sich dann durch das Jahrhundert der Aufklärung mehr als Polemik gegen eine blutige Vergangenheit hindurch denn als Entwurf der Zukunft. In den Schriften der klassischen Nationalökonomen wird er mehr vorausgesetzt als entwickelt. Im Geschichtsdenken des 19. Jahrhunderts erscheint der Fortschritt der Zivilisation als ein krisenhafter Prozeß, der auf einen Weltfriedenszustand als sein Telos ausgerichtet ist, jedoch nicht notwendigerweise zu krisenloser Stabilität führt. Nur die sozialistischen Denker stellten unzweideutig eine Verbindung zwischen Frieden und Krisenlosigkeit her. Aber sowohl Fourier wie Owen vermochten in eigentümlich geschichtsfremder Weise diese Verbindung bloß für ihre autarken und überschaubaren Phalangen oder Kooperativen auf glaubwürdige Weise zu demonstrieren. Erst Marx brachte in den Spuren Saint-Simons die geschichtliche Entwicklung mit ihren Klassenkämpfen und Staatenkriegen, mit ihren Umbrüchen und Krisen als positive Vorbedingung des Sozialismus in die Doktrin hinein, aber den künftigen Zustand der weltweiten klassenlosen Gesellschaft beschrieb er in den wenigen Andeutungen, die er machte, ganz wie Fourier und Owen als einen Zustand nicht bloß des endgültigen Friedens, sondern einer konfliktfreien und krisenlosen Stabilität, in welchem gemäß der uralten und von Rousseau am wirkungsvollsten formulierten Maxime die Einzelinteressen und das Gesamtinteresse zur Identität eines entfremdungslosen Zustandes gebracht sein würden. Unter den Fahnen des Marxismus stellte sich die Arbeiterbewegung also nicht mehr mit ohnmächtigen Forderungen nach dem „vollen Arbeitsertrag" der geschichtlichen Bewegung bloß gegenüber, sondern sie trat bewußt auf die gleiche Ebene und wurde mit ihrer Erwartung einer Reifung des Kapitalismus zum Zusammenbruch und der daraus hervorgehenden internationalen Ordnung des Sozialismus zum letzten Glauben in Europa.

Aber nach den ersten revisionistischen Zweifeln an der Richtigkeit bestimmter Teiltheorien wurde der Kriegsausbruch von 1914 zu der bis dahin schwersten Erschütterung dieses Glaubens. In ganz Europa, mit eng begrenzten Ausnahmen in Rußland und Serbien, eilte der sozialistische Teil des Proletariats ebenfalls mit Enthusiasmus zu der Fahne

seiner Nation, und in den großen Schlachten des Krieges
töteten auch Sozialisten sich gegenseitig in Massen. Die Empörung über das Unerhörte, das er sich nur aus dem Verrat
von „Sozialchauvinisten" erklären konnte, führte Lenin die
Hand, als er aus der Niederlage Rußlands den Sieg seiner
Partei machte, und damit entzündete er das Feuer eines großen Glaubens von neuem. Die Verlautbarungen der russischen Regierung und der III. Internationale sind von einer
Leidenschaft und einem Pathos erfüllt, mit denen verglichen
Wilsons Reden matt und Hindenburgs Aufrufe hohl klin-
gen, und es entsprang offenbar der reinsten Überzeugung,
wenn Lenin proklamieren ließ: „Es gibt auf der Erde nur
ein Zeichen, welches wert ist, daß unter ihm gekämpft und
gestorben wird: dieses Zeichen ist die Kommunistische Internationale." Der leidenschaftliche Aufruf fand in ganz
Europa einen leidenschaftlichen Widerhall, und eine Zeitlang sah es so aus, als sei der August 1914 aus der Geschichte
ausgestrichen: der Nationalrat der französischen Sozialisten
begrüßte im Frühjahr 1919 den Sieg der russischen und der
ungarischen Revolutionäre über die „Horden der Entente",
die englischen Hafenarbeiter verhinderten zu ihrem nicht
geringen Teil die Nachschubsendungen für die alliierten
Truppen in Rußland und für die Armee Pilsudskis in Polen,
die deutschen Kommunisten riefen bald nach dem Ausbruch
des Kapp-Putsches ihre Anhänger auf, beiden Parteien –
Lüttwitzen und Ebertinern – „den Fuß auf den Nacken" zu
setzen und dadurch die Diktatur des Proletariats herbeizuführen. Und dennoch bedeutete der Sieg der Bolschewiki in
Rußland die zweite große Niederlage des Sozialismus in
Europa. Gerade die orthodoxesten Marxisten kritisierten
sehr bald die programmwidrige Machtergreifung in einem
zurückgebliebenen Land; die neuen kommunistischen Parteien waren nur in wenigen Ländern etwas anderes als Ab-
splitterungen von den alten und nun sozialdemokratischen

Parteien, die Verhältnisse in Deutschland waren selbst unmittelbar nach der Abdankung des Kaisers so sehr von denjenigen in Rußland nach der Februarrevolution von 1917 verschieden, daß eine Machtergreifung Liebknechts nach dem Muster Lenins auch dann aller Vermutung nach ausgeschlossen gewesen wäre, wenn der Januaraufstand von 1919 die Entwicklung nicht beschleunigt und verschärft hätte. Die zwanziger Jahre sind überall in Europa durch die Niederwerfung oder den Rückgang der Kommunisten gekennzeichnet. In Ungarn und dann in Italien, bald auch in Polen und in Jugoslawien wurden sie mit Gewalt ausgeschaltet, aber trotz aller Unterschiede an keiner Stelle so, daß lediglich eine militärische Aktion eine Mehrheit des Volkes zur Unterwerfung zwang. In Frankreich gingen sie nach ihrem großen Erfolg auf dem Parteitag der SFIO in Tours von 1920 ständig zurück und waren zu Beginn der dreißiger Jahre wieder eine kleine Gruppe im Vergleich zu der Mutterpartei, die sie bereits erobert zu haben schienen. In England, Belgien und den Niederlanden waren sie von Anfang an unbedeutend. Nur in Deutschland existierte eine große und gut organisierte Kommunistische Partei weiter, die 1928 bei den Reichstagswahlen immerhin über 50 Sitze erlangte und die im Zeichen der Linksschwenkung der Komintern einen erbitterten Kampf gegen die „sozialfaschistische" SPD führte. Und diese Partei faßte sich auch 1930 noch als „revolutionäre Truppe" auf, deren Leitung sich als Generalstab des Angriffs auf den Feind und gleichzeitig schon als Keimzelle der Verwaltung der künftigen Gesellschaft sah, indem sie ihre Tätigkeit ausdrücklich mit einer Offensive der Roten Armee und mit der Desorganisierung der Mobilmachung des bürgerlichen Staates zusammenbrachte. Solche Projekte resultierten zwar zu einem guten Teil aus einer fast pathologischen Angst vor einem angeblich drohenden Überfall des westlichen und des deutschen Imperialismus auf die Sowjetunion als „das Vaterland aller Ausgebeuteten und Unterdrückten", einer Angst, die einen kommunistischen Abgeordneten 1929 im Reichstag sagen ließ: „Die Arbeiterschaft wird den Krieg gegen Sowjetrußland verhindern, sie wird den Bürgerkrieg entfesseln ... Wieviele Panzerzüge besitzt denn die Reichsbahn und wieviele davon sind schon auf die russische Gleisbreite umgestellt?" Aber diese Angst wurde immer wieder durch eine Zuversicht übertönt, welche durch die Schreckensnachrichten aus Rußland und durch die Stalinisierung der Partei gegenüber 1919 nicht schwächer geworden zu sein schien: man glaubte 1930 den Kampf gegen den Young-Plan auf der Straße durch die Arbeiterschaft unter Führung der Kommunisten gewinnen zu können, und Klara Zetkin gab 1932 als Alterspräsidentin eines Reichstags, dem 230 nationalsozialistische Abgeordnete angehörten, der Hoffnung Ausdruck, demnächst in gleicher Funktion den ersten Rätekongreß Sowjet-Deutschlands zu eröffnen. Und tatsächlich blieb diese Partei mit 100 Abgeordneten bei den nächsten Reichstagswahlen vom 6. November nur noch wenig hinter der Sozialdemokratischen Partei zurück, und in Berlin wurde sie zur stärksten Partei überhaupt.

Im Rückblick auf diese Situation wird heute nicht selten die Meinung vertreten, „das Bürgertum" sei vor dem „roten Gespenst" in Panik geraten, obwohl das Anschwellen der kommunistischen Stimmen weitgehend auf bloße Protestwähler zurückzuführen gewesen sei und obwohl die Regierung mit Hilfe der Reichswehr und der preußischen Polizei das Heft fest in der Hand gehabt hätte. Die entgegengesetzte Auffassung ist die, daß die Kommunisten eine reale Erfolgschance gehabt hätten und daß die führenden Schichten aus Angst vor dieser Möglichkeit Hitler an die Macht gebracht hätten. Mir scheint die erste Auffassung die Situation zu verharmlosen. Die KPD war keine eurokommunistische Partei, die sich um Respektabilität und Regierungsbeteiligung bemüht, indem sie die Vergangenheit und manchmal sogar die Gegenwart der Sowjetunion kritisiert. Sie war vielmehr eine nicht nur verbal und nicht erst seit 1930 gewalttätige Partei, die sich bedingungslos einer Großmacht verschrieben hatte, welche von der Masse des Volks als fremdartig und von den Fortschrittlichsten als „zurückgeblieben" empfunden wurde. Die Drohung war real. Die zweite Auffassung setzt voraus, daß die „Proletarisierung" der Deutschen gemäß dem Marxschen Schema bereits objektiv vollzogen und nur subjektiv noch nicht vollständig realisiert war. Aber es könnte sein, daß Deutschland sich wie die USA und wie England und Frankreich auf dem Wege zu einer Gesellschaft befand, welche man die kleinbürgerliche oder arbeitsbürgerliche Massengesellschaft nennen mag und welche genuin aus der krisenhaften Entwicklung des europäischen Systems resultiert, während das Marxsche Schema eine gedankliche Extrapolation und die sowjetische Realität ein defizienter Modus ist. Dann aber war die Abwehr nicht nur verständlich, sondern gerechtfertigt.

Doch was für eine Abwehr? Abermals gibt nur ein Rückblick auf die Geschichte eine Antwort, die etwas anderes als bloße Spekulation ist. Als 1848 die englische Gesellschaft fürchtete, daß die geplante Überreichung der Massenpetition der Chartisten am 10. April zu einer akuten Bedrohung der Hauptstadt und des Parlaments werden würde, da ließ die Regierung aus den Ober- und Mittelschichten über 100 000 „special constables" einschwören, und vor dieser überwältigenden Stärke brach die chartistische Bewegung zusammen. Als im Juni des gleichen Jahres die französische Gesellschaft durch den Aufstand der Arbeiter der Nationalwerkstätten aufs äußerste beunruhigt wurde, da waren die im Laufe von drei Jahren heranreifenden Konsequenzen der Staatsstreich des Prinz-Präsidenten Louis Napoleon und die zwei Jahrzehnte während Herrschaft des „Bonapartismus", den die

Zeitgenossen als eine völlig neuartige Herrschaftsform empfanden. Als der erste Aufstieg der Sozialdemokratie und die zwei Attentate auf Kaiser Wilhelm I. die seit langem latente Furcht Bismarcks und großer Teile des deutschen Volkes vor dem Umsturz ins Offene brachten, da verabschiedete ein neugewählter Reichstag die Sozialistengesetze. Man mag alle drei Ereignisse verurteilen und den lebhaften Wunsch haben, die Chartisten möchten schon 1839 gesiegt und die leidvolle Geschichte der Krisen und der Kriege, der Ausbeutung und des Klassenkampfes beendet haben. Aber solange nicht ein ganzes System der gesellschaftlichen Arbeitsteilung überflüssig geworden ist und solange nicht eine selbstbewußte Mehrheit ihren klaren Willen zum Ausdruck bringt, ein grundlegend neues System einzuführen, solange ist die Abwehr gegen die Umsturzversuche einer noch so bewunderns- oder bemitleidenswerten Minderheit unvermeidbar und in der Regel im Interesse der Kontinuität und des Fortschritts gerechtfertigt.

Die Machtergreifung des Nationalsozialismus

So viel ist gewiß: die Weltkrise der Jahre von 1929 bis 1933 gelangte nirgendwo zu einer solchen Schärfe wie in Deutschland. Keiner der großen Staaten war aus dem Weltkrieg in einer so ambivalenten Position hervorgegangen wie Deutschland: besiegt und nicht besiegt, nicht mehr Großmacht und doch schon wieder Großmacht, durch die Inflation weniger bürgerlich als England oder Frankreich und doch tendenziell bürgerlicher als beide. In keinem Lande der Welt gab es eine so starke und so aggressive und doch in ihrer Führung so schwache und wenig überzeugende kommunistische Partei. Keine Gesellschaft wurde durch die Weltwirtschaftskrise auch nur annähernd so schwer in ihren Grundfesten erschüttert wie die deutsche. Es war schlechthin unvermeidbar, daß als eine der Reaktionen eine Partei entstand, die dem Glauben der Kommunisten einen Anti-Glauben und ihrem Erklärungsversuch einen anderen Erklärungsversuch entgegensetzte, die ebenso massenwirksam und grobschlächtig agierte wie jene und die auch in der Theorie so sehr auf das Ethos des Kampfes und Krieges setzte, wie die Kommunisten es in der Praxis taten. Parteien dieses Typus entstanden bis 1933 nahezu überall in Europa, und in Italien hatte eine solche Partei bereits 1922 unter immerhin vergleichbaren Umständen die Macht ergriffen. Die NSDAP *mußte* entstehen, und sie *mußte* im Deutschland der Weltwirtschaftskrise mächtig werden, auch wenn Adolf Hitler als Kind gestorben wäre und wenn sie sich „nationaldemokratisch" oder „deutschsozialistisch" genannt hätte.

Aber eine ganz andere Frage ist die, ob diese Partei zur alleinigen Macht gelangen mußte und ob es eine Alternative gab bzw. bis wann es eine Alternative gab. Eine radikale Antwort ist die, daß die Entfesselung des Zweiten Weltkrieges durch eine deutsche Partei von neuem Typus unter der Führung eines plebiszitären Monarchen von bis dahin unbekannter Art nur dann vermeidbar gewesen wäre, wenn Deutschland den Ersten Weltkrieg entweder eindeutig gewonnen oder eindeutig verloren hätte oder aber wenn es nach der unvollständigen Niederlage vollständig revolutioniert worden wäre. Die andere radikale Antwort besteht in der weitverbreiteten These, daß Hitler durch die Intrigen Papens, Oskar von Hindenburgs und der Industriellen gleichsam auf Schleichwegen an die Macht gebracht worden wäre. Die erste Antwort unterschätzt die Kraft des parlamentarisch-demokratischen Systems, das ja auch in Deutschland genuine historische Wurzeln hatte und das sich in Frankreich, Großbritannien und anderen Ländern trotz der Weltwirtschaftskrise behauptete. Die zweite Antwort entspringt einem myopischen Hinstarren auf Details und übersieht, daß Schleichers Gedanke der Spaltung der national-sozialistischen Partei und der Heranziehung Gregor Straßers der letzte Rettungsgedanke der Weimarer Republik war und daß es nach dessen Scheitern nur noch die Möglichkeit der präsidial abgestützten Militärdiktatur gab, wenn man den Führer der weitaus stärksten Partei weiterhin von der Regierung fernhalten wollte. Weit eher vertretbar dürfte die Auffassung sein, daß das Schicksal der Weimarer Republik besiegelt wurde, als sich im März 1930 endgültig zeigte, daß selbst die beiden gemäßigten Flügelparteien, die SPD und die DVP, sich über eine Antwort auf die Wirtschaftskrise nicht zu einigen vermochten und überhaupt zu dieser Republik in einem doppeldeutigen Verhältnis standen.

Wird indessen die Machtergreifung des Nationalsozialismus nicht gerechtfertigt, wenn die Partei als eine Abwehrreaktion in einer außerordentlichen Krise des Systems aufgefaßt wird? Aber aus dem System heraus kann nur dasjenige gerechtfertigt werden, was das System selbst grundsätzlich unangetastet läßt. Der 10. April 1848 bedeutete das Ende der Chartistenbewegung, doch er brachte die englischen Gewerkschaften gerade auf einen erfolgversprechenderen Weg. Das Regime Napoleons III. hatte sich schon nach einem Jahrzehnt zum Empire libéral mit einem vergleichsweise hohen Ausmaß von Meinungs- und Organisationsfreiheit fortgebildet. Bismarcks Sozialistengesetz schloß die Sozialdemokratische Partei nicht generell vom politischen Leben aus, und es förderte die Wandlung, welche die Weimarer Republik vorbereitete. Wenn es Hitler gelungen wäre, den großgermanischen Rassenstaat auf der Basis jenes „eisenharten Volkskörpers" zu errichten, von dem er träumte, dann wäre mitten in Europa das Paradigma jener Despotie entstanden, welche die europäischen Geschichtsdenker als den Gegentypus zum System der Freiheit betrachteten und voller Schrecken die „asiatische" nannten. Daß aber gerade von diesem Schrecken etwas in Hitler ganz lebendig war, sollte für die Nachgeborenen ein Anlaß sein, sich mit der bloßen Wiederholung der Thesen von Hitlers zeitgenössischen Gegnern nicht zu begnügen, sondern in dem Dritten Reich Hitlers ein Regime zu erkennen, das bestimmte Charakterzüge der europäischen Geschichte durch fratzenhafte Übersteigerung an ihr Ende brachte, das aber unter anderen Aspekten auch einige charakteristische Züge sowohl der westlichen Massenwohlfahrtsstaaten wie der „nationalen Befreiungsbewegungen" der Dritten Welt vorwegnahm, so daß eine Einordnung in die Geschichte heute möglich sein sollte, welche den ständigen Ausdruck moralischer Empörung nicht mehr nötig hat, weil deren rationaler Kern selbstverständlich geworden ist.

Krise und Liberales System

Und damit komme ich abschließend auf den Ausgangspunkt zurück. In dem einen Punkte stimmte Adolf Hitler jedenfalls mit seinen schärfsten Gegnern überein, daß der Endzustand, den er anstrebte, ein Zustand absoluter Krisenlosigkeit war, der freilich für ihn eine permanente Kriegführung an den Grenzen nicht ausschloß, sondern geradezu voraussetzte. Und man kann in der Tat sagen, daß die deutschen Krisenjahre bald nach seiner Machtergreifung an ihr Ende gelangt waren. „Objektiv" reifte zwar die Krise der SA heran, und „objektiv" wurde das Herannahen des Krieges von vielen Menschen in dumpfer Besorgnis wahrgenommen. Aber die nationalsozialistische Herrschaft war bereits nach wenigen Monaten so fest etabliert und die Gegenkräfte waren so total ausgeschaltet, daß die große Masse des Volkes jenes Krisenbewußtsein verlor, das ohne ein öffentliches Sprechen über die Krise nicht entstehen kann. Und eben dies ist der unterscheidende Charakter jener Krisenhaftigkeit, deren Zwilling Europa ist: Krise und Krisenbewußtsein gingen Hand in Hand, und das Krisenbewußtsein wurde selbst zum Bestandteil der Krise. Zur Panik werdend, mochte es die Krise verschärfen, als Nachdenken oder Besinnung mochte es sie mildern oder überwinden. In ihrer Zusammengehörigkeit waren Krisen und Krisenbewußtsein der Ausdruck dessen, daß im Mit- und Nebeneinander relativ freibeweglicher Kräfte und Tendenzen ständige Störungen und verändernde Wiederherstellungen eines Gleichgewichts erfolgten, das in den außereuropäischen Kulturen trotz aller Naturkatastrophen und Machtumbrüche grundsätzlich unangetastet blieb. In diesem Rhythmus vollzog sich, was wir Säkularisierung, europäische Expansion und auch Industrialisierung nennen und was die Initiativkraft der Weltgeschichte heißen mag. Wenn es sicher wäre, daß diese Krisen sich immer mehr vertiefen und immer wieder die Gestalt von Kriegen annehmen müßten, dann wäre nichts notwendiger, als mit aller Kraft den Zustand der Krisenlosigkeit anzustreben. Aber es läßt sich nur ein Idealtyp erdenken, der absolute Krisenlosigkeit garantiert sein ließe, und das ist die weltweite Planwirtschaft, die jedem Individuum einen gleichen Anteil an dem jeweiligen Ertrage zuteilen würde. Es ist überaus zweifelhaft, ob eine Verwirklichung dieses Idealtyps möglich wäre, und es ist noch zweifelhafter, ob sie wünschenswert sein kann. In der historischen Realität kennen wir nur partikulare Annäherungen in der Gestalt der bürokratisch-ideologischen Staatswirtschaften. Diese sind in Wahrheit den objektiven Krisen um so weniger entzogen, je weniger sie autark sind, aber sie verfügen über die Mittel, um ein Krisenbewußtsein nicht aufkommen zu lassen. Eben deshalb können sie untereinander in schwerere Konflikte geraten, als wenn sie über jenen Speer des Anfortas verfügten, der zugleich verletzt und heilt: das frei sich ausbildende Krisenbewußtsein. Es ist nicht zu leugnen, daß ein allzu scharfes

Krisenbewußtsein den Umschlag in sein Gegenteil zu erleichtern, ja zu erzeugen vermag. Aber eine Theorie der Krise, die sich *nicht* am Ideal der Krisenlosigkeit orientiert und dennoch auf eine Praxis der Krisenveränderung und Krisenüberwindung hinzielt, würde uns Historikern die begrifflichen Mittel in die Hand geben, die europäische Geschichte weder zu verleugnen noch zu dogmatisieren. Kein Beispiel macht diese Einsicht zwingender als dasjenige der Krisenzeit von 1929 bis 1933.

X. Deutscher Scheinkonstitutionalismus?

Seit einiger Zeit finden in der deutschen Geschichtswissenschaft nicht ganz selten wieder Termini wie „Scheinkonstitutionalismus" oder „Pseudokonstitutionalismus" Verwendung, um den Verfassungszustand des Bismarck-Reiches zu charakterisieren. So heißt es in einem 1973 erschienenen und sehr bekannt gewordenen, freilich auch häufig kritisierten Buch über das „Deutsche Kaiserreich 1871–1918": „Es handelte sich um einen autokratischen, halbabsolutistischen Scheinkonstitutionalismus, da die realen Machtverhältnisse nicht entscheidend verändert worden waren."[1] Auf den ersten Blick scheint damit lediglich eine weitere polemische Wendung der Zeitgenossen wiederaufgegriffen worden zu sein, in Analogie zu „Hausmeiertum", „Vezirat", „Despotismus", „Diktatur" oder „Bonapartismus"[2]. Indessen könnte es sich sehr wohl um einen fruchtbaren Begriff handeln, wie schon das Beispiel des „Bonapartismus" zeigt, dessen Wiederverwendung eine umfangreiche und interessante Diskussion hervorgerufen hat.[3] Der Terminus bietet zudem den zusätzlichen Vorteil, daß er die Verknüpfung mit einer älteren Streitfrage nahelegt, welche das Verhältnis von „Konstitutionalismus" und „Parlamentarismus" zum Gegenstand hat und sowohl von Verfassungshistorikern wie von politischen Historikern häufig erörtert wurde. Ich habe die Absicht, im folgenden die Brauchbarkeit des Begriffs zu prüfen und schließlich danach zu fragen, was sein Wiederauftauchen in der Gegenwart zu bedeuten hat. Dazu muß er zunächst in den Kontext einer ganzen Auslegungstendenz hineingestellt werden, die zu allgemein und umfassend ist, als daß die Anführung der Namen einzelner Forscher angebracht wäre, da diese ihr zum guten Teil nur partiell subsumierbar sind. Der Begriff „Scheinkonstitutionalismus" ist nämlich zunächst und in jedem Fall ein besonders ausgeprägtes Produkt dieser Interpretationsweise. Ich gebe daher einige ihrer wichtigsten Thesen über die Natur des Bismarck-Reiches und die Eigentümlichkeiten der deutschen Entwicklung im Indikativ wieder[4]:

Deutschland ist im Gegensatz zu den westeuropäischen Staaten das Land ohne Revolution. In Frankreich und England leiteten siegreiche Revolutionen die Demokratisierung ein, indem sie absolutistische Könige auf das Schafott brachten und damit den Autoritarismus zerbrachen, der insbesondere in Preußen immer herrschend blieb und der allenfalls auf seine Weise die notwendigen Wandlungen durch „Revolutionen von oben" unvollkommen genug ins Werk setzte. So war das Bürgertum in Deutschland noch politisch ohnmächtig, als es im Westen schon längst zum Siege gelangt war. Die Bismarcksche Reichsgründung stabilisierte die Herrschaft der preußischen Junkerklasse für nahezu ein halbes Jahrhundert und pflanzte gerade dadurch die Keime des Untergangs, weil sie die gesamtgesellschaftliche Modernisierung in antiemanzipatorischer Absicht dadurch blockierte, daß sie eine partielle Anpassung an die Modernisierung vollzog. Eine der Konsequenzen dieser Anpassung war die „Refeudalisierung" des deutschen Bürgertums. Als Staat einer erstarrten vorindustriellen Ordnung verfügte das Deutsche Reich nicht über die erforderliche Elastizität, um die aus der Industrialisierung erwachsenden neuen Kräfte, insbesondere die um ihre Emanzipation kämpfende Arbeiterschaft zufriedenzustellen. Vielmehr sollte die überkommene Herrschafts- und Sozialstruktur durch antirevolutionäre Repression und jene negative Integration gesichert werden, welche Katholiken und Juden, Freisinnige und Sozialdemokraten, Polen und Welfen als „Reichsfeinde" anprangerte. Dem gesellschaftlichen Immobilismus entsprach die Ohnmacht des Reichstags, und ein „stiller Verfassungswandel" auf die Parlamentarisierung hin existierte nicht. Die inneren Spannungen des deutschen Klassenstaates wurden durch eine sozialimperialistische Politik nach außen abgelenkt, etwa durch die Erwerbung von Kolonialgebieten oder den Bau der Schlachtflotte. An die Stelle des bonapartistischen Reichskanzlers trat 1890 der cäsaristische junge Kaiser, aber der verhängnisvolle Sonderweg der Deutschen wurde damit lediglich fortgesetzt. Zwar gelang es, den wirtschaftlichen und technologischen Vorsprung Westeuropas rasch zu vermindern, aber eine innere Angleichung wurde dadurch nicht herbeigeführt. Klassengesetzgebung und Schutzzollpolitik erfuhren keine Abschwächung, sondern sie wurden durch das Aufkommen rechtsgerichteter Massenverbände höchstens gestärkt. Der Geschichtsunterricht wurde in den Dienst des Widerstandes gegen die fortschrittlichen Kräfte der Gesellschaft gestellt. Der Antisemitismus war in der Gesellschaft und nicht zuletzt im Offizierskorps virulent. Weit über seine historische Zeit hinweg blieb das alte Preußen verhaltensprägend, und seine führende Schicht war in keinem Augenblick gewillt, auf ihre anachronistischen Privilegien zu verzichten. Die extrakonstitutionelle Kommandogewalt des Kaisers und die herausgehobene Stellung des Militärs wurden nicht abgebaut; noch 1913 setzte sich die Militärgewalt in der Zabern-Affäre rücksichtslos gegen die Zivilgewalt durch, und das erste Mißtrauensvotum, das der Reichstag mit großer Mehrheit einem kaiserlichen Kanzler auszusprechen wagte, blieb vollständig wirkungslos. Mehr und mehr in die innen- und außenpolitische Isolierung geführt, traten die führenden Schichten Preußen-

Deutschlands in ihrer Angst vor der sozialen Revolution noch einmal die Flucht nach vorn an, und nun erhielten sie die Rechnung für ihren jahrzehntelangen Widerstand gegen eine durchgreifende Neugestaltung des Systems. Aber noch in der Niederlage blieben ihre Machtpositionen und die von ihnen begründeten Traditionen stark genug, um im Zusammenwirken mit dem ebenfalls im Kaiserreich vorbereiteten Versagen der Sozialdemokratie das Dritte Reich des deutschen Faschismus möglich zu machen, das mithin aus seiner Kontinuität zum Bismarckschen Reich und zur „deutschen Misere" insgesamt herzuleiten ist. Zusammenfassend ließe sich das Grundkonzept dieser Auslegungstendenz folgendermaßen formulieren: Vom Absolutismus der preußischen Monarchie führt die deutsche Entwicklung über den Scheinkonstitutionalismus des Bismarck-Reiches zum großgermanischen Weltanschauungsstaat des omnipotenten Führers, und damit geriet sie in einen immer schrofferen Gegensatz zur westeuropäisch-amerikanischen Geschichte, die schon früh den Parlamentarismus erreichte und durch eine fortschreitende Demokratisierung gekennzeichnet war.

Ich will nun dieses Konzept nicht in der Weise überprüfen, daß ich in erster Linie auf Tatbestände der deutschen Geschichte verweise, die geeignet scheinen, eine Modifizierung oder Korrektur zu erzwingen. Vielmehr werde ich folgendermaßen vorgehen:

In einem ersten Schritt erörtere ich den Begriff des Scheinkonstitutionalismus unter Heranziehung historischer Beispiele für seine Verwendung. Dabei treffe ich einige naheliegende begriffliche Unterscheidungen und gelange zu einem ersten Resultat hinsichtlich seiner Brauchbarkeit.

In einem zweiten Schritt richte ich den Blick auf die Geschichte Westeuropas, die als Horizont in jener Auslegung stets gegenwärtig ist, und zwar als ein Horizont, welcher selbst eine Interpretation in sich schließt.

Den dritten Schritt bildet die Darlegung einer Reihe von methodischen Regeln und von eigenen Thesen, welche aus den vorhergehenden Erörterungen resultieren und ihnen freilich in gewisser Weise auch schon zugrundeliegen.

Abschließend stelle ich die Frage, was das Hervortreten der Auslegungstendenz, die im Begriff des „Scheinkonstitutionalismus" eine besonders kennzeichnende Ausprägung findet, zu bedeuten hat und was für Konsequenzen daraus möglicherweise zu ziehen sind.

I. Der Terminus „Scheinkonstitutionalismus" wird erstmals bald nach 1815 von entschiedenen Liberalen verwendet, denen die im Artikel 13 der Bundesakte vorgesehene „landständische Verfassung" in den oktroyierten (oder vereinbarten) Konstitutionen der süddeutschen und einiger mitteldeutscher Staaten ganz unzureichend realisiert zu sein schien.[5] Dabei wird man sich vor Augen halten müssen, daß die „Charte" der nach Frankreich zurückgekehrten Bourbonen trotz ihres oktroyierten Charakters gerade durch die Insistenz der „Ultras" und nicht zuletzt Chateaubriands ein Regime ermöglicht hatte, das mit einem Körnchen Salz als parlamentarisch bezeichnet werden darf, weil Ludwig XVIII. sich gezwungen gesehen hatte, mit Villèle ein Mitglied der ultraroyalistischen Kammermehrheit zum Regierungschef zu machen.[6] Erst recht mußten die Mitglieder der badischen, bayrischen oder württembergischen Zweiten Kammer spüren, wie gering trotz des Steuerbewilligungsrechts, der Beteiligung an der Gesetzgebung und der unbestrittenen Periodizität ihre Mitwirkungsmöglichkeiten waren, als nach der französischen Julirevolution von 1830 der Bürgerkönig Louis Philippe die Charte zu einer „Wahrheit" zu machen versprach und als die belgische Verfassung von 1831 in unmittelbarer Anknüpfung an die französische Konstitution von 1791 unzweideutig das Prinzip der Volkssouveränität proklamiert hatte, von dem auch die Macht des

Königs abzuleiten sei. Nichts ist weniger verwunderlich, als daß eine ganze staatsrechtliche Schule, diejenige des „wahren Konstitutionalismus", die gegebenen deutschen Verhältnisse an diesem Maß zu messen und damit als bloßen „Scheinkonstitutionalismus" einzuordnen versuchte, auch wenn sie das „monarchische Prinzip" noch nicht in Frage stellte und anschaulichen Anlaß hatte, die „scheinkonstitutionellen" Verhältnisse einiger Mittel- und Kleinstaaten des Deutschen Bundes nicht mit dem fortdauernden und bloß durch die Existenz von Provinzialständen eingeschränkten Absolutismus der beiden Großmächte Preußen und Österreich zu verwechseln.[7] Im Gegenzug bildete sich bekanntlich die Lehre vom „deutschen Konstitutionalismus" heraus, die bei Friedrich Bülau vor allem durch die Abwehr der plutokratischen und angesichts des Verwaltungszentralismus unwahrhaftigen französischen Verfassung mit ihren Intrigen und ihrem „Parteigeist" bestimmt ist,[8] während Friedrich Julius Stahl sein unvergleichlich wirksameres Denkgebäude auf die Ablehnung der englischen Parlamentsherrschaft als einer die gottgewollte Ordnung des Oben und Unten verkehrenden Perversion gründete. Die Revolution von 1848 tat in Deutschland wie in Frankreich den außerordentlichen Schritt zum allgemeinen oder nahezu allgemeinen Wahlrecht, aber die Mehrheit der Paulskirchenversammlung entschied sich für ein modifiziertes Vereinbarungsprinzip und blieb insofern auf dem Boden des Dualismus. Die preußische Verfassung von 1850 war eine oktroyierte Verfassung, aber sie war in großen Teilen der belgischen Verfassung nachgebildet. Mithin war sie in der Praxis dualistisch, und damit barg sie die Möglichkeit des Verfassungskonflikts von 1862–66 in sich, den Bismarck unter dem Slogan „Königsheer oder Parlamentsheer" zugunsten des Königtums entschied, während Robert von Mohl in den fünfziger Jahren aus der gleichen Sorge um die Einheitlichkeit der Staatsgewalt als erster deutscher Staatsrechtslehrer die Auflösung des Dilemmas nach der Seite der parlamentarischen Mehrheitsherrschaft verlangt hatte, jedoch die Kennzeichnung des gegensätzlichen Standpunktes als „Scheinkonstitutionalismus" ausdrücklich zurückwies.[9] Dagegen sah Lassalle in seiner zweiten Rede über Verfassungswesen von 1863 das Siegesrezept darin, den Scheinkonstitutionalismus, in dessen Gewande allein der Absolutismus habe fortleben können, *als* Schein zu entlarven und die Kammersitzungen auf unbestimmte Zeit auszusetzen, damit angesichts der nun offenbar gewordenen absolutistischen Realität die Bourgeoisie und die gesamte Gesellschaft zu einer organisierten Verschwörung gegen die Regierung würden, welche dann nur noch ihren unabwendbaren Untergang würde erwarten können.[10] Die Kammer folgte Lassalles Rat nicht, der ja in der Tat die unausgesprochene Voraussetzung in sich barg, daß der „soziale Zustand", wie Tocqueville gesagt hätte, dem Parlamentarismus weitaus näher gewesen wäre als dem Absolutismus. Bismarck sah die soziale Topographie anders, als er nach dem innen- und außenpolitischen Siege 1866 die Gleichberechtigung des Parlaments durch das Indemnitätsgesuch zur Empörung der Konservativen erneut anerkannte und zugleich durch die Einführung des allgemeinen Wahlrechts dem „deutschen Konstitutionalismus" nun diejenige Gestalt gab, die er mindestens dem Verfassungstext nach für ein halbes Jahrhundert behalten sollte. Daß es sich auch der Verfassungswirklichkeit nach um eine eigenständige, relativ konstante, den besonderen deutschen Verhältnissen angemessene Verfassung gehandelt habe, war bis 1914 und darüber hinaus die herrschende Lehre – von den deutschen Historikern hat sich Otto Hintze noch 1911 in diesem Sinne geäußert [11], und in der Gegenwart hat Ernst Rudolf Huber diese Doktrin in seinem monumentalen Werk neu formuliert.[12] Ihr steht die These von der schleichenden, aber unaufhaltsamen Entwicklung der Verfassungswirklichkeit auf den Parlamentarismus hin gegenüber, die Werner Frauendienst 1957 auf sehr prononcierte Weise wiederaufgriff[13], während Ernst-Wolfgang Böckenförde sie zehn Jahre später auf vorsichtigere und zugleich überzeugendere Weise vertrat[14]. Man mag eine gewisse Paradoxie darin sehen, daß Carl Schmitt eben diese These mit freilich entgegengesetzter Akzentuierung während der Zeit der Weimarer Republik entwickelt hatte[15] und daß die Auslegungstendenz der „kritischen" Historikerschule, die den Ausgangspunkt meiner Überlegungen bildet, ihrerseits mit der umgekehrten Wertsetzung der Huberschen Auffassung nahesteht. Gewiß ist, daß zahlreiche Zeitgenossen Bismarcks bzw. Wilhelms II. den Terminus „Scheinkonstitutionalismus" auf die Bismarcksche Reichsverfassung angewendet oder ihr das Postulat eines „wahrhaft konstitutionellen Verfassungslebens" entgegengesetzt haben.[16] Zu ihnen gehörte, mindestens zu Zeiten, auch Max Weber, wenngleich nicht übersehen werden sollte, daß er jedenfalls in seinem Aufsatz „Rußlands Übergang zum Scheinkonstitutionalismus" von 1906 im Vergleich nachdrücklich auf die „faktisch oft so viel stärkere Position *formell*-rechtlich strikt konstitutioneller Monarchen (Preußen, Baden)" hinweist.[17] Daß selbst der scheinbar rein polemische Gebrauch des Wortes gelegentlich einigen Grund zum Nachdenken geben kann, mag einer Äußerung entnommen werden, die der Abgeordnete der Fortschrittlichen Volkspartei, Dr. Wiemer, kurz vor dem Ausbruch des Ersten Weltkrieges während der Debatte über die Zabern-Affäre tat und die erkennen läßt, wie wenig es den Zeitgenossen an der Einsicht fehlte, daß es für einen deutschen Parlamentarismus noch andere Hindernisse gab als Bismarcks Willen zur Verteidigung traditioneller Herrschaftsverhältnisse: „Jedenfalls halten wir ein parlamentarisches Regime noch immer für besser als den Scheinkon-

stitutionalismus, wie er heute bei uns besteht ... Aber ...
das parlamentarische Regime setzt auch voraus ..., daß die
Parteien, die der Regierung das Mißtrauensvotum bekun-
den, ihrerseits bereit sind, die Regierungsgeschäfte zu übernehmen ... Da weiß ich nun in der Tat nicht, ob die Sozialdemokratie, die gestern in so hohen Tönen die Konsequenzen verlangt hat, bereit ist, jetzt die Regierungsgeschäfte zu
übernehmen – Herr Kollege Frank nickt, und ich glaube mich
nicht zu täuschen, wenn ich annehme, daß er auf dem
Standpunkte steht: die Sozialdemokratie hätte die Pflicht,
in solcher Lage auch ihrerseits zu zeigen, was sie kann. Aber
ich weiß auch von anderen Vertretern der Sozialdemokratie,
daß sie diese Ansicht nicht teilen und daß Herr Kautsky und
Frau Rosa Luxemburg ein solches Übernehmen von Regie-
rungsgeschäften kaum gestatten würden." [18]

Es ist nun nicht mehr schwierig, den Erkenntniswert des
Terminus „Scheinkonstitutionalismus" zu bestimmen. Der
Begriff „Konstitutionalismus" muß durch Abgrenzung ge-
genüber den beiden Regierungsformen gewonnen werden,
die ihm historisch vorausgegangen sind, gegenüber der stän-
dischen Monarchie einerseits und dem Absolutismus andererseits. Er bedeutet die rechtlich fixierte und damit regel-
hafte, wenngleich möglicherweise nur partielle Bindung des
Inhabers oder Repräsentanten der Souveränität an den
Willen einer gewählten Körperschaft und letzten Endes der
Wähler selbst, die ihrerseits nicht notwendigerweise mit der
Gesamtheit der erwachsenen Staatsangehörigen identisch
sein müssen. Ein „Scheinkonstitutionalismus" im eigentlichen Sinne würde dann vorliegen, wenn die Wahl der
Volksvertreter der Bestätigung durch den Monarchen un-
terläge. Derartige Regimes hat es gegeben, aber nicht im
konstitutionellen Europa des 19. Jahrhunderts.[19] Eine oktroyierte Verfassung ist bereits ein echter Konstitutionalismus insofern, als der Monarch die von ihm frei gewährte

Willensbindung nicht ebenso frei zurücknehmen kann, d. h. nicht ohne Staatsstreich und Verfassungsbruch. Aber der Umfang der Bindung kann größer oder kleiner sein, und mit dem Konzept der Vereinbarung ist eine neue Qualität erreicht. Es ist begreiflich, aber im strengen Sinne nicht zulässig, daß von dem neuen Standort aus die oktroyierte Verfassung als „Scheinkonstitutionalismus" bezeichnet wird. Das gleiche gilt für die nächste Stufe, welche die Bindung des Monarchen an den Mehrheitswillen der Repräsentativkörperschaft in sich schließt und Parlamentarismus genannt wird. In allen zuletzt angeführten Beispielen wird das dualistische konstitutionelle System von dem als Paradigma und Endpunkt aufgefaßten Parlamentarismus her als „Scheinkonstitutionalismus" bezeichnet, gemeint ist also „Scheinparlamentarismus". Wenn „Schein" so viel heißt wie „unvollkommen in bezug auf ein Paradigma", ist die Anwendung des Terminus „Scheinparlamentarismus" auf das Bismarcksche Verfassungssystem mithin gerechtfertigt, doch hat er nur einen geringen Erkenntniswert, da niemand das System jemals für einen genuinen Parlamentarismus ausgegeben hatte. „Scheinkonstitutionalismus" ist dagegen in der Tat bloß eine polemische Wendung, da hier die Gattung (Konstitutionalismus) und die Spezies (Parlamentarismus) fälschlich in eins gesetzt werden. Sie ist sogar aus dem Grunde besonders irreführend, weil der Parlamentarismus nicht in allen seinen Gestalten ein Konstitutionalismus ist. Zwar erfüllt er seinen allgemein-konstitutionellen Zweck, die Verhinderung einer totalen Machtkonzentration in den Händen eines Individuums oder einer Gruppe, überall da, wo er in dem „Umfeld" angesiedelt ist, dessen er mehr bedarf als jede andere Regierungsform: schon Karl von Rotteck bemerkte mit Recht, daß es überall dort keinen echten Konstitutionalismus geben könne, wo eine freie Presse und freie Wahlen inexistent seien [20], dennoch wäre der reine

Typus der Versammlungsregierung, innerhalb dessen keiner Instanz ein Auflösungsrecht zukommt, unter bestimmten Umständen nicht mehr dem Konstitutionalismus, sondern den absolutistischen oder totalitären Regierungsformen zuzuzählen. Auf der anderen Seite ist der Parlamentarismus keineswegs davor geschützt, daß auch er von einem abermals unter bestimmten Gesichtspunkten vollkommeneren Paradigma aus als „transitorisch" bezeichnet und durch das Präfix „Schein-" charakterisiert wird: in allen seinen Formen behält er so viel von seinen aristokratischen Ursprüngen an sich, daß die Vorkämpfer der direkten Volksherrschaft ihn als „Scheindemokratie" abwerten können. Die direkte Volksherrschaft wiederum ist nach der ältesten Tradition des europäischen Staatsdenkens in sich selbst ein Schein, weil sie notwendigerweise in die ungebundene Herrschaft eines Mannes oder einer Gruppe umschlage. Es ist also allenfalls möglich zu sagen, daß das Präfix „Schein-" einen Erkenntniswert hat, wenn es so viel wie „Semi-" bedeutet und mit der logisch folgenden Spezies verknüpft ist. In diesem Sinne könnte das Bismarcksche System als Semiparlamentarismus bezeichnet werden, und darin wäre der rationale Kern des allzu polemischen und logisch unrichtigen Terminus „Scheinkonstitutionalismus" zu sehen.

II. Indessen wird die Geschichte nicht von der Logik regiert, und fast jede historische Erkenntnis ruht auf dem Grunde alter Polemiken. Der Terminus „Scheinkonstitutionalismus" ist nur eine besonders prononcierte Ausdrucksform einer bestimmten Interpretationstendenz, und seine logische Fehlerhaftigkeit besagt nicht sehr viel hinsichtlich der Richtigkeit oder Fruchtbarkeit dieser Tendenz. Die Überprüfung muß daher noch einen anderen Weg einschlagen, den komparativen Weg. Es ist zu fragen, wie die nicht-deutschen Zeitgenossen, vor allem die Engländer und die Franzosen, ihre eigenen Verhältnisse sahen und wie sie zugleich – und bis zu einem gewissen Grade in eins damit – das Deutsche Reich einschätzten.

In England beruhte ein gut Teil des nationalen Selbstverständnisses in der Tat auf der Verherrlichung einer geglückten Revolution. Aber dabei handelte es sich gerade nicht um die puritanische Revolution der Mitte des 17. Jahrhunderts, die gescheitert war und deren Nachfahren, die Nonconformists, noch tief im 19. Jahrhundert die vollen Bürgerrechte nicht erlangt hatten, sondern um die „Glorreiche Revolution" von 1688, die in Wahrheit weit eher eine gelungene Restauration gewesen war als ein Umsturz der Verhältnisse. Wenn es auch begreiflicherweise keine Klagen über eine „Misere" gab, die sich wie in Deutschland an einer Kleinstaaterei entzündet hätten, so haben doch viele radikale Geister sich daran gerieben, daß ein so großer Teil der Bevölkerung sich dem „feudalen System in diesem Lande" in demütiger Ehrfurcht unterwarf, und Richard Cobden zögerte nicht, den englischen „Kastengeist" mit demjenigen in Indien (!) auf eine Stufe zu stellen.[21] Für Walter Bagehot war die Ehrerbietung (deference) der Massen die elementare Grundlage des freiheitlich-parlamentarischen Systems[22], und zu einem so viel gebrauchten Terminus wie „their betters" gab es in Deutschland keine Analogie. „Das Bürgertum" hatte die Aristokratie bis zum Anfang des 20. Jahrhunderts so wenig in der Herrschaft abgelöst, daß der Nachfolger Lord Balfours als Führer der konservativen Partei, Bonar Law, von seinen Gegnern und vor allem von Winston Churchill, dem Enkel des Herzogs von Marlborough, als der „vergoldete Handelsmann" verspottet wurde.[23] Gewiß berief die Königin Viktoria regelmäßig den Führer der Mehrheitspartei des Unterhauses als Premierminister, aber so wie William IV. unter mehreren Prätendenten erst Lord Melbourne durch seine Wahl zum Führer der Whigs gemacht hatte, so machte Viktoria noch 1885 durch ihre Wahl Lord Salisbury aus mehreren Kandidaten zum Führer der Konservativen und zum Premierminister. Gladstone wurde keineswegs nur von Bismarck, sondern von der großen Masse der britischen Konservativen mit Abscheu und Haß betrachtet. Der Vorwurf, ein Bonapartist zu sein, traf Disraeli und sogar schon Palmerston wie Bismarck, und es entsprach einem verbreiteten Empfinden der Liberalen, wenn Disraelis System sogar als „eine absolute Monarchie, durch Hochkirchlichkeit gemäßigt" bezeichnet wurde.[24] Gewiß unterschied sich die englische Situation bis zum Weltkrieg schon dadurch fundamental von der deutschen, daß eine selbständige oder gar marxistische Arbeiterpartei nicht existierte und daß sogar nach der Reform von 1884 nur wenig mehr als die Hälfte der männlichen Bevölkerung über das Wahlrecht verfügte, und dennoch gab es eine starke Richtung unter den Konservativen, die das deutsche konstitutionelle System bewunderte, weil es besser geeignet sei, den beängstigenden Wandel nicht zu rapide werden zu lassen.[25] Gewiß wurde in England keine Gruppe als „reichsfeindlich" attackiert, aber es waren nicht ganz kleine Schichten, die zu Zeiten als „Schwachköpfe", „Burenanhänger", „Freunde jedes Landes außer ihrem eigenen" beschimpft wurden, und umgekehrt nahm der Widerstand gegen den Burenkrieg vonseiten der Linksliberalen und der Gewerkschaften für eine Zeitlang deutlich antisemitische Züge an. Gewiß konnte der weitausgreifende britische Imperialismus nicht als bloßer Sozialimperialismus verstanden werden, aber ein Moment dieser Art trug er unzweifelhaft in sich. Zwar wurde in der Praxis kein königliches Veto gegen Beschlüsse des Parlaments ausgeübt, aber es gab sehr wohl ein Vetorecht des Oberhauses gegen allzu reformerische Beschlüsse des Unterhauses, und im Jahre 1909 wagten es die Lords sogar, den sozialstaatlichen Tendenzen Lloyd Georges durch die bis dahin unerhörte Ablehnung eines Finanzgesetzes entgegenzutreten, so daß sich der große Verfassungskonflikt von 1910/11 entspann. Und für sozialstaatliche Tendenzen war in England wie auch in Frankreich fast stets das Deutsche Reich beispielgebend.[26] Daß Deutschland im Schulwesen und in der Wissenschaft weit voran sei, war während der ganzen Periode kaum zweifelhaft, und Matthew Arnold war unter diesem Gesichtspunkt ebenso ein Bewunderer Deutschlands wie Haldane, Bryce und Ashley. Manche Feststellungen englischer Reformer nehmen sich wie Klagen über eine „britische Bildungskatastrophe" aus, und so gut wie immer ist der Bezugspunkt Deutschland.[27] Aber sogar die zahlreichen Frankophilen sahen trotz aller Kritik an Preußen und am Junkertum das Deutsche Reich kaum je als ein „zurückgebliebenes Land" an, denn dafür erweckte das französische politische System auch in ihren Reihen zu viele Zweifel. Und das eigentümlichste Problem Englands gewann erst in den letzten Jahren vor dem Kriege seine bedrohlichste Gestalt: die irische Frage, die mit der Herausbildung einer militanten und massenhaften Widerstandsbewegung in Ulster gegen die Home-Rule-Gesetzgebung der liberalen Regierung Asquith zusammen mit einer weit verbreiteten sozialen Unruhe Großbritannien bis an den Rand des Bürgerkriegs brachte, so daß für die Regierung eine „Flucht nach vorn" und damit in den Krieg jedenfalls kein fernliegender Gedanke mehr sein konnte.[28]

Im Gegensatz zu England scheint Frankreich sein Selbstbewußtsein tatsächlich aus einer genuinen Volksrevolution gewonnen zu haben. Aber wenn die Marseillaise unbestritten zur Nationalhymne wurde, so lagen doch sehr große objektive Schwierigkeiten in dem Unterschied zwischen 1789 und 1793, in der Einschätzung des ersten Napoleon, der zugleich der Sohn und der Mörder der Revolution gewesen war, und in der erfolgreichen Restauration von 1815. Und

es lag nahe, sich daran zu erinnern, daß Voltaire dem in seinen Augen intoleranten und zurückgebliebenen Frankreich
als Vorbilder Preußen, England, Holland und Venedig vor
Augen gehalten hatte [29] und daß für Montesquieu die Freiheit von den germanischen Wäldern ihren Ausgang genommen hatte. In der Tat sah gerade das liberale und radikale
Denken der Zeit zwischen 1815 und 1848 die erste Französische Revolution keineswegs als geglückt an, sondern blieb
weiterhin auf das Vorbild Englands und Deutschlands hin
orientiert, wenngleich gewiß des Deutschlands der Mme de
Staël. [30] Daß die Revolution von 1848 in den „Despotismus"
Napoleons III. mündete, war für Quinet wie für Michelet
eine Herausforderung und doch in gewisser Weise eine Bestätigung. Nach der Niederlage von 1870/71 vollzog Frankreich den bemerkenswertesten Akt des Umdenkens und der
Selbstkritik, allerdings eines Umdenkens und einer Selbstkritik, die bloß bei Renan und Taine aus der Erschütterung
bisheriger Überzeugungen hervorgingen und überwiegend
in Abwandlungen vorhandener Denktendenzen bestanden.
Renan erblickte nun den Anfang der Niederlage in der
Revolution und ihrem Aufstand gegen die besten Überlieferungen Frankreichs: „An dem Tage, als Frankreich seinem König den Kopf abschlug, beging es Selbstmord." [31]
Für Taine war vor allem der Eindruck der Kommune
bestimmend, und für ihn lag der Anfang des französischen Elends in der „antiken, heidnischen und römischen
Denk- und Lebensart", die im Frankreich Napoleons wieder
ganz die Oberhand gewonnen habe und die „der modernen,
germanischen und christlichen Denk- und Lebensart" entgegengesetzt sei. [32] Der heimgekehrte antibonapartistische
Emigrant Quinet dagegen sah sich in seinen Überzeugungen
bestätigt und fand die Wurzel des Übels im Katholizismus,
der die Dekadenz Frankreichs erzeuge. Den Katholiken wiederum erschienen gerade die Liberalen mit ihrer Verherr-

lichung des Protestantismus als diejenigen, die Frankreich bereits geistig prussifiziert hätten, bevor Bismarcks Ulanen französischen Boden betraten. Der Kampf der beiden Frankreich zieht sich durch die ganze Zeit der Dritten Republik hindurch, und wenn die republikanisch-antiklerikalen Kräfte ab 1877 immer eindeutiger die Oberhand gewannen, so war deshalb das katholisch-monarchistische Frankreich und seine Spitzengruppe, la noblesse de France, keineswegs aus allen Machtpositionen verdrängt, und vor allem legte es eine Anziehungskraft an den Tag, die ehemalige Gegner auf seine Seite brachte, und war zugleich flexibel genug, um den Empfindungen großer Volksmassen nahezubleiben. Wenn Frankreich das am meisten parlamentarische Land Europas wurde, so hatte es auch die stärksten und leidenschaftlichsten antiparlamentarischen Volksbewegungen aufzuweisen; wenn in seinen Regierungen Protestanten und Freimaurer ganz unproportional vertreten waren, so wurde die Armee nur um so mehr und auch ohne eine extrakonstitutionelle Kommandogewalt des Präsidenten zu einem Staat im Staate, und die Dreyfus-Affäre erweckte gerade deshalb viel mehr antisemitische Leidenschaft, als es sie bis dahin in Deutschland gegeben hatte, weil die Dreyfusards einen Angriff gegen den Kern der staatlichen Gewalt und Selbstbehauptung zu führen schienen.[33] Der Kulturkampf war in Frankreich viel länger und erbitterter als in Deutschland, und die leidenschaftlichen Attacken gegen die „Anti-Franzosen", die „Vaterlandslosen à la Hervé und Jaurès", die „inneren Feinde" brauchten keinen Vergleich mit dem Kampf gegen die „Reichsfeinde" zu scheuen. Es ist richtig, daß Termini wie diese überwiegend gerade von der unterliegenden Partei gebraucht wurden. Aber es spricht sehr viel dafür, daß es diese unterliegende Partei war, die Frankreich kriegsbereit machte, indem sie Männer wie Charles Péguy zu sich herüberzog, den integralen Nationalismus ausbildete,

mit Lyautey an der Spitze die Material- und Menschen-
reserven Nordafrikas für Frankreich sicherte und einer neuartigen Germanophilie entgegentrat, die um die Jahrhundertwende die Modernität des deutschen „Amerika" auf
europäischem Boden mit der langsamen Entwicklung, ja
Stagnation des in seinen Provinzen immer noch überwiegend ländlichen Frankreich verglich.[34] Und als der Kriegsausbruch in den letzten Julitagen von 1914 unmittelbar be-
vorstand, da beschwor Jaurès in den Wandelhallen des
Palais Bourbon seine Kollegen mit den Worten: „Nein,
nein! Das Frankreich der Revolution kann nicht hinter dem
Rußland der Muschiks gegen das Deutschland der Reformation marschieren!"[35] Gewiß war dieses „Deutschland der
Reformation" für Jaurès keineswegs in erster Linie das
Deutschland Bismarcks und Wilhelms II. Aber es war auch
nicht einfach dessen Gegenteil. Bismarck und Wilhelm II.
hatten in seinen Augen offensichtlich das Kapital nicht völlig verwirtschaftet, das ein älteres Deutschland ihnen ver-
macht hatte. Und wenige Stunden später war der große
Tribun und Volksredner tot, von einem nationalistischen
Fanatiker erschossen. 43 Jahre früher hatte die Niederwerfung der Kommune 17 000 Opfer gefordert. In Deutschland
hatte die Auseinandersetzung mit dem Sozialismus und den
„Reichsfeinden" nicht im entferntesten so viel Blut gekostet.
Man wird ernste Zweifel anmelden müssen, ob Frankreich
wirklich im ganzen zusammen mit England oder auch mit
Belgien (wo die Macht des Königs einschließlich gewisser
extrakonstitutioneller Realitäten nicht so gering war, wie
der Buchstabe der Verfassung annehmen ließ) [36] als das fortschrittliche und demokratische Westeuropa dem zurückgebliebenen und undemokratischen Deutschland entgegengestellt werden darf. Die Zeitgenossen waren jedenfalls nur
zu einem geringen Teil dieser Meinung, und wenn italieni-
sche Intellektuelle ihr Land an den „fortgeschrittenen Staa-

ten" maßen [37] oder wenn in Rußland Slawophile und Westler vom „Westen" sprachen, dann lag ihnen nichts ferner, als Deutschland den fortgeschrittenen Staaten *nicht* zuzuzählen oder es aus dem „Westen" auszuschließen.

III. Ich sehe davon ab, nun eigens und nachdrücklich das Selbstverständliche zu unterstreichen: daß ein solcher Vergleich im Rahmen eines Vortrags nichts anderes als die flüchtigste und unzureichendste aller Skizzen sein kann. Er soll nämlich nichts anderes sein als der Ausgangspunkt für die Darlegung einiger methodischer Regeln, die immer dann besonders sorgfältige Beachtung finden sollten, wenn man die Geschichte irgendeines Landes mit prononcierten Wertsetzungen zum Gegenstand macht, auch wenn ich im Rahmen des gewählten Themas bleibe und weiterhin vor allem Deutschland im Blick habe.

1. Der Horizont, vor dem die Darstellung sich bewegt, sollte ausdrücklich zum Gegenstand der Reflexion gemacht werden, z. B. das Konzept „der" westeuropäischen Verfassungs- und Gesellschaftsgeschichte.

2. Zentrale Begriffe dürfen nicht einfach vorausgesetzt und unbefragt gelassen werden. „Emanzipation" z. B. kann als Integration oder als totaler Sieg verstanden werden; bestimmte Vorstellungen von Emanzipation können die reale Emanzipation verzögern oder fördern, ja zugleich fördern und verzögern. Möglicherweise impliziert es die Verhüllung eines fundamental wichtigen Tatbestandes, wenn der Begriff „industriell" vermittlungslos dem Begriff „vorindustriell" entgegengesetzt wird.

3. Idealvorstellungen wie Konfliktfreiheit, Totalmodernität oder Klassenlosigkeit sollten gegfs. nicht bloß implizit die Darstellung leiten.

4. „Dieselbe" Forderung muß zu verschiedenen Zeiten nicht die gleiche Bedeutung haben. Wer heute konservativ, liberal oder Sozialist ist, muß nicht notwendigerweise in den

Konservativen, Liberalen oder Sozialisten des Vormärz seine Gesinnungsgenossen oder Vorläufer sehen.

5. Es ist methodisch unzulässig, in Herrschaftstechniken verbreitetster Art wie der Ablenkung innerer Spannungen nach außen oder in internationalen Erscheinungen wie Protektionismus, „Feudalisierung des Bürgertums", Furcht vor Identitätsverlust oder sogar Nationalismus tadelnswerte Spezifika eines einzelnen Staates zu erblicken, es sei denn mit besonderer Begründung und in exakter Unterscheidung.

6. Jede Kritik historischer Realitäten steht selbst in einer historischen Tradition. Es bedeutet einen Mangel an Konsistenz, wenn man sich an einer zeitgenössischen Kritik von bestimmter Richtung orientiert und sich keine Rechenschaft darüber gibt, daß eine häufig sehr ähnliche Kritik von der entsprechenden Richtung in anderen Ländern an diesen Ländern geübt worden ist. Es ist ebenso inkonsistent, wenn man einen Faktor wie „außenpolitische Bedrohung" ohne nähere Begründung im Falle eines Nachbarstaates ernst nimmt und im Falle des Heimatlandes nicht. Eine historische und auch sozialgeschichtliche Untersuchung ist in der Regel um so wertvoller, je weniger ihre Resultate in den Prämissen bereits enthalten sind.

Den sechs Regeln lasse ich drei Thesen folgen, die nicht so neutral formuliert werden können und die sich unmittelbarer auf den Inhalt dieses Vortrages beziehen:

1. Die Geschichte des deutschen Kaiserreiches gehört als essentiell gleichartiger Teil zur Entwicklung des „europäischen liberalen Systems", das sich durch unvollendete Revolutionen hindurch in der freien Auseinandersetzung und Wechselbeeinflussung seiner Elemente unter dem Druck einer zugleich revolutionären und radikal-reaktionären extremen Linken in eine unfestgelegte und sich selbst überholende Zukunft hineintastet.[38]

2. Eine qualitativ neue Situation wurde durch den Ersten Weltkrieg und insbesondere durch die Russische Revolution geschaffen, welche einen bis dahin unbekannten Staatstypus hervorbrachte und in den übrigen Staaten Europas, ansatzweise auch in den USA, extreme Reaktionen entgegengesetzter Art erzeugte. Wer den deutschen Radikalfaschismus allein oder überwiegend aus den unbezweifelbaren Ansätzen des Bismarck-Reiches herleitet, der begeht eine Verwechslung wie die von Akzidens und Substanz.

3. Der fälschlich so genannte „Scheinkonstitutionalismus" des Bismarck-Reiches befand sich insofern in einem notwendigen Übergang, als sich überall in Europa eine irreversible Fortentwicklung von dem christlich-adlig-dynastischen Staat vollzog, welcher noch im 18. Jahrhundert, wenngleich in unterschiedlichen Formen, die vorherrschende Wirklichkeit gewesen war. Dagegen befand er sich nicht notwendigerweise im Übergang zu einer einzigen und „reinen" Form des Parlamentarismus, von der ja sogar England auf unübersehbare Weise differierte. Man hat paradoxerweise von einer „Rekonstitutionalisierung" des Denkens in der zweiten Hälfte der Weimarer Republik gesprochen, die bereits Vorformen des heutigen „konstruktiven Mißtrauensvotums" hervorgebracht habe.[39] Aber vielleicht war dasjenige, was man den innerparlamentarischen Konstitutionalismus in seiner Entgegensetzung gegen die Militärmonarchie von Gottes Gnaden einerseits und gegen einen „reinen Parlamentarismus" andererseits nennen könnte, der sich in Frankreich und England herauszubilden schien, gerade das geheime Telos der weniger begünstigten kontinentalen Staaten, sofern sie sich gegen die Tendenzen behaupten wollten, die man die totalitären nennt. Aber ich verbiete mir Spekulationen, so reizvoll sie sein mögen.

Vielmehr will ich mir abschließend selbst die Frage stellen, wie ich jene „kritische Tendenz" beurteile, welche den

Terminus „Scheinkonstitutionalismus" wieder in die Diskussion eingeführt hat, und worin meine eigene Intention besteht, wenn ich an ihr Kritik übe. Ich halte sie für notwendig und förderlich, aber auch für allzusehr ableitbar und zu wenig neuartig. Sie ist eine Folge der größeren Distanz vom Bismarck-Reich, an das eine ältere Generation von Historikern, in zögernder Selbstkritik oder zaghafter Verteidigung, auch nach 1945 noch in starkem Maße gebunden war. Sie stellt eine Entsprechung zu jenem Teil der französischen Selbstkritik der Jahre nach 1870 dar, der zugleich eine Selbstbestätigung der antibonapartistischen Kräfte war, und sie war um so notwendiger, als ein solches Umdenken nach dem Ersten Weltkrieg durch die viel stärkere Tendenz zur Selbstbehauptung fast vollständig in den Hintergrund gedrängt worden war. Aber sie ist, bei aller internationalen Ausrichtung und Bildung eines Teils ihrer Vertreter, doch vor allem eine bloße Umkehrung innerhalb der gleichen Fragestellung. Daher sollte sie nicht mehr als ein Stadium sein, wenn auch ein unvergessenes und unverlorenes Stadium. Ich plädiere dafür, durch noch größere Distanz von unserer Geschichte größere Gerechtigkeit und damit ein vielseitigeres Verständnis möglich zu machen, auch und gerade gegenüber dem deutschen Kaiserreich und seinem Semiparlamentarismus.[40]

Anmerkungen

1 H.-U. Wehler, Das Deutsche Kaiserreich 1871–1918. Göttingen 1973[1], S. 63. (Ähnlich schon in Ders., Bismarck und der Imperialismus, Köln–Berlin 1969, S. 469, 488; Krisenherde des Kaiserreichs 1871–1918. Studien zur deutschen Sozial- und Verfassungsgeschichte, Göttingen 1970, S. 66, 81, 137 u. a.) Zur Kritik u. a.: Th. Nipperdey, Wehlers „Kaiserreich". Eine

kritische Auseinandersetzung. In: Gesellschaft, Kultur, Theorie. Gesammelte Aufsätze zur neueren Geschichte. Göttingen 1976, S. 360–389. H.-G. Zmarzlik, Das Kaiserreich in neuer Sicht? In: HZ. Bd. 222 (1976), S. 105–126.

2 „Das Wort ‚Hausmeiertum‘ ist ein stehender Ausdruck im Neuen Palais" (Die geheimen Papiere Friedrich von Holsteins. Deutsche Ausgabe hrsg. von W. Frauendienst, Göttingen 1957. Bd. 2, S. 223); „der launenhafte Wille und krankhafte Einfall eines despotischen Ministers", „Der alternde Monarch und sein furibunder Vezier ..." (Im Ring der Gegner Bismarcks). Denkschriften und politischer Briefwechsel Franz v. Roggenbachs mit Kaiserin Augusta und Albrecht v. Stosch 1865 bis 1896. Bearbeitet und herausgegeben von J. Heyderhoff. Leipzig 1943, S. 140, 209); zur Anwendung des Terminus „Diktatur" s. Art. „Diktatur" (Ernst Nolte) in „Geschichtliche Grundbegriffe." Historisches Lexikon zur politisch-sozialen Sprache in Deutschland. Hrsg. von Otto Brunner, Werner Conze und Reinhart Koselleck. Bd. 1, Stuttgart 1972, S. 915 f.; zum „Bonapartismus": ebenda. S. 726–771 Art. „Cäsarismus, Napoleonismus, Bonapartismus, Führer, Chef, Imperialismus" (Dieter Groh).

3 Vgl. L. Gall: Bismarck und der Bonapartismus. In: HZ, Bd. 223 (1976), S. 618–637; E. Fehrenbach, Bonapartismus und Konservativismus in Bismarcks Politik. In: Karl Hammer/Peter Claus Hartmann (Hrsg.), Der Bonapartismus. Historisches Phänomen und politischer Mythos. München 1977, S. 39–55 (beide mit Literaturangaben).

4 Die folgenden Thesen lehnen sich im wesentlichen an Wendungen in Wehlers „Kaiserreich" und in einigen Beiträgen der Sammelbände „Das kaiserliche Deutschland. Politik und Gesellschaft 1870–1918", hrsg. von M. Stürmer (Düsseldorf 1970) und „Moderne deutsche Sozialgeschichte" hrsg. von H.-U. Wehler an (Köln-Berlin 1966). Beide Sammelbände können nicht als Produkte der „Richtung" angesehen werden – das zeigt schon die Mitarbeit von Autoren wie Andreas Hillgruber und Gustav Schmidt in dem einen, die Aufnahme von Arbeiten Werner Conzes und Thomas Nipperdeys in

dem anderen. Es geht um eine Tendenz, nicht um eine „Schule", der einzelne Gelehrte zuzuordnen wären. Daher wurden möglichst unindividuelle Wendungen gewählt. Zum Terminus „Scheinkonstitutionalismus" vgl. z. B. die Auffassung M. Stürmers in „Regierung und Reichstag im Bismarckstaat 1871–1880. Cäsarismus oder Parlamentarismus". Düsseldorf 1974, S. 112: „Das Parlament war auch weder durch völligen Mangel an Macht gekennzeichnet, wie es der durch häufigen Gebrauch nicht zutreffender werdende polemische Begriff des ‚Scheinkonstitutionalismus' nahelegt...".

5 Vgl. die Beschreibung Treitschkes in „Das constitutionelle Königthum in Deutschland" (Historische und politische Aufsätze, III [7], Leipzig 1915, S. 446): „Man schmähte laut über den Scheinconstitutionalismus daheim, dem Nachbar gegenüber pochte man doch stolz auf die Musterverfassung des eigenen ‚Ländles'. Man rühmte die deutsche Vielherrschaft, die Zwergthyrannei als Decentralisation, und in den willkürlich zusammengewürfelten Trümmerstücken des deutschen Volkes erwuchs allmählich eine matte Empfindung, die man badische oder nassauische Staatsgesinnung nennen konnte. Zu absonderlicher Erbauung gereichte den Höfen die dünkelhafte Verachtung gegen das absolutistische Preußen, welche in dem constitutionellen Kleinleben aufwucherte".

6 K. von Beyme, Die parlamentarischen Regierungssysteme in Europa. München 1970, S. 94 ff.

7 Ausführliche Darstellung bei H. Boldt, Deutsche Staatslehre im Vormärz. Düsseldorf 1975, bes. S. 139 ff.

8 „Die Annahme des französischen Verfahrens würde auch bei uns eine unpassende Besetzung der Ministerstellen, eine Masse von gegenseitigen Intrigen, einen Kampf auf Leben und Tod bei jeder Wahl, ein allgemeines Bestechungs- und Einschüchterungssystem, ein rastloses Schwanken und Wechseln in der Verwaltung herbeiführen... wenn es nicht zum Werkzeuge des Parteigeistes wird." (F. Bülau, Der constitutionelle Staat in England, Frankreich und Teutschland. In: Neue Jahrbücher der Geschichte und Politik. Begründet von Karl Hein-

rich Ludwig Pölitz, hrsg. von Friedrich Bülau. Leipzig 1843, 1. Bd., S. 38, 44)

9 Vgl. E. Angermann, Robert von Mohl 1799–1875. Neuwied 1962, S. 407 f. Robert von Mohl, Die Geschichte und Literatur der Staatswissenschaften in Monographieen dargestellt. Erlangen 1855, Erster Band S. 292: „Als sich aber bei längerer Uebung allmählich Zweifel aufdrängten, so wurde zuerst in den Ständesälen und in der Tagespresse vielfach Klage geführt über ‚Schein-Constitutionalismus'. Diese Auffassung war nun aber offenbar falsch und die Klage ungerecht. Die angebliche Lüge bestand einfach in der Wahl eines der beiden einzigen Ausgleichungsmittel; und die Beschwerde darüber, daß die Regierungen das ihnen zusagendere ergriffen, ist fast lächerlich. Die wahre Aufgabe bestand nicht in einem Tadel, sondern in der Begreifung der wirklichen Sachlage, und demgemäß in der Erringung einer Stellung, welche ein parlamentarisches Ministerium zur nothwendigen Folge haben mußte". Zum Ganzen vgl. jetzt: Manfred Botzenhart, Deutscher Parlamentarismus in der Revolutionszeit 1848 bis 1850, Düsseldorf 1977.

10 Ferdinand Lassalle, Was nun? Zweiter Vortrag über Verfassungswesen (zuerst Zürich 1863). In: F. L., Gesammelte Reden und Schriften, hrsg. und eingeleitet von E. Bernstein. Zweiter Band, Berlin 1919, S. 98 ff.

11 O. Hintze, Das monarchische Prinzip und die konstitutionelle Verfassung, in: O. Hintze, Staat und Verfassung . . . hrsg. von G. Oestreich. Göttingen 1962, S. 359–389

12 E. R. Huber, Deutsche Verfassungsgeschichte seit 1789, 5 Bde., Stuttgart 1957–1978, bes. Bd. 3, S. 3–26 („Das Wesen der konstitutionellen Monarchie")

13 W. Frauendienst, Demokratisierung des deutschen Konstitutionalismus in der Zeit Wilhelms II. In: Ztschr. f. d. ges. Staatswissenschaft 113, Tübingen 1957, S. 721–746

14 E.-W. Böckenförde, Der deutsche Typ der konstitutionellen Monarchie im 19. Jahrhundert. In: Beiträge zur deutschen und belgischen Verfassungsgeschichte im 19. Jahrhundert. Beiheft zur Zeitschrift Geschichte in Wissenschaft und Unterricht,

hrsg. von W. Conze. Stuttgart 1967, S. 70–92. In jüngster Zeit hat M. Rauh zwei Bücher vorgelegt, die den Anspruch erheben, „eine vollständige Theorie des reichsdeutschen Konstitutionalismus zu liefern": M. Rauh, Föderalismus und Parlamentarismus im Wilhelminischen Reich. Düsseldorf 1973. Ders., Die Parlamentarisierung des Deutschen Reichs. Düsseldorf 1977 (mit umfassenden Literaturangaben).

15 Carl Schmitt, Verfassungslehre, 1928[1], Fünfte, unveränderte Auflage Berlin 1970, bes. S. 36 ff., 51 ff., 200 ff., 292 ff.

16 Die „Entwicklung eines wahrhaft konstitutionellen Verfassungslebens in gesichertem Zusammenwirken zwischen Regierung und Volksvertretung und durch gesetzliche Organisation eines verantwortlichen Reichsministeriums" verlangte das Programm der Deutschen Freisinnigen Partei vom 5. März 1884 (in: Deutsche Parteiprogramme, hrsg. v. W. Mommsen, München 1960, S. 158); der sozialdemokratische Abgeordnete Ledebour äußerte sich im Dezember 1908 folgendermaßen: „Das persönliche Regiment ist ja nur die Begleiterscheinung unseres ganzen Scheinkonstitutionalismus" (Deutscher Geschichtskalender, hrsg. von K. Wippermann, 2. Bd., Leipzig 1909, S. 146); der freisinnige Abgeordnete Müller-Meiningen sprach um die gleiche Zeit vom „fortwurstelnden Scheinkonstitutionalismus" (Boldt, a. a. O. S. 139).

17 M. Weber, Rußlands Übergang zum Scheinkonstitutionalismus. In: Ders., Gesammelte Politische Schriften. Tübingen 1958, S. 77. Anders dem Sinne nach 1917 in „Rußlands Übergang zur Scheindemokratie", ebenda. S. 198, wo der Terminus „Scheinkonstitutionalismus" auch auf Deutschland bezogen wird.

18 Schulthess' Europäischer Geschichtskalender 54. Bd. 1913 (München 1915), S. 423

19 Vgl. ebenda 72. Bd., 1931: (Abessinien, 16. Juli: „Der Kaiser unterzeichnet die Verfassung. Die Verfassung sieht ein Parlament mit zwei Kammern vor. Die Wahl der Parlamentsmitglieder und der Erlaß der Gesetze sind durch den Kaiser zu genehmigen". S. 465)

20 Boldt a. a. O. S. 159

21 The Political Writings of Richard Cobden. London 1867, Bd. I, S. 131

22 W. Bagehot, The English Constitution (zuerst 1867), London 1900, S. 266 ff.

23 R. R. James, The British Revolution. British Politics 1880–1939. London 1976, Bd. 1, S. 265

24 ebenda, S. 36

25 G. Hollenberg, Englisches Interesse am Kaiserreich. Die Attraktivität Preußen-Deutschlands für konservative und liberale Kreise in Großbritannien 1860–1914. Wiesbaden 1974, S. 210 f. Hier wurde Deutschland des öfteren mit positiver Akzentuierung eine Mittelstellung zugeschrieben, nämlich zwischen östlicher Autokratie und westlichem Parlamentarismus.

26 Vgl. E. Fraenkel in „Deutschland und die westlichen Demokratien" (Stuttgart 1964): „Wenn die Erkenntnis auch keineswegs generell durchgedrungen ist, so ist man sich doch in überraschend vielen glänzenden zeitgeschichtlichen und politologischen Publikationen des Auslands darüber einig, daß das Deutschland des ausgehenden 19. und des ersten Drittels des 20. Jahrhunderst einen bedeutsamen und bleibenden Beitrag zu der Entwicklung des Staats- und Gesellschaftstyps beigesteuert hat, den man als ‚westliche Demokratie' zu bezeichnen pflegt: den Gedanken der sozialen Geborgenheit" (das Sozialstaatsprinzip, wie man heute wohl sagen würde).

27 G. Hollenberg, a. a. O., passim

28 G. Schmidt, Parlamentarismus oder ‚Präventive Konterrevolution'? Die deutsche Innenpolitik im Spannungsfeld konservativer Sammlungsbewegungen und latenter Reformbestrebungen (1907–1914). In: Gesellschaft, Parlament und Regierung. Zur Geschichte des Parlamentarismus in Deutschland. Hrsg. von G. A. Ritter. Düsseldorf 1974, S. 249–278, S. 264. Auch dieser Aufsatz dient dem deutsch-englischen Vergleich, in dem G. Schmidt Pionierleistungen vorgelegt hat. S. Ders., Politischer Liberalismus, „Landed Interests" und Organisierte Arbeiterschaft, 1850–1880. Ein deutsch-englischer Vergleich. In: Sozialgeschichte heute, Festschrift für

Hans Rosenberg, hrsg. von H.-U. Wehler, Göttingen 1974, S. 266–288. Ders.: Deutschland am Vorabend des Ersten Weltkriegs, in: M. Stürmer (Hrsg.) a. a. O., S. 397–433.

29 P. Gay, Voltaire's Politics. The Poet as Realist. Princeton 1959, S. 290.
30 Hierzu und zum Folgenden vor allem: C. Digeon, La crise allemande de la pensée française (1870–1914), Paris 1959
31 E. Renan, La réforme intellectuelle et morale de la France (1871) in: Oeuvres Complètes, Bd. 1, Paris 1947, S. 338. Zitiert von Digeon S. 195
32 H. Taine, Les origines de la France contemporaine. Le régime moderne I. Paris 1898. S. 174. In Paraphrase zitiert von Digeon S. 225
33 Vgl. E. Nolte, Der Faschismus in seiner Epoche. München 1963 [1], S. 90–95
34 Digeon a. a. O. S. 482 ff.
35 J. Chastenet, Histoire de la Troisième République, 7 Bde., Paris ab 1952. Bd. IV. Jours inquiets et jours sanglants 1906–1918, S. 180.
36 S. Beiträge zur deutschen und belgischen Verfassungsgeschichte, a. a. O., bes. S. 80.
37 B. Croce zitiert in seiner „Geschichte Italiens 1871–1915" (Berlin 1928) einen wenig bekannten Autor namens Montefredini, der geschrieben hatte: „Mit welcher Sehnsucht blicke ich aus diesem toten Sumpf nach Norden, wo so viel Fortschritt, so viel Kraft des Denkens und Handelns ist! ... Wie strömt anderwärts das Leben!" (S. 305 f.). Aber wenig später führt er ganz ähnliche Aussagen von De Sanctis an, und in der Tat war die Bewunderung für die deutsche Fortschrittlichkeit unter italienischen Intellektuellen ebensoweit verbreitet wie die zuerst 1866 von Crispi formulierte Überzeugung, daß Italien, weil es sich seine Einheit nicht wie Deutschland durch große Kriege erkämpft habe, eines „battesimo di sangue" bedürfe.
38 Dazu E. Nolte, Deutschland und der Kalte Krieg. München/ Zürich 1974, S. 73–88 und passim
39 K. von Beyme, a. a. O., S. 641

40 In gedrängter Kürze ließe sich vielleicht folgendes sagen: Das
Bismarck-Reich war auf drei singluäre Zuspitzungen allge-
meineuropäischer Sachverhalte gegründet: das deutsche Volk
war in seiner Sozial-, Parteien- und Konfessionsstruktur viel-
fältiger und gegensätzlicher als jedes andere; seine (partielle)
Einigung war die unmittelbare Folge von drei genuinen Kriegen; es führte als erster Staat ein dauerhaftes bzw. nicht-
manipulatives allgemeines Wahlrecht ein. Aus dem ersten
Tatbestand ergab sich, daß die Gruppenkonflikte verschie-
denster Art hier mindestens ebenso erbittert sein mußten wie
irgendwo sonst, und nur eine letztlich am Ideal der Konflikt-
losigkeit oder der gleichsam geometrischen Modernisierung
orientierte Auffassung kann sich darüber täuschen. Der zweite
Tatbestand implizierte, daß die Armee als Staatsgründerin
und vor allem ihr Offizierskorps ein außergewöhnlich hohes
Prestige genießen und über die daraus resultierende Macht-
stellung verfügen mußte. Der dritte bedeutete, daß das Reichsparlament bestimmt war, sogleich einen sehr wichtigen und
sichtbaren Platz im nationalen Leben einzunehmen. An diesen
Grundtatbeständen hätte sich nichts geändert, wenn Bismarck
1871 gestorben wäre. Auf ihrem Boden mußte sich der über-
greifende Prozeß der „Industrialisierung", der längst begonnen hatte, fortsetzen und durchsetzen. Innerhalb eines jeden
der großen Grundtatbestände vollzogen sich bis 1914 beträchtliche Wandlungen: ehemals „reichsfeindliche" Parteien (sowohl das Zentrum wie die Freisinnigen) wurden zu Bestandteilen von regierungstragenden Mehrheitskoalitionen; der
Anteil der Bürgerlichen im Offizierskorps stieg unaufhaltsam
und weit über 50 %; der Reichstag gewann unzweifelhaft
auch relativ an Macht. Aber ein homogenes und unitarisches
Reich blieb so unmöglich wie die Verwandlung der Armee in
ein Milizheer oder die Ausschaltung des Reichstags durch
einen Staatsstreich. Und das merkwürdige an diesem Reich
war, daß es zwar alljährlich sein Sedanfest feierte, aber vor
dem August 1914 nicht eine einzige Schlacht schlug, während
doch selbst Gladstone nach dem Triumph von Tel-el-Kebir
über die Ägypter die Glocken hatte läuten lassen. Wenn man

will, mag man das Immobilismus nennen und mit dem „revolutionären Attentismus" der Sozialdemokratie in eine Linie
stellen, aber es ist das genaue Gegenteil jener Art von „Mo-
bilität", die sich mit dem Dritten Reich durchsetzte. Wenn ein
System dadurch zugrundegeht, daß eins seiner Elemente die
Alleinherrschaft gewinnt, genügt es ganz offensichtlich nicht,
eine Identifizierung vorzunehmen und auf „Kontinuitäten"
hinzuweisen. Die Frage ist vielmehr, wieso dieses Element so
viel unerwartete Kraft gewinnen konnte. Nun läßt sich im
Falle des Deutschen Reiches nicht leugnen, daß es der Krieg
und die Russische Revolution waren, die es ermöglichten, daß
eine gesellschaftliche Kraft eine andere, ja alle anderen, zu
vernichten versuchen konnte. Nach dem Scheitern dieses Ver-
suchs wurde ein zweiter und entgegengesetzter Vernichtungs-
versuch möglich. Erst damit wurde der Unterschied gegenüber Frankreich und England fundamental, der zu unrecht ex
eventu in die Vorkriegszeit zurückprojiziert wird.

Auf die Frage, wie die Weiterentwicklung hätte aussehen
können, wenn der Krieg n i c h t stattgefunden hätte, ist natürlich nur eine spekulative Antwort möglich, die sich indessen auf die Kenntnis übergreifender Entwicklungen und Ana-
logien stützen kann.

Es ist das Lebensgesetz aller liberalen Staaten, daß sie die
neuen Kräfte, die aus der gesellschaftlichen Bewegung entstehen, nicht zu lenken vermögen, wohl aber auf einen eigenen Weg der Bewußtwerdung verweisen, an dessen Ende
normalerweise die Integration in das sich ständig verändernde
staatlich-gesellschaftliche System steht. Die marxistisch bestimmte Arbeiterbewegung war stark genug, um in enthusia-
stischem Überschwang ihren vollständigen Sieg und die To-
talrevolutionierung des Systems anzustreben. Daher erzeugte
sie auch schon gegen Ende des 19. Jahrhunderts und keineswegs bloß in Deutschland in allen Schichten und Gruppen,
denen sie den sicheren Untergang vorhersagte, eine bis dahin
unbekannte Beängstigung und ansatzweise einen seinerseits
enthusiastischen, d. h. überschießenden und damit ideologischen Widerstandswillen. Es zeigte sich aber in ganz West-

und Mitteleuropa sehr bald, daß diese Schichten und Gruppen viel stärker waren, als sie nach der reinen marxistischen Lehre hätten sein sollen, und daß es nicht nur den gesellschaftlichen Prozeß der „Proletarisierung", sondern auch den gegenläufigen Vorgang der „Verbürgerlichung" gab. Daher spalteten sich die Sozialisten überall mindestens tendenziell in eine rechte und linke Richtung, und darin lag der Schlüssel zur Zukunft. Eine Parlamentarisierung des Deutschen Reiches durch einen Frontalangriff der „bürgerlichen" und der „proletarischen" Parteien gegen die „Feudalmonarchie" war unvorstellbar; sie konnte sich vielmehr nur dann realisieren, wenn Monarchie und Militär während einer Krisensituation in der Bildung einer parlamentarischen Mehrheitsregierung die einzige Chance gesehen hätten, um einen Bürgerkrieg zu vermeiden, einer Mehrheitsregierung, die rechtlich oder faktisch einen Teil der Sozialdemokraten eingeschlossen haben würde. Weder der klassisch vorgestellte „Sieg der Arbeiterbewegung in den fortgeschrittenen Staaten" noch eine Regierungsbeteiligung der sozialistischen Parteien als solcher noch auch nur die Bildung einer „gesamtbürgerlichen" Mehrheitskoalition gegen eine einheitliche Sozialistische Partei sind realistische Alternativen. Um den „Kommunismus", d. h. den weiterhin mit allen Mitteln auf einen totalen Sieg hinarbeitenden orthodox-marxistischen Flügel der Arbeiterbewegung wäre auch ein ohne Krieg sich fortentwickelndes Europa nicht herumgekommen; aber die Erfahrung des angeblichen „Verrats" seiner Genossen wäre auch diesem Kommunismus nicht erspart geblieben. Es ist nicht schwer, sich ein Rußland vorzustellen, in dem eine analoge Entwicklung sich vollzogen hätte, so daß die auch dann unvermeidbaren Mobilisierungsdiktaturen der genuinen Entwicklungsländer für jedermann als das erkennbar gewesen wären, was sie sein mußten. Aber alles Nachdenken dieser Art stößt über kurz oder lang doch immer wieder auf die Faktizität des Krieges und muß daher vom „Kontrafraktischen" Abschied nehmen, auch wo dieses nicht in der Darlegung von Velleitäten, sondern in der Orientierung an den großen Notwendigkeiten seinen Ursprung hat.

XI. Kehrt der Kalte Krieg zurück?
Ein Gespräch mit Adelbert Reif*

Frage: Herr Professor Nolte, im politisch-propagandistischen Schlagabtausch zwischen Ost und West, aber auch zwischen West und Ost gelangt der fast in Vergessenheit geratene Begriff „Kalter Krieg" in jüngster Zeit zu einer neuen Renaissance. Stehen wir Ihrer Meinung nach am Beginn einer Phase der Wiederbelebung des Kalten Krieges, wie er uns aus den vierziger und fünfziger Jahren bekannt ist?

Nolte: Obwohl die politischen Spannungen zwischen den beiden Supermächten mit der scharfen Kritik des amerikanischen Präsidenten Carter an den Prozessen gegen Bürgerrechtler in der Sowjetunion und mit der vehementen Antikritik Moskaus auf einen neuen Höhepunkt gelangt sind, würde ich doch sehr zögern zu sagen, daß der Kalte Krieg im klassischen Sinne wieder ausgebrochen ist. Ich meine, dieser Begriff sollte nicht von der Auseinandersetzung um Deutschland gelöst werden, das heißt von jenem Zeitraum, der ungefähr 1947/48 begann und 1973 mit dem Abschluß der ersten Phase der neuen Ostpolitik durch die Bundesrepublik ihr vorläufiges Ende gefunden hat.

Erinnern wir uns: Der eben erwähnte Zeitraum des Kalten Krieges war dadurch charakterisiert, daß sowohl die Sowjetunion als auch die Vereinigten Staaten den Status

* Geführt im August 1978

quo in Deutschland essentiell zu verändern suchten. Die USA erhoben – wenn auch vielleicht nur verbal – die Forderung, daß dem deutschen Begehren auf Wiedervereinigung in Freiheit Rechnung getragen werden müsse. Mit anderen Worten: Der Sowjetunion wurde zugemutet, ihr Herrschaftsgebiet in Ostdeutschland, also die Sowjetische Besatzungszone, preiszugeben. Andererseits führte auch die Sowjetunion ihren Kampf um die Einheit Deutschlands, der letzten Endes darauf hinauslief, ganz Deutschland ihrem Herrschaftsbereich einzuverleiben. Mit dem Beginn der neuen Ostpolitik vonseiten der Bundesrepublik ist zunächst einmal für unabsehbare Zeit der Verzicht auf den realen Anspruch einer Wiedervereinigung Deutschlands in Freiheit verbunden. Damit entfällt ein wesentliches Faktum des klassischen Kalten Krieges.

Frage: Schränken Sie den Begriff „Kalter Krieg" damit nicht in seiner politischen und geographischen Bedeutung ein?

Nolte: Nein. Ich behaupte nicht, daß durch die neue Ostpolitik Bonns alle wesentlichen Spannungselemente zwischen den beiden Weltmächten beseitigt worden wären. Diese Spannungsmomente tauchen in veränderter Form immer wieder auf. Aber dadurch, daß sich das Spannungsfeld von dem für die Auseinandersetzung zwischen Ost und West eigentlich entscheidenden Gebiet der Welt, nämlich Mitteleuropa, fortbewegt hat – entscheidend nicht in dem Sinne, daß es selbst das Subjekt der Entscheidung wäre, sondern daß es das wesentliche Objekt ist –, gewann der Begriff „Kalter Krieg" einen völlig neuen Charakter.

Frage: Worin besteht dieser „neue Charakter" des Kalten Krieges?

Nolte: In meinen Veröffentlichungen zu diesem Thema, vor allem in dem Buch „Deutschland und der Kalte Krieg", habe ich zu zeigen versucht, daß Kalter Krieg nicht notwendigerweise im klassischen Sinne verstanden werden muß.

Ich bin der Auffassung, daß zum Beispiel die Auseinandersetzung zwischen der Sowjetunion und Jugoslawien, die 1948 mit dem Bruch zwischen Stalin und Tito begann, aber auch der sowjetisch-chinesische Konflikt alle Kennzeichen des Kalten Krieges tragen: etwa eine intensive Pressekampagne gegeneinander, weitgehende Schließung der Grenzen, strikteste Kontrolle des verbleibenden Verkehrs von der einen Seite zur anderen. Zu Anfang der fünfziger Jahre gab es zwischen den sowjetischen Satellitenstaaten und Jugoslawien kaum eine Verbindung; von antititoistischen Kommunisten wurden Verschwörungen angezettelt, Sabotageakte verübt usw. Und heute wird in der Auseinandersetzung zwischen Moskau und Peking eine wesentlich entschiedenere, feindseligere Sprache gesprochen als etwa zwischen Moskau und Washington.

Das Grundcharakteristikum des Kalten Krieges – auch des klassischen Kalten Krieges – besteht meiner Auffassung nach darin, daß er von vornherein das immanente Ziel früherer scharfer machtpolitischer Auseinandersetzung zwischen Staaten, nämlich den „Heißen Krieg", vermeiden will. Östlicherseits geschieht das im vollen Bewußtsein der eigenen Unterlegenheit gegenüber der rapiden technologischen Entwicklung des Westens. Damit will ich sagen: Der Kalte Krieg im ursprünglichen Sinne kann erst beginnen, wenn weithin die Überzeugung verbreitet ist, daß ein „Heißer Krieg" unter den gegebenen Umständen selbstmörderisch wäre und daher eine andere Art der Auseinandersetzungen angebracht sei.

Frage: Aber ist es nicht so, daß die Vereinigten Staaten und die Sowjetunion diesbezüglich sehr unterschiedliche Standpunkte einnehmen?

Nolte: Das ist sicher richtig. Für die politische Strategie der Sowjetunion war es schon immer kennzeichnend, daß sie zwar eine weltweite Auseinandersetzung führt, jedoch das Mittel des „Heißen Krieges" als ein untergeordnetes Moment betrachtet. Die Unterlegenheit der Sowjetunion gegenüber dem Westen – insbesondere auf dem technologischen Sektor – ist eine wesentliche Voraussetzung für ihre Art der Führung des Kalten Krieges.

Die USA hingegen – und natürlich die meisten anderen westlichen Länder – gehen von einer scharfen Trennung zwischen Krieg und Frieden aus: Entweder man lebt im Frieden, oder man lebt im Krieg. Einen richtigen Krieg wissen westliche Demokratien – oder wie ich sie lieber nenne, liberale Systeme – mit äußerster Intensität zu führen. Es ist allgemein bekannt, daß beispielsweise Großbritannien im Zweiten Weltkrieg sehr viel energischer mobilisiert hatte als das nationalsozialistische Deutschland. Sobald aber der Friedenszustand wiederhergestellt ist, möchte man auch in einem wirklichen Frieden leben. Deshalb ist in den liberalen Systemen wenig Bereitschaft dafür vorhanden, Auseinandersetzungen über die eigentliche Kriegszeit hinaus weiterzuführen.

Der klassische Kalte Krieg war also jener Zeitraum, während dessen im Westen ein Bewußtsein dafür vorhanden war, daß sich die Auseinandersetzung ständig weiter abspielte, und wo man den Versuch unternahm, der Ideologie der Sowjetunion eine eigene Ideologie entgegenzusetzen. Der Westen ist von der Fortführung dieses Versuches längst abgekommen.

Frage: Wollen Sie damit sagen, daß der Westen inzwischen das Interesse an einer konsequenten und gezielten ideologischen Auseinandersetzung mit dem Osten verloren hat?

Nolte: So möchte ich das nicht formulieren. Ich meine: Was man heute als Entspannung bezeichnet und was mit der neuen Ostpolitik Bonns einen gewissen Höhepunkt erreicht hat, ist auf westlicher Seite vielfach so aufgefaßt worden, daß dieser Kampfzustand nun ein Ende gefunden hätte. In Wirklichkeit trägt gerade die von der Sowjetunion so lautstark propagierte „friedliche Koexistenz" alle Charakteristika des klassischen Kalten Krieges: eine umfassende, unerbittliche und keineswegs nur ideologische, sondern vor allem auch wirtschaftliche Auseinandersetzung mit dem anderen System, das durchaus als Gegner empfunden wird und auf dessen Schwächung und schließliche totale Vernichtung man hinarbeitet.

Das bedeutet: Der Kalte Krieg hat im übergreifenden Sinne der Systemauseinandersetzung kein Ende gefunden, er hat sich aber in seiner Struktur gewandelt, da das westliche System eine dem Osten direkt entgegengesetzte Ideologie nur noch in sehr begrenztem Maße entwickelt, die keinen Vergleich mit der ideologischen Konfrontation von Ost und West in den vierziger, fünfziger oder auch noch sechziger Jahren zuläßt.

Frage: Wenn wir hier von der „ideologischen Konfrontation" zwischen Ost und West sprechen – wieweit ist die Ideologie eine Vorbedingung für den Kalten Krieg?

Nolte: Das ist ein außerordentlich wichtiger Punkt. Für die Definition des Kalten Krieges ist der Aspekt wesentlich, daß er sowohl eine machtpolitische als auch eine ideologische Auseinandersetzung darstellt. Ein Staat, der *nur* ein Staat ist und kein eigenes Selbstverständnis im Rahmen einer übergreifenden Ideologie besitzt, kann auch keinen Kalten Krieg führen. So rangen die Nationalstaaten im 19. Jahrhundert ausschließlich um Macht und Einfluß, aber sie besaßen kein ideologisches Konzept darüber, wie die Welt in ihrer Gesamtheit aussehen müßte. Deshalb waren damals in Europa auch keine „Kalten Kriege" möglich. Kein Staat versuchte, sein eigenes Konzept irgendeinem anderen Staat aufzuzwingen.

Lassen Sie mich an dieser Stelle zum besseren Verständnis zwei Definitionen des Kalten Krieges geben. Die erste ist eine sehr enge, die zweite eine sehr umfassende Definition. Die begrenzte Definition heißt: machtpolitischer Kampf zwischen zwei Großmächten um ein Machtvakuum. Die weitgehende Definition lautet: Auseinandersetzung militanter Universalismen um die künftige Gestaltung der Welt in ihrer Gesamtheit.

Die eigentliche Bedeutung der militanten Universalismen liegt nun darin, daß sie keine bloßen Weltanschauungen sind, sondern daß sich jede im Besitz eines Großstaates befindet. Erst dieser Umstand schafft die Voraussetzungen für den Kalten Krieg. Nach 1945 herrschte die zweite, die umfassende Definition, und dies nicht ausschließlich in der Auseinandersetzung um Deutschland, sondern generell zwischen Ost und West. Und ich möchte noch einmal betonen, daß das Ende des klassischen Kalten Krieges eben durch den Verzicht der westlichen Seite auf eine eigene, wenn Sie so wollen, militante Ideologie zustandegekommen ist.

Frage: Sie erwähnten vorhin den „Strukturwandel" des Kalten Krieges von 1947/48 bis jetzt. Könnten Sie ein praktisches Beispiel für diesen „Strukturwandel" nennen?

Nolte: Eine wesentliche Veränderung gegenüber dem Zeitraum des klassischen Kalten Krieges besteht zum Beispiel darin, daß das, was man als ein essentielles Charakteristikum westlicher Systeme bezeichnen kann, nämlich die offene, demokratische Selbstkritik, seit etwa 1968 in überraschender Stärke neu hervorgetreten ist. Teilweise hat diese westliche Selbstkritik ein Ausmaß angenommen, das bis zur Selbstidentifizierung mit dem Gegner reicht. Wir haben inzwischen Gruppen, ja ganze Bewegungen im westlichen Bereich, die nicht einfach Relikte der alten kommunistischen Parteien sind, sondern die – wie breite Schichten der deutschen akademischen Jugend – eine unzweideutige Identifizierung mit dem „realen Sozialismus" im Osten vollziehen. Deshalb spreche ich ohne jede demagogische Absicht von der Existenz einer „Partei der DDR" in der Bundesrepublik Deutschland, die sich – trotz aller Wechselfälle – insgesamt kräftigt, während die ursprünglich sehr starke „Partei der Bundesrepublik" in der DDR, wie auch die „Partei des Westens" in der Sowjetunion und in den anderen osteuropäischen Ländern, praktisch beseitigt ist und nur in der Form der sogenannten Dissidentenbewegung eine gewisse Renaissance erfährt.

Umgekehrt sind die klassischen kommunistischen Parteien in Frankreich, Italien und Spanien anscheinend auf dem Wege, sich von ihrer bisherigen Orientierung am sowjetischen Paradigma weitgehend zu lösen.

Das sind zwei Symptome für Veränderungen in der Struktur des Kalten Krieges, die nur dadurch möglich geworden sind, daß die Form des klassischen Kalten Krieges ein Ende gefunden hat.

Frage: Daraus muß man aber schließen, daß es ein Einfrieren des Kalten Krieges überhaupt nicht geben kann, solange zwei Machtblöcke existieren, von denen der eine politisch-militärische Machtblock die Vernichtung oder „revolutionäre Aufrollung" des anderen Machtblocks zum eigentlichen Ziel seiner Politik erhoben hat . . .

Nolte: Das ist vollkommen richtig. Ein Friedenszustand in dem genuinen Sinne, daß die eine Seite die andere Seite anerkennt und in einer Weise leben läßt, wie sie selbst leben möchte, kann sich hieraus in der Tat nicht entwickeln. Es kann natürlich ein Zustand eintreten, in dem die eine Seite auf einen vorhergehenden Anspruch verzichtet – oder auch beide Seiten auf gewisse Ansprüche verzichten. So haben, wie wir wissen, Moskau und Washington seit geraumer Zeit darauf verzichtet, den weiteren Kampf um Deutschland mit offener Härte auszutragen. Dadurch ist sicher ein neuer Aspekt entstanden, und oberflächlich kann man natürlich von einem „Ende" des Kalten Krieges sprechen. Aber dieses „Ende" stellt lediglich den Übergang zu einem Latenzzustand dar! Im Prinzip kann der offene Kalte Krieg zu jedem beliebigen Zeitpunkt wieder ausbrechen.

Frage: Um Deutschland?

Nolte: Damit ist in der augenblicklichen Situation kaum zu rechnen. Es wäre aber sehr wohl denkbar, daß Afrika die Stelle jenes Machtvakuums einnimmt, die in der Nachkriegszeit Deutschland inne hatte. Da die Bedeutung Afrikas im ganzen zwar groß, aber keineswegs so fundamental wie diejenige Mitteleuropas ist, so dürfte sich die Auseinandersetzung zumindest in anderen Formen abspielen. Sie wird also nicht gleichsam bis ins innerste Zentrum – auch des westlichen Systems – vordringen, wie das in Europa der Fall war.

Frage: Insgesamt gesehen stellt sich doch aber das Problem, ob die Sowjetunion durch ihre enorme rüstungstechnische Entwicklung nicht eines Tages in die Lage versetzt wird, die militärische Verteidigungskraft des Westens zu durchbrechen und einen „Heißen Krieg" zu riskieren, wenn die Risikochancen einigermaßen abwägbar für sie sind.

Nolte: Das zu beurteilen ist natürlich außerordentlich schwierig. Ich glaube nicht, daß die Sowjetunion, selbst wenn es ihr gelingen sollte, zu einer eindeutigen Überlegenheit auf dem Gebiet der Kriegstechnik zu gelangen, sich so verhalten würde, wie Hitler sich verhalten hat: nämlich ohne vorherige Kriegserklärung über Nacht in ein Land einzumarschieren und es in Besitz zu nehmen. Von ihrer Ideologie – und das heißt auch von der Überzeugung ihrer Führer – her kann die Sowjetunion einen Krieg immer nur als „Befreiungskrieg" führen. Hypothetisch gesprochen: ein Staat, den die Sowjetunion „befreien" will, müßte in seiner inneren revolutionären Entwicklung ziemlich weit fortgeschritten sein; die Anhänger der Sowjetunion müßten in diesem Land bereits eine „revolutionäre Situation" geschaffen haben.

Nun hat die Sowjetunion gegenüber dem Westen zugegebenermaßen beträchtliche systembedingte Vorteile. Beispielsweise kann der Westen oppositionelle Bewegungen nicht mit den gleichen Mitteln und in einem solchen Maße unterdrücken, wie das umgekehrt in der Sowjetunion geschehen würde und ja auch geschieht. Wenn eine usbekische oder armenische Freiheitsbewegung auch nur ein wenig das Haupt erhöbe, würde sie zweifellos mit großer Härte zerschlagen werden.

Was aber den Westen betrifft: Solange die Bevölkerung eines westlichen Staates, sagen wir Deutschlands, in ihrer überwiegenden Mehrheit ganz offensichtlich mit ihrem Leben zufrieden ist und solange dasjenige, was die kommunistischen Ideologen und die Führer der Sowjetunion eine „revolutionäre Situation" nennen, in keiner Weise gegeben ist, wird die Sowjetunion auch keinen Angriffskrieg führen. Da müßte sich schon die allgemeine politische Lage in Deutschland zugunsten des „realen Sozialismus" beträchtlich verändern. Es müßte, um ein konkretes Faktum zu nennen, die „Partei der DDR" in der Bundesrepublik einen viel größeren öffentlich-politischen Einfluß gewonnen haben, etwa derart, daß die sowjetische Propaganda halbwegs glaubwürdig von einer „Unterdrückung der Revolution" oder der „revolutionären Kräfte" in Deutschland sprechen könnte. In einer solchen Situation wäre beim Vorliegen waffentechnischer Überlegenheit ein Eingreifen der Sowjetunion ganz sicher nur eine Frage der Zeit. Aber solange die Lage anders ist, haben sich die Moskauer Führer selbst gewisse Schranken gesetzt, die sie daran hindern, mögliche Vorteile wahrzunehmen, die sie unter rein militärischen Gesichtspunkten ausnutzen könnten.

Frage: Damit erklären Sie, vielleicht unfreiwilligerweise, die offensive Struktur der Militärpolitik des Warschauer Paktes im gesamten osteuropäischen Bereich als eine Form des Kalten Krieges, die man nicht überbewerten sollte ...

Nolte: Ich neige zu der Auffassung, daß das militärische Potential in Osteuropa, das seiner Quantität und Qualität nach ohne Zweifel offensiven Charakter trägt, in einem höheren Sinne doch wieder defensiv gemeint ist. Hier spielt das östliche Bewußtsein der wirtschaftlichen und technologischen Unterlegenheit hinein, ein Bewußtsein, das kompensiert werden muß durch die Bereitstellung starker militärischer Kräfte. Die Erinnerung an die Vergangenheit – an das deutsche „Überrollen" Osteuropas – erzeugt noch immer starke Traumata in diesen Ländern, das dürfen wir nicht vergessen. Hinzu kommen die großen westlichen Vorzüge in bezug auf Infrastruktur, Produktionskapazität usw., die der Osten nur ausgleichen zu können glaubt, wenn er auf militärischem Gebiet eine zahlenmäßige Überlegenheit schafft.

Diese Offensivkraft ist aber im Grunde genommen ausschließlich für den, wie ich meine, irrationalen Fall vorhanden, daß sich das wiederholen sollte, was schon zweimal in diesem Jahrhundert stattgefunden hat. Insofern würde ich also dem sowjetischen Sicherheitsstreben doch etwas mehr Gerechtigkeit widerfahren lassen, als das in der Regel bei uns geschieht.

Frage: Herr Professor Nolte, wie beurteilen Sie – unabhängig von militärpolitischen Erwägungen – die wachsenden machtpolitischen und ideologischen Konfrontationen auf internationaler Ebene: Zwischen der Sowjetunion und den Vereinigten Staaten einerseits, zwischen der Sowjetunion und China andererseits, aber auch zwischen den verschiedenen kommunistischen Parteien in der Welt, vor allem jener Westeuropas, mit der sowjetischen Führung? Und: Droht nicht auch zwischen den Vereinigten Staaten und gewissen anderen westlichen Ländern, die Präsident Carters „Politik der Menschenrechte" als eine Einmischung in ihre inneren Angelegenheiten betrachten, der Ausbruch von Auseinandersetzungen, die alle Elemente des klassischen Kalten Krieges tragen? In einem Satz gefragt: Kann angesichts dieser Gigantonomie, die der Kalte Krieg mehr und mehr annimmt, eine vernünftige, das heißt realistische Politik von allen Beteiligten überhaupt noch betrieben werden?

Nolte: Ich betone noch einmal, daß ich die von Ihnen genannten vielfältigen Auseinandersetzungen nicht insgesamt als Kalte Kriege bezeichnen würde und daß ich in bezug auf das Verhältnis zwischen „Ost" und „West" aus guten Gründen von einer Latenzphase des Kalten Krieges spreche. Vermutlich ist aber niemals in der Weltgeschichte die Vernunft so sehr auf Furcht gegründet gewesen.

Das Leben bedarf des Lichtes, um zu gedeihen; aber vernünftige Politik scheint heute nur im Schatten der Angst vor dem Untergang der Menschheit existieren zu können. Die Gleichmäßigkeit der Angst ist der einzige und leider keineswegs verläßliche Schutz gegen die Katastrophe; wenn es einer Seite gelänge, sich für eine begrenzte Zeit einen entscheidenden technischen Vorsprung zu verschaffen, würden die Sicherungen mit hoher Wahrscheinlichkeit durchbrennen. Gleichwohl bin ich optimistisch genug, mir die Hoffnung nicht zu verbieten, daß ein „Fundamentalkonsensus" unter allen Menschen allmählich wächst und zu einem eigenständigen Faktor wird – zu einem Faktor, der den Willen, einen temporären Vorsprung an Macht rücksichtslos auszunützen, mit einem Stigma versieht und die Vorstellung zurückweist, das eigene System sei so wenig der Kritik bedürftig, daß es mit allen Mitteln und unter Gefährdung der Existenz der Menschheit über die ganze Welt verbreitet werden müsse.

XII. Bürgerliche Gesellschaft und Vernichtungspostulat

Auf wenige Fragen geben Historiker und Beobachter so verschiedenartige Antworten wie auf die, was eigentlich „bürgerlich" und „bürgerliche Gesellschaft" sei. Wenn „Kaufleute" schon „Bürger" sind, dann gab es Bürger nahezu seit den Anfängen der Geschichte, und wenn ein von Kaufleuten beherrschter Staat bereits eine „bürgerliche Gesellschaft" ist, dann waren Tyrus, Karthago und Venedig in höherem Maße bürgerliche Gesellschaften als England und Frankreich im 19. Jahrhundert. Für den einen Historiker vollzog sich im England Cromwells eine vollständige bürgerliche Revolution, für den anderen dauerte die Herrschaft der Aristokratie bis tief ins 19. Jahrhundert fort und die soziale Inferiorität des Kaufmanns bis in die Gegenwart. Nach verbreiteter Meinung stürzte eine bürgerliche Revolution nach 1789 den französischen Absolutismus, aber für den Herzog von Saint-Simon bedeuteten schon die letzten Jahre der Regierungszeit Ludwigs XIV. ein „règne de vile bourgeoisie", und ein Kenner der Wirtschaftsgeschichte glaubte, bereits im 15. Jahrhundert den „bürgerlichen Historiker eines bürgerlichen Königs" wahrnehmen zu können.[1] Ob die englischen Puritaner Musterbilder des Kapitalismus und des Bürgertums oder vielmehr das genaue Gegenteil waren, ist seit Max Weber und Tawney in der Wissenschaft eine vielumstrittene und auch heute keineswegs endgültig entschiedene Frage. Sogar die Entgegensetzung von Feudalismus und Kapitalismus ist relativiert worden, und in den Augen einiger Experten nahm der mittelalterliche Gutshof mehr und mehr die Züge einer kapitalistischen, d. h. auf Warenproduktion ausgerichteten Unternehmung an. Je genauer irgendein Bürgertum der Neuzeit untersucht wird, um so deutlicher tritt es in verschiedene und häufig miteinander kämpfende Abteilungen auseinander: in Handels-, Industrie- und Finanzbourgeoisie sowie in die mannigfaltigsten Untergruppen eines Kleinbürgertums, das an seinen Rändern unmerklich in die Schichten der Besitzlosen einerseits und des Amts- und Bildungsbürgertums andererseits übergeht. Das Amtsbürgertum wiederum ist in seinen höheren Schichten schon seit dem Anfang der Neuzeit eng mit der Aristokratie verknüpft, ja es verwandelt sich oft genug selbst in eine Aristokratie, wie etwas das berühmte Beispiel der noblesse de robe zeigt. Aber noch von zahlreichen Individuen des englischen Großbürgertums des 19. Jahrhunderts könnte man sagen, daß ihr höchstes Ziel darin bestand, sich in Landedelleute umzuformen. Man kann dem „Bürgerlichen" eine so enge Definition geben, daß Gottfried von Straßburg oder Gottsched oder Cromwell oder Madame Bovary jeweils als die Repräsentanten erscheinen, und es sind ihm so umfassende Bestimmungen zuteil geworden, daß der orientalische „Basar" und die arabischen Sklavenhändler eingeschlossen sind. Es dürfte richtiger sein, einen Mittelweg einzuschlagen und nur diejenige Gesellschaft „bürgerlich" zu nennen, zu der als wesentlicher Faktor ein städtisches Wirtschaftsbürgertum gehört, das nach Selbstverwaltung, aber nicht nach Alleinherrschaft streben kann und das sich auf vielfältige Weise zu den anderen Elementen der Gesellschaft in Beziehung setzt: in einigen Bereichen und Zeiten aufsteigend, in anderen verfallend, dem Adel trotzend und den Adel nachahmend, die Priester bekämpfend und den Priestern sich beugend, das Volk fürchtend und sich zum Volke ausdehnend, dem Territorialstaat feindlich und ihm vor allem in der Gestalt der Juristen und Administratoren schlechthin unentbehrlich. Und trotz aller Wechselfälle und in allen Einordnungen dieser Schicht von Schichten und Klasse von Klassen wird doch das Ganze nicht zu Unrecht mit dem Namen dieses Teils bezeichnet, weil sich im großen und ganzen seit dem Mittelalter ein Prozeß der „Verbürgerlichung" erkennen läßt, dem sich die gutbezahlten Arbeiterschichten am wenigsten entzogen haben, ein Prozeß, für dessen Verlauf ein bestimmtes Verhältnis von Revolution und Reaktion, von Ökonomie und Politik, von Krise und Stabilität, von Einzelinteresse und Allgemeininteresse, von Öffentlichkeit und Staatsgeheimnis kennzeichnend war. Aber selbst heute noch bedeutet es eine Extrapolation von Tendenzen, wenn man die „westliche kommerzielle Gesellschaft" für vollendet und den Kampf der Parteien und Richtungen für Wellengekräusel hält.

Das in seinen Ursprüngen europäische, aber in den verschiedenen Teilen des Kontinents unterschiedlich ausgebildete und geographisch längst nicht mehr auf Europa beschränkte Gesellschafts- und Staatensystem in diesem Sinne als „bürgerliche Gesellschaft" aufzufassen, entspricht dem Hauptstrom des europäischen Geschichtsdenkens seit Locke und Montesquieu und ist nicht gegenwartsspezifisch. Der gegenwartsspezifische Charakter, der John Stuart Mill so wenig zugänglich sein konnte wie Max Weber, entsteht aus dem Bezug auf den Begriff der Vernichtung und zugleich auf eine andersartige gesellschaftliche Wirklichkeit, die durch die Alleinherrschaft eines „politischen Bürgertums" oder Parteibürgertums bestimmt ist.

Die Weltgeschichte ist voll von Vernichtungsrealitäten und Vernichtungspostulaten. Daß die Männer einer erorberten Stadt getötet und daß die Frauen und Kinder in die

Sklaverei verkauft wurden, verstand sich im klassischen und nicht-klassischen Altertum nahezu von selbst, und der Aeneas Vergils glaubte offensichtlich einen bloß in seinen Dimensionen herausgehobenen Vorgang zu schildern, als er der Dido vom Untergang Trojas erzählte. Daß ein Gott seinem Volke die Ausrottung eines anderen Volkes befiehlt, findet sich in sehr verschiedenen Kulturen wieder und wieder. Die Auswirkungen der mongolischen Völkerstürme sind an einigen Stellen der Welt noch gegenwärtig. Die christlichen Kreuzfahrer glaubten, dem Willen Gottes zu entsprechen, als sie unter den mohammedanischen Bewohnern des eroberten Jerusalem ein Blutbad anrichteten. Die Vernichtung sozialer Schichten und Klassen nimmt in der Geschichte einen viel kleineren Platz ein. Aber die griechischen Poleis waren zu Zeiten von einem gnadenlosen Kampf zwischen „den Reichen" und „den Armen" erfüllt, welchen alle Bemühungen der Philosophen kaum mildern konnten. Während des ganzen Mittelalters und der frühen Neuzeit kommt der Gegensatz zwischen Bauern und Herren immer wieder in großen und freilich fast durchweg regional begrenzten Aufständen zum Vorschein. Aber trotz aller Schlachten und Kriege sind innerhalb Europas niemals Ausrottungsfeldzüge gegen Völker unternommen worden, und einige der großen Aufstände kamen für Augenblicke zwar in die Nähe des Konzepts und der Realität von Klassenkrieg und Klassenvernichtung, aber letzten Endes blieben sie stets diesseits der Grenze. Die Idee der Einheit des Christentums und die dynastische Verflechtung zwischen den Staaten verhinderten das eine, und der Mangel an Homogenität und Koordination unter den Bauern bzw. Bürgern ließ das andere nicht zu, so daß zwar Konfessionen und Fraktionen miteinander kämpften, aber nicht Klassen gegen Klassen. Weder die Ordnung der Staaten noch diejenige der Gesellschaft war also ernsthaft bedroht, und das momentane Aufleuchten einer anderen Möglichkeit versank rasch in tiefe Vergessenheit, da Traditionsbildung und Kontinuität der Organisation ausgeschlossen waren. Daher zogen sich die Nachfahren der Hussiten als Böhmische Brüder in die Abseitigkeit zurück, und die Söhne der Leveller und Digger wurden zu Baptisten und pazifistischen Quäkern.

Eine prinzipielle Änderung ergab sich erst im Zeitalter der Aufklärung und mit der Entstehung dessen, was man die „bürgerliche Öffentlichkeit" nennen kann. Aus der Reaktion auf die Grausamkeiten des Zeitalters der Konfessionskriege hervorgegangen, machte sich der größere Teil der Aufklärung zum Vorkämpfer der Toleranz unter den Staatsbürgern und des Friedens unter den Staaten, aber einige Denker gelangten zu der Folgerung, daß die Gründe der Möglichkeit von Unfriedlichkeit und Intoleranz beseitigt werden müßten, und diese Gründe sahen sie in der Existenz der Aristokratie, der Kirche und überhaupt der Ungleichheit unter den Menschen. Schon vor dem Ausbruch der Französischen Revolution hatte sich nicht bloß unter Geistlichen eine tiefe Unruhe darüber verbreitet, daß Geheimgesellschaften auf die Vernichtung aller Regierungen und positiven Religionen hinarbeiteten, und die Hoffnung Voltaires auf den bevorstehenden Sieg des Lichtes der Vernunft über die Finsternis des Aberglaubens nahm sich für manchen wie eine bloße Version der egalitären Träume Rousseaus und der primitivistischen Pläne Morellys aus. Die Revolution selbst schien dann die schlimmsten Befürchtungen zu bestätigen, als der Refrain „Les aristocrats à la lanterne!" aufklang und als entfesselte Massen um den geschändeten Körper der Prinzessin von Lamballe herumtanzten, die doch zu den Freimaurern gezählt wurde. Der Kern der umfassenden, zahllose Aufklärer in sich einbeziehenden Reaktion gegen die Französische Revolution bestand in der Vermutung, daß die Abstraktheit der „philosophischen" Forderungen gerade ein Wiederaufleben der ältesten Barbarei bewirken müsse. So heißt der Titel einer 1798 erschienenen englischen Schrift: „Moderne Philosophie und Barbarei, oder: ein Vergleich zwischen der Theorie von Godwin und der Praxis von Lykurgus", und der Verfasser gelangt zu der These, die ausschließliche Herrschaft der Vorstellung vom „öffentlichen Gut" in den beiden Systemen impliziere für die Individuen Sklaverei, und die geforderte „Tugend" werde sich als „dumpfe Uniformität" darstellen: „Liebe, Zuneigung und Sensibilität sind der philosophischen Regierung entgegengesetzt, und deshalb müssen Liebe, Zuneigung und Sensibilität abgeschafft und vernichtet werden."[2]

Eine neue Art der Vernichtungsforderung und der Vernichtungsfurcht war also eins der Hauptresultate der Revolution, und im Gegensatz zu früheren Zeiten stellte sich nun auf beiden Seiten eine Kontinuität her, da mindestens in England die „öffentliche Meinung" nach dem Ende des Krieges gegen Napoleon kaum noch eingeschränkt war. Wenn die Antithese zwischen den herrschenden „Wenigen" und den beherrschten „Vielen" seit dem 17. Jahrhundert ein Grundkonzept des angelsächsischen Staatsdenkens gewesen war, so führten nun die immer fühlbarer werdenden Lasten und Wandlungen der Frühphase der Industriellen Revolution zu einem heftigen Angriff der meist an Thomas Paine orientierten Radikalen gegen das System der Staatsschulden und der aristokratischen Sinekuren, und vonseiten einzelner Gruppen steigerte er sich zu einem Angriff gegen die Existenz der Aristokratie überhaupt. So war in einer der Zeitschriften der englischen Republikaner im November 1831 nach der Ablehnung der Reformbill durch das Oberhaus zu lesen: „Der Schrei ,Ein Lord! Ein Lord!' ruft die gleiche Wirkung hervor, als wenn ein Junge brüllt ,Eine Ratte! Eine Ratte!'. Man wirft mit Steinen, und man fühlt den starken Drang, den unseligen Schädling zu vernichten, ob er nun

einen Titel hat oder vierbeinig ist."[3] Die englische Aristokratie reagierte im ganzen mit bemerkenswerter Selbstgewißheit; sie ließ die Reformbill passieren und durfte mit
Zufriedenheit konstatieren, daß das nach dem neuen Wahlrecht gewählte Unterhaus sich in seiner sozialen Zusammensetzung nur wenig von dem vorhergehenden unterschied,
wenn es auch einige „philosophische Radikale" als Mitglieder hatte, die zum Teil mit James Mill einem sehr simplen
Zweiklassenschema anhingen, welches schlicht „Räuber"
(die Aristokraten) und „Beraubte" (alle übrigen) unterschied. Eine vehemente Reaktion ging dagegen von den
Rändern der Tory-Partei aus, wo man die Sache der Kinderarbeit aufgriff, in einer äußerst leidenschaftlichen Kampagne die liberalen Fabrikanten attackierte und erstmals
einer These große Massenwirksamkeit verschaffte, die bereits bei den Frühsozialisten eine literarische Existenz gefunden hatte: daß auch Profit und Zins der Kapitalisten auf
einer Auspressung beruhten und daß die Industriellen in
noch höherem Maße den Räubern zuzurechnen seien als gewisse Gutsbesitzer. Zu Anfang der vierziger Jahre ist das
linke Vernichtungspostulat in den Grundzügen ausgebildet,
und es sollte sowohl Diagnose wie Therapie der Industriellen Revolution sein: Aristokratie und Mittelklasse eignen
sich in Form von Rente, Profit und Zins das von den „nützlichen" Klassen geschaffene Produkt zum größeren Teile an,
und ihre Raubzüge werden erst an ein Ende kommen, wenn
sie als Klassen vernichtet und zu Bestandteilen einer egalitären Gesellschaft gemacht worden sind. Aber auch die
Schwächen dieser Doktrin lagen bereits klar am Tage: die
bedeutendsten Theoretiker hatten innerhalb der „arbeitenden Klassen" sehr nachdrücklich zwischen den Primärproduzenten, auf die es eigentlich ankomme, und den Sekundärproduzenten differenziert, welche für den Luxusbedarf der
Grundbesitzer und Kapitalisten arbeiteten und deren Zahl

ständig ansteige, und schon deshalb mußte es sehr zweifelhaft sein, ob die uralte Metapher von den „Bienen" und den
„Drohnen" wirklich den Realitäten einer immer komplizier-
teren und bewegteren Gesellschaft gerecht wurde. So war es
nicht verwunderlich, daß ein beträchtlicher Teil der radikalen Bewegung den Gedanken einer gewaltsamen Vernichtung nicht bloß aus pragmatischen Erwägungen zurückwies.

Um die gleiche Zeit wurde ein zweites und ganz anders-
artiges Vernichtungskonzept als Beitrag zur Lösung der
durch die Industrielle Revolution aufgeworfenen Probleme
umrissen, das nicht schon deshalb ohne Bedeutung ist, weil
es bloß von seinen Gegnern wahrgenommen worden zu sein
scheint.

Im Jahre 1838 erschien in London eine kleine Schrift von
einem unbekannten Verfasser, der sich „Marcus" nannte.
Sie trug den Titel „Über die Möglichkeit der Bevölkerungs-
begrenzung".[4] Ihre Begrifflichkeit entstammte offensichtlich
dem Umkreis der Malthus-Schule, die ja weit mehr als eine
bloße Schule war und einem weit verbreiteten Grundemp-
finden entwuchs, das die Lehren der „klassischen Politischen
Ökonomie" durchdringt, nämlich die Befürchtung, daß
alle industriellen Verbesserungen sogleich wieder von der
ungehemmten biologischen Kraft des Menschen zunichte
gemacht würden und daß die Bevölkerung ständig auf die
Subsistenzmittel drücke, solange der Mensch nicht gelernt
habe, sich durch Selbstbeherrschung (d. h. durch den Verzicht
auf frühe Ehen) zum Herrn seines eigenen Zeugungsvermö-
gens zu machen. Dabei wurde meist stillschweigend vorausgesetzt, daß der Mensch durch den Gebrauch der Vernunft
exzeptionelle Bedingungen für seine eigene Fertilität geschaffen habe (denn *alle* Tiere und Pflanzen vermehren sich
in „geometrischer Progression") und daß von den unteren
Klassen die erforderliche Rationalität für absehbare Zeit
nicht zu erwarten sei. Der scheinbar naheliegende Gedanke

an antikonzeptionelle Maßnahmen wurde nur von sehr wenigen gefaßt, da er den Moralbegriffen der Zeit zu sehr entgegenstand. „Marcus" scheute sich nicht, die herrschenden Moralbegriffe noch viel stärker herauszufordern und nichts Geringeres vorzuschlagen als die „schmerzlose Auslöschung" aller überzähligen neugeborenen Kinder durch ein todbringendes Gas, da nur auf diesem Wege das Glück der Individuen der Übermacht des Bevölkerungsprinzips abgerungen werden könne. In seiner Schrift dürfte das früheste Postulat einer Massenvernichtung durch Gas vorliegen, und der Kontext ist unverkennbar benthamistisch. Wenn auch nicht mit Gewißheit auszuschließen ist, daß sich hinter dem Pseudonym ein Gegner des Malthusianismus verbarg, und wenn auch die schrillen Angriffe der Gegner gegen den „satanischen Autor" rasch dazu führten, daß die Schrift vom Markt verschwand, so ist es doch nicht ohne innere Wahrscheinlichkeit, daß die Angst vor der „Bevölkerungsexplosion" eines Tages einen extremen Ausdruck fand, und jedenfalls erblickten die englischen Gegner des Malthusianismus nicht ohne Grund in gewissen Bestimmungen des neuen Armengesetzes von 1834 einen Anschlag gegen die Zeugungsmöglichkeiten der Armen.[5] Und es läßt sich nicht in Abrede stellen, daß in dem malthusianischen Vernichtungspostulat ein rationaler Kern enthalten ist: die Erfahrung hat gezeigt, daß kein Land sich erfolgreich zu industrialisieren vermag, in dem die Fruchtbarkeit des Menschen sich ungehemmt auswirkt, und „Geburtenkontrolle" ist seit langem in aller Welt noch mehr zum allbekannten Schlüsselbegriff geworden als „Klassenkampf". Aber als in der westlichen Welt für eine unvermeidbare Sache das vermeidbare Wort „Anti-Baby-Pille" erfunden wurde, da wäre eine Reflexion angebracht gewesen, die aus der Kenntnis von „Marcus" hätte Nutzen ziehen können.

Auch dem Vernichtungspostulat der radikalen Linken

war im Zeitalter der Frühindustrialisierung ein rationaler und humaner Kern nicht abzusprechen. Es hatte ja nicht eine physische Vernichtung im Auge, sondern eine gesellschaftliche, und das oben angeführte Zitat über Lords und Ratten endet schließlich mit der Wendung: „Wir sollten jedoch nicht vergessen, daß die Lords, wenn sie ihrer kleinen Kronen und Unverschämtheiten entkleidet sind, unsere Mitgeschöpfe sind und daher nicht auf eine Ebene mit Ratten gestellt werden sollten." In der Tat rief das nun erstmals unzweideutig hervortretende Empfinden für die Größe und Unaufhaltsamkeit des geschichtlichen Wandels auch auf der Ebene der Geschichtsphilosophie Theoreme hervor, nach denen bestimmte Phänomene der Vernichtung anheimfallen müssen: Comte konstatierte das unwiderrufliche Ende der theologischen und metaphysischen Vorstellungen und der damit zusammenhängenden Realitäten, und Tocqueville schrieb mit seinen beiden großen Werken einen Grabgesang für die europäische Aristokratie.

In diesen Zusammenhang gehört zunächst auch der Marxismus. Marx hat mehr als jeder andere Sozialist dazu getan, den bei den Frühsozialisten klar sichtbaren Zusammenhang zwischen Vernichtungspostulat und Orientierung an der landwirtschaftlichen Primärproduktion aufzulösen; für ihn vollbringt der Kapitalismus ein notwendiges, positives, ja großartiges Werk, und manche seiner Äußerungen lassen sich so lesen, daß nach einem langen Prozeß der Industrialisierung und Verstädterung in West- und Mitteleuropa sowie in Amerika die letzten Reste einer nun längst überholten Produktionsweise wie von selbst vor dem Trompetenstoß der Geschichte zusammensinken. Aber Marx' Lehre von der Partei gibt dem Bild eine andere Färbung. Damit kommt ein aktiver Protagonist der Veränderung ins Spiel, der mit der schließlich zur „ungeheuren Majorität" anwachsenden Arbeiterklasse nicht identisch ist, sondern möglicherweise eine kleine Minderheit darstellt, die mit anderen Minderheiten in Konflikt gerät und schließlich als die *Ursache* der Vernichtung gelten mag, welche in Wahrheit die Geschichte selbst vornimmt. Je stärker der Marxismus in der europäischen Arbeiterbewegung wurde, um so mehr wurde von Marx' Epigonen der erste, der deterministische und evolutionistische Aspekt hervorgehoben. Aber auch in West- und Mitteleuropa blieb das voluntaristische Moment oder der Parteiaspekt sichtbar genug, daß unter den so emphatisch zum Untergang verurteilten und doch immer noch unerwartet starken Klassen der Gedanke aufkommen mußte, die Vernichtungsdrohung könne durch die Vernichtung der Ursache aus der Welt geschafft werden.

Man mag die Anfänge des konservativen oder rechten Vernichtungspostulats in den Verschwörungstheorien des französischen Abbé Barruel und des schottischen Naturphilosophen Robison erblicken, und man kann sie auch in den Verfolgungen sehen, denen die radikale Bewegung in den Jahren nach 1815 überall in Europa unterworfen war. Aber dabei handelte es sich in Wahrheit um bloße Ansätze oder um Abwehrmaßnahmen der Regierungen, die im einzelnen hart erscheinen mögen, die sich im ganzen aber hilflos ausnehmen. Besonders in England zeigte sich, wie begrenzt die Möglichkeiten der Regierung angesichts der Geschworenengerichte und eines relativ selbständigen Justizwesens waren. Die große Leistung des europäischen Konservativismus bestand vielmehr im geordneten Rückzug, in der rechtzeitigen Übernahme einiger Forderungen der Gegner und damit in einer Flexibilität, welche keine der Revolutionen zu ihrer logischen Vollendung gelangen ließ. Die grundsätzliche Schwierigkeit für ein konservatives Vernichtungspostulat lag darin, daß der von der Linken propagierte Gegensatz zwischen „den Wenigen" und „den Vielen" meist akzeptiert wurde, und es ist offensichtlich ausgeschlossen, daß die

Wenigen die Vielen vernichten. Außerdem waren die Konservativen lange Zeit hindurch noch christlich genug, um vor dem Gedanken zurückzuschrecken, in Gottes Welt gebe es etwas radikal Böses, das nur durch eine Operation beseitigt werden könne. Erst mußte der Gegner das Erscheinungsbild der Wenigen erhalten haben, und erst mußte man sich selbst mit einer massenhaften Tendenz identifizieren können, bevor ein radikaler konservativer Vernichtungsgedanke möglich werden konnte. Die „Wenigen", welche die „Vielen" herausforderten, indem sie doch viele verführten, mußten die Juden sein, und der radikalkonservative Antisemitismus ist überall leicht daran zu erkennen, daß er die Juden vor allem als die Urheber der Revolution stigmatisierte. Tatsächlich waren die Juden nicht irgendeine zufällige Minderheit, sondern ein sehr bedeutendes Element im Polygon der europäischen Gesellschaft. Eben deshalb konnte in den radikalkonservativen Antisemitismus sehr viel von dem älteren Antisemitismus der Linken einfließen, der in den Juden stets die Hauptvertreter und wohl gar Urheber des Kapitalismus gesehen hatte. Es war kein Zufall, daß in der Vorgeschichte der Dreyfus-Affäre nicht nur konservative, sondern auch blanquistische Publizisten eine große Rolle spielten und daß in Deutschland die Forderung einer physischen Extermination wohl zuerst von Eugen Dühring erhoben wurde, dessen Einfluß in der sozialdemokratischen Bewegung einst stark genug gewesen war, um Friedrich Engels zu einer Intervention zu veranlassen. Die umfassendste und nur partiell antijüdische Gestalt nahm das radikalkonservative Vernichtungspostulat im Spätwerk von Friedrich Nietzsche an, der den geschichtsphilosophischen Pessimismus der Dekadenzlehre in den Aktivismus einer Ausrottungsaktion gegen die „Mißratenen" zugunsten des „Lebens" verwandelte. Aber von einer praktischen Bedeutung dieses Teils der Nietzscheschen Philosophie konnte für geraume Zeit nicht die Rede sein.

Am Anfang des 20. Jahrhunderts war das Parteiensystem fast überall in Europa in den Grundzügen ausgebildet, und es stellte sich als die andere Seite eines Wirtschaftssystems dar, das auf den gleichen Grundlagen beruhte wie es selbst: der freien Beweglichkeit von Personen, Gütern und Gedanken und damit der fundamentalen Rolle des „Marktes". Und zu diesem liberalen System, das auch „bürgerliche Gesellschaft" genannt werden konnte, gehörten an den Rändern des Spektrums die einander entgegengesetzten und doch ihrer Herkunft nach partiell miteinander verwandten Vernichtungspostulate als die schärfsten Ausformungen der extremsten Parteien hinzu. Aber in derselben Gesellschaft hatte es seit 100 Jahren trotzdem und vielleicht gerade deswegen wohl einige begrenzte Kriege, mannigfaltige koloniale Eroberungen und mehrere unvollendete Revolutionen, aber keine Vernichtungsrealität gegeben.

Es ist nun leicht zu sehen, inwiefern die Russische Revolution etwas grundsätzlich Neues in die Welt brachte, während der Erste Weltkrieg als eine Modifikation der weltweiten englisch-französischen Auseinandersetzung von 1793 bis 1815 betrachtet werden kann. Zum ersten Male wurde ein ideologisches Vernichtungspostulat realisiert, und zwar von einer Gruppe, die sich selbst als „winzig" empfand, wenn sie sich auch an die Spitze einer gewaltigen Volksbewegung setzte. Vernichtet wurden nicht nur die Güter des russischen Adels und alle übrigen Parteien, vernichtet wurde auch jede Art von unabhängiger öffentlicher Meinung und schließlich die Existenz des russischen Bürgertums. Erstmals wurden in einem innerstaatlichen Konflikt zahllose Menschen nicht deshalb getötet, weil sie etwas getan hatten, sondern weil sie etwas waren, nämlich Angehörige einer bestimmten sozialen Schicht. Lenin sprach von den „Hunden und Schweinen der sterbenden Bourgeoisie" [6], und wenn das lähmende Entsetzen, das sich über weite Teile der Welt ausbreitete, durch übertriebene und einseitige Nachrichten verstärkt sein mochte, so hing es doch letzten Endes mit der richtigen Einsicht zusammen, daß sich etwas abspielte, wozu es bis dahin kein Analogon gab. Eins der in der bürgerlichen Gesellschaft existierenden Vernichtungspostulate war in die Realität umgesetzt worden, und damit war zugleich diese Gesellschaft als solche beseitigt worden. Und an ihre Stelle trat eine andersartige Gesellschaft, die offensichtlich nicht die erstrebte „freie Assoziation von Produzenten", sondern ein diktatorisch regierter Parteistaat war, der vor dem Ende der zwanziger Jahre zu seiner zweiten großen Vernichtungsaktion ansetzte, der Vernichtung der „Kulaken", d. h. des Bauerntums.

Dennoch fand diese gigantische Umwälzung in den „kapitalistischen", d. h. maßgebend durch das Dasein eines Wirtschaftsbürgertums gekennzeichneten Ländern ein beträchtliches Maß an Sympathie. Der Sturz des Zarismus war ein Desiderat gewesen, das noch über die Reihen der Liberalen in diejenigen der Konservativen hinausgriff, die Vernichtung des Bürgertums war das älteste Postulat der sozialistischen Linken, und ein Gefühl der Befriedigung verkehrte sich nicht schon deshalb in sein Gegenteil, weil diese Gruppe in Rußland die Funktion noch nicht erfüllt hatte, die ihr von allen Marxisten zugeschrieben worden war. Vor allem aber war diese Revolution unverkennbar eine Reaktion auf die Schrecken des Weltkriegs gewesen, und die ersten Vernichtungsaktionen hatten unter den Vorzeichen des Bürgerkrieges und eines Kampfes um das nackte Überleben stattgefunden. Daher fühlten sich auch die Pazifisten ebensosehr angezogen wie abgestoßen.

Doch gerade diese Sympathie mußte den Zorn und die Empörung überall dort noch steigern, wo der Gedanke einer integralen Vergeltung aufkam. Der aber ließ sich ohne eine abermalige qualitative Differenz nicht fassen. Die naheliegende und beinahe selbstverständliche Antwort wäre die Vernichtung der kommunistischen Partei gewesen, die ja seit der Gründung der Dritten Internationale eine Weltpartei war und daher unzweifelhaft die Verantwortung mittrug. Diese Vernichtung erfolgte tatsächlich an vielen Stellen. Die Vereinigten Staaten reagierten mit einer „red scare" von solcher Heftigkeit, daß das Wort „Kommunist" für viele Jahre zum simplen Schimpfwort wurde. In England war die Labour Party stark genug, um die kleine kommunistische Partei trotz einiger Wechselfälle in der Bedeutungslosigkeit zu halten, und ab 1931 hatten die Konservativen das Heft so sehr in der Hand, daß eine gravierende innenpolitische Beunruhigung nicht mehr aufkommen konnte. In Frankreich ging die kommunistische Partei nach stolzen Anfängen immer mehr zurück. In diesen Ländern vollzog sich also eine moralische und politische und eben damit unvollständige Vernichtung. Gewaltsam und vollständig wurde die Partei dagegen in Ländern wie Jugoslawien und Polen vernichtet und mit ideologischer Grundsätzlichkeit in Italien nach der Machtergreifung des Faschismus. Aber es gab allem Anschein nach nur einen einzigen Menschen in Europa und der Welt, der mit allen seinen Gefühlen und Gedanken auf die integrale Vergeltung ausgerichtet war, und es existierte nur *ein* Staat, wo die Möglichkeit der Verwirklichung dieser Gefühle und Gedanken vorhanden war: weil er weitaus näher an der Sowjetunion lag als die USA oder England, weil er ein weitaus stärkeres und vielfältigeres Bürgertum besaß, als es in Rußland je zu finden gewesen war, ein Bürgertum, das sich durch die größte kommunistische Partei außerhalb der Sowjetunion gleichwohl noch zu Beginn der dreißiger Jahre ernsthaft bedroht fühlen konnte, und weil er schließlich nicht durch einen Mangel an Stärke von vornherein aus-

234

schied wie Italien oder Polen. Trotzki sah etwas Richtiges, als er in Hitler den „Wrangel der Weltbourgeoisie" glaubte identifizieren zu können. Dennoch war die Aussage irreführend. Die „Weltbourgeoisie" befand sich in allzu verschiedenartigen Situationen und war schon nach ihrer Mentalität zu sehr gespalten, als daß sie einheitlich hätte reagieren und einen „Beauftragten" hätte unterstützen können. Und Hitler konnte *seinen* Vernichtungsgedanken nur verwirklichen, indem er sich mit einer wichtigen Fraktion dieser „Weltbourgeoisie" tödlich verfeindete.

Hitlers „Judenvernichtung" war in ihrer Wurzel nicht „Völkermord", sondern die radikalste und zugleich verzweifeltste Gestalt des Antimarxismus. Weil er den eigentlichen Gegner nicht fassen konnte, suchte er ihn durch die Beseitigung seiner angeblichen Ursache aus der Welt zu bringen, und damit mußte er die Ebene des Gesellschaftlichen verlassen und diejenige des Biologischen betreten. Darin besteht die qualitative Differenz gegenüber der Vernichtung gesellschaftlicher Gruppen durch den Bolschewismus. Die Ausrottung eines schwächeren Volkes durch ein stärkeres wie diejenige der Armenier durch die Türken während des Ersten Weltkrieges ist grauenvoll. Ein gesellschaftlicher Vernichtungskampf ist, *wenn* er einmal in Gang gekommen ist, mit moralischen Kategorien nicht zu beurteilen. Aber ein gesellschaftlicher Vernichtungskampf, der sich aufgrund einer besonders irrationalen Kollektivschuldthese als Ausrottung einer ethnischen oder konfessionellen Gruppe vollzieht, ist in einem zugespitzten Sinne entsetzlich. Diese Irrationalität wird nicht dadurch gemindert, daß drei machtvolle Traditionen in der „Judenvernichtung" zusammentrafen: die antirevolutionäre Tradition der Rechten, die antikapitalistische Tradition der Linken und schließlich auch die malthusianische Tradition der Furcht vor ungehemmter Vermehrung kulturloser Gruppen und Klassen, welche insbesondere jener Ausrottung von Slawen, Zigeunern und Erbkranken zugrundelag, von der die Judenvernichtung nicht isoliert werden darf. Nur weil sich in Hitler und bloß in Hitler diese drei Traditionen unter dem überwältigenden Eindruck eines zeitgenössischen Ereignisses zu einer singulären und explosiven Einheit verbanden, wird der paradoxe Tatbestand begreiflich, daß von Himmler bis zum einfachen SS-Mann so gut wie alle, die an der Ausführung beteiligt waren, sich als unter Zwang stehend empfanden und daß doch den „Anfängen" so wenig Widerstand geleistet wurde. Aber aus diesen „Anfängen", für sich genommen, wäre dieses Ende nicht entstanden.

Nichts ist begreiflicher, als daß die Überlebenden nicht umhin konnten, sich als die Opfer eines nur in seinen Ausmaßen ungewöhnlichen Verbrechens, eben eines Völkermordes, zu sehen und vor allem die Bestrafung der Schuldigen zu verlangen, obwohl von Anfang an wahrscheinlich war, daß angesichts der Dimension der Untat die Bestrafung der Ausführenden nur eine symbolische oder pragmatische Handlung sein konnte. Es dauerte jedoch nicht lange, bis der Verdacht aufkam, große Teile des deutschen Volkes verweigerten dasjenige, was selbstverständlich sein müßte, nämlich die Kenntnisnahme des Ereignisses, und daher müsse eine nationalpädagogische Bemühung einsetzen, um noch nachträglich das Entsetzen zu erzeugen, das zunächst ausgeblieben sei. Von Anfang an herrschte keine Einigkeit darüber, welches die Konsequenzen seien, die gezogen werden müßten, aber am wenigsten umstritten war der Gedanke der individuellen Wiedergutmachung und auch derjenige der Unterstützung Israels. Doch irgendwann mußte damit begonnen werden, selbst diese Untat in einen größeren Zusammenhang zu stellen und sie damit einem Verständnis zugänglich zu machen, das sowohl das übliche Moralisieren wie das gewöhnlich sogenannte Verstehen als unangemessen erscheinen läßt. Aus der historischen Analyse müßte dann eine Schlußfolgerung wie die folgende resultieren:

Die tiefsten Wurzeln der Untat waren die Vernichtungspostulate, die aus den mit der Industriellen Revolution verknüpften Leiden und Beängstigungen entstanden und die sich im Rahmen der Öffentlichkeit zu Traditionen und Doktrinen entwickelten. Von unterschiedlicher Wesensart, schärften *und* mäßigten sie sich gleichwohl im Wechselspiel der Elemente des liberalen oder bürgerlichen Systems und wurden zu wichtigen Indikatoren des jeweiligen gesellschaftlichen Zustandes. Nichts spricht dafür, daß unter entwickelten Verhältnissen eine ihrer Extremformen sich gegen den Widerstand aller anderen Elemente des Systems hätte durchsetzen können. Aber die Vernichtung des gerade erst aufkommenden Wirtschaftsbürgertums im größten Staat der Erde und seine Ersetzung durch ein in seiner Spitze omnipotentes Parteibürgertum wurde zur wichtigsten Voraussetzung einer qualitativ andersartigen totalen Parteiherrschaft in Italien und Deutschland und schließlich der ideologischen Untat Hitlers. Nach dem Zusammenbruch dieses Regimes und der Restauration des liberalen Systems im größeren Teil Deutschlands darf angesichts des Schreckens der Vergangenheit und auch der sich in der Welt weiterhin ausbreitenden Einparteiherrschaften mit ihren Massenvernichtungen und -austreibungen die Propagierung von Vernichtungspostulaten in der Bundesrepublik ebensowenig geduldet werden wie eine etwaige Verherrlichung vergangener oder gegenwärtiger Vernichtungsrealitäten.

Diese Formel, die mindestens teilweise und implizit der Politik in der Bundesrepublik tatsächlich zugrundeliegt, bedarf der Erläuterung. Sie darf nicht mit der Schärfe des politischen Kampfes unvereinbar sein, und sie sollte keinen Alleinlegitimitätsanspruch für ein juste milieu erheben. Es muß einer Partei der extremen Linken unbenommen sein, eine „reale und vollständige" Gleichheit zu verlangen, sofern sie bemüht ist, eine qualifizierte Mehrheit der Wahlberechtigten für ihr Programm zu gewinnen. Einer etwaigen Rechtspartei darf nicht verwehrt werden, „mehr nationale Geschlossenheit" zu fordern, sofern sie nicht das Parteiensystem überhaupt beseitigen will. Aber nicht nur die aktuelle Anwendung von Gewalt, sondern schon die bloße Drohung mit Gewalt sollte nicht hingenommen werden, sofern sie in einem ideologischen Kontext steht – wenn möglich durch einen Konsensus der öffentlichen Meinung und notfalls durch die Zwangsmittel des Staates. Es ist zwar richtig, daß eine „normale" liberale Demokratie westlicher Prägung auch die heute fast nur noch implizit vorhandenen Vernichtungspostulate der beiden extremen Seiten aushalten und sogar nutzbar machen müßte. Aber die Bundesrepublik Deutschland befindet sich in einer exzeptionellen Situation, die schon durch das Faktum von Auschwitz gegeben ist. Es ist eine gerechtfertigte Forderung, daß die Hauptkonsequenzen nicht im unbestimmten bleiben dürfen, wenn über dieses Faktum nachgedacht wird und wenn nicht lediglich Feststellungen getroffen oder Empfindungen zum Ausdruck gebracht werden. Aber sogar das außerordentlichste Faktum rückt mehr und mehr in die Vergangenheit und kann dann in eine Perspektive gestellt werden. Wäre es anders, so würde der Mensch bloß ein fühlendes, aber kein denkendes Wesen sein. Das Verlangen, auch Auschwitz in eine angemessene Perspektive zu stellen, ist nicht primär ein politisches, sondern ein intellektuelles Verlangen. Politisch ist es bloß insofern, als nur in der Gesellschaft des liberalen Systems auch außerhalb der Naturwissenschaften genuine Erkenntnisfortschritte statt bloßer Abwandlungen ehemaliger Erkenntnisse möglich sind. Agitations- und Behauptungsverbote können in einer bestimmten Situation notwendig sein, Frageverbote rühren an den Kern des Systems.

Zwei Ereignisse zu Beginn des Jahres 1979, die einander in ihrem Charakter schroff entgegengesetzt sind, haben gezeigt, wie schlecht es in der Bundesrepublik Deutschland immer noch um die atmosphärischen Voraussetzungen des Abstandgewinnens als der elementarsten Voraussetzung alles Nachdenkens bestellt ist.

Das erste war die Vorführung des amerikanischen Fernsehfilms „Holocaust". Die intensive Wirkung kann nicht darauf beruht haben, daß Unbekanntes bekannt oder auch nur anschaulich gemacht wurde. Wer sich ein wenig Mühe gab, konnte sich seit langem leicht und gründlich über die Tatsachen der „Endlösung" unterrichten. Eine neue und gut lesbare Gesamtdarstellung ist zwar nach wie vor ein Desiderat, aber auch sie würde gekauft und studiert werden müssen. Das Neuartige bestand vielmehr darin, daß das Allgemeine auf ungemein wirkungsvolle Weise individualisiert und damit dem unmittelbaren Empfinden zugänglich gemacht wurde. So wurde ein großer Teil der Bevölkerung mit zeitgemäß veränderten Mitteln und ohne Kosten für die Einzelnen dazu gebracht, die Erfahrung der Einwohner von Weimar nachzuvollziehen, die auf Befehl des amerikanischen Kommandanten das Konzentrationslager Buchenwald besucht hatten. Die Eindrücke der Augen sind unvergleichlich stärker und unmittelbarer, als es eine Kenntnisnahme durch Lesen je sein kann, aber sie fixieren auch viel stärker und werden gerade deshalb leichter verdrängt. Im besten Falle erzeugten die Eindrücke dieses Spielfilms das sprachlose Entsetzen, das in jedem der Älteren seit vielen Jahren als ein Grundtatbestand hätte vorhanden sein können und sollen; im schlechtesten Falle rufen sie geringschätzige Behauptungen über die finanziellen und sonstigen Interessen der Produzenten oder aber jene empörte Suche nach Personen und Gruppen statt nach Situationen und Ereignissen hervor, welche doch ihrerseits gerade eine der wichtigsten

Voraussetzungen der beklagten Vorgänge war. So brachte „Holocaust" den sinnenfälligen und insofern natürlichen Kern der an die „Endlösung" geknüpften Tendenz zu Frageverboten ans Licht, aber da der Film das Jahr 1945 nicht wirklich zurückzuholen vermag, müßte er über kurz oder lang zu der Einsicht führen, daß Gefühle und Empfindungen zwar die Prämissen des Denkens sind, aber nicht an seine Stelle treten dürfen.

Zur gleichen Zeit demonstrierte die Aufregung um das Erscheinen von Hellmut Diwalds „Geschichte der Deutschen", daß die durch „Holocaust" geschaffene Bewegung gleichwohl nur die eine Seite der deutschen Realität erkennen läßt. Die scharfe Kritik, die an dem Buch geübt wurde, war im wesentlichen berechtigt: schon die Ausdrucksweise, aber auch die Anordnung der durchweg unbelegten und zu einem bedenklichen Teil unrichtigen Fakten und Zitate lassen das Urteil begründet erscheinen, daß dieses Buch in seinen zeitgeschichtlichen Abschnitten des durch seine Publikationen zu frühneuzeitlichen Themen vorzüglich ausgewiesenen Autors und auch des angesehenen Verlages unwürdig ist. Aber die zahlreichen Leser griffen offensichtlich nicht deshalb nach dem Werke, weil sie es kritisieren wollten, sondern weil sie seit langem das Empfinden hatten, „Deutschland" und „die Deutschen" sollten nicht immer nur das Objekt von Kritik und Anklagen sein. Daher ist es zwar richtig, daß viele der von Diwald nachdrücklich erhobenen Gegenanklagen bisher nur in rechtsradikalen Schriften zu lesen waren, aber man sollte daraus folgern, daß in der Tat etwas nicht in Ordnung sein kann, wenn gewisse unbestreitbare und schwerwiegende Tatsachen nur in rechtsradikalen Zeitungen einen Platz finden und wenn etwa die Vertreibung der Deutschen aus Osteuropa oder die Auslieferung der Kosaken an die Sowjetunion lediglich mit dem kaltherzigen Kommentar versehen werden, es habe sich um bloße Folgeerscheinungen gehandelt. Es gibt nichts in der Geschichte, was nicht zugleich auch Folgeerscheinung wäre, und aus dem Zirkel von Behauptung und Gegenbehauptung, von Zurechnung und Aufrechnung kann nur eine Abstandnahme herausführen, die ihrem Begriff nach mit der bloßen Reproduktion noch so edler Empfindungen nicht zufrieden sein kann und die daher den Vorwurf nicht fürchten darf, sie setze sich über diese Empfindungen hinweg.

Es ist merkwürdig, daß um die gleiche Zeit in der großen Politik zwei Ereignisse eintraten, welche zu den belehrendsten der ganzen Nachkriegszeit zu zählen sind.

Das erste war die iranische Revolution, durch die mitten im Frieden, wenngleich nicht ganz ohne die Konnivenz einer ausländischen Macht, ein militärisch mächtiges Regime durch die Aktion großstädtischer Massen vollständig niedergeworfen wurde. Im Vergleich erscheint die große Französische Revolution als eine lange Kette von Aufständen und intermittierenden Normalisierungen, die Russische Revolution als Zusammenbruchsphänomen nach einem verlorenen Kriege, die chinesische Revolution als der letzte Akt eines langen und durch einen vorhergehenden Krieg tendenziell bereits entschiedenen Bürgerkrieges. Und diese Revolution war unlösbar mit der Aktivität eines Mannes verknüpft, in dem westliche Beobachter nichts anderes als einen fanatischen Oberpriester sehen konnten, der sogar gegenüber dem unvollkommenen, aber immerhin energisch modernisierenden Regime des Schahs die schwärzeste Reaktion verkörperte. Gewiß war der islamische Fundamentalismus nur *ein* Faktor des Umsturzes, und niemand kann mit Sicherheit vorhersagen, wie die Entwicklung weitergehen wird. Aber so viel steht außer Zweifel, daß „die Reaktion" äußerst revolutionär sein kann und daß der Umsturz sich jedenfalls vor allem gegen die USA und deren Einfluß richtete. „Der Westen hat unser spirituelles Leben zerstört", sagte der Ajatollah

Chomeini [7], und er brachte damit zum mindesten seine Motive und diejenigen der am meisten im Vordergrund stehenden Kraft zum Ausdruck. Und es ist überaus aufschlußreich, daß es ganz ähnlich klingende Äußerungen Hitlers gibt, in denen lediglich von „den Juden" statt von „dem Westen" die Rede ist. Es wäre töricht, den Ajatollah Chomeini und Adolf Hitler unmittelbar gleichzusetzen. Aber die reaktionäre Revolution von beiden richtete sich vor allem gegen „den Westen", genauer gesagt, gegen „etwas" in der westlichen Zivilisation, das so wenig mit dem Erscheinungsbild aller oder einzelner seiner Bestandteile identisch ist, daß es in dem starken und kulturstolzen Antiamerikanismus eines beträchtlichen Teils der Franzosen und auch in anderen „fortschrittlichen" Erscheinungen eine eigentümliche Reaktion hervorbringt. „Modernität" ist offenbar nichts so Simples, Harmloses und bloß Wohltätiges, wie sie sich in manchen Vorstellungen ausnimmt. Sie hat vielmehr augenscheinlich einen identitätszerstörenden Charakter, der die heftigsten und verschiedenartigsten Gegenwirkungen hervorruft. Die Revolution des Ajatollah Chomeini will eine Revolution des „dritten Weges" sein, und auch die Revolution Adolf Hitlers war eine Revolution des „dritten Weges", so wenig sie mit einer so allgemeinen Kennzeichnung schon zureichend beschrieben ist. Die Sehnsucht nach einem dritten Wege bestimmte die Nationalneutralisten in der Bundesrepublik während der fünfziger Jahre, und sie liegt heute dem Buch von Diwald zugrunde. Wenn Welteinheit etwas anderes als Uniformität bedeuten wird, dann hat diese Sehnsucht vermutlich einen rationalen Kern, und das hieße für die Bundesrepublik, daß sie mehr sein müßte als eine bloße „Mark des Westens". Die Frage wäre dann, ob die Erringung dieses „Mehr" Umwälzung sein muß oder Entwicklung zu sein vermag. Eins der wichtigsten Kriterien dürfte das Urteil über die „Endlösung" sein, das sich schließlich bilden wird.

Aber es ist keineswegs ausgemacht, daß der Terminus „Dritter Weg" die Situation angemessen beschreibt. Er impliziert ja, daß es einen einheitlichen „Kapitalismus" auf der einen und einen einheitlichen „Kommunismus" auf der anderen Seite gibt. Aber schon zu Ende der vierziger Jahre führte die Sowjetunion einen kalten Krieg gegen Jugoslawien und beschimpfte sie Tito als einen Faschisten. Seit dem Anfang der sechziger Jahre ist der Konflikt der beiden kommunistischen Großmächte eine Konstante der Weltpolitik. Und zu Anfang des Jahres 1979 wurde durch den erfolgreichen Abschluß des Krieges Vietnams gegen Kambodscha und durch den möglicherweise erfolgreichen Straf-Feldzug der Volksrepublik China gegen Vietnam unwidersprechlich klar, daß der Kommunismus weder eine einheitliche Kraft noch eine Kraft des Friedens ist. Er bedeutet essentiell die Vernichtung eines möglicherweise noch embryonalen Wirtschaftsbürgertums durch ein politisches Bürgertum, d. h. durch eine klar abgegrenzte Schicht, die sich nach ihrer ökonomischen Lage nicht sehr beträchtlich von der Masse des Volkes unterscheiden mag, die aber die ganze Macht nur um so fester und ausschließlicher in Händen hält. Da das Wirtschaftsbürgertum zwar nicht die alleinige Ursache, wohl aber nach aller bisherigen Erfahrung ein unentbehrliches Element der politischen und geistigen Bewegungsfreiheit der Individuen ist, werden in den Staaten eines politischen Bürgertums auch diejenigen Faktoren beseitigt, die dem „Imperialismus" mehr und mehr die Fähigkeit zur Kriegführung außer zur ganz unzweideutigen Selbstverteidigung nehmen. Gewiß birgt die Zukunft noch Überraschungen genug in ihrem Schoße. So ist es nicht auszuschließen, daß es dem größten der vorindustriellen Imperien, das nur durch die Machtergreifung eines politischen Bürgertums in seiner Existenz erhalten wurde, am Ende gelingen könnte, seine Hegemonie wiederherzustellen. Manches spricht dafür, daß ein politisches Bürgertum nach dem Ende der Massenvernichtungen und -austreibungen eine genuine und populäre Wohlfahrtspolitik treiben kann und sogar einem aufkommenden Liberalismus etwas Spielraum geben mag. Es ist nur allzu wahrscheinlich, daß Ideologielosigkeit und reiner Kommerzialismus in den Staaten des westlichen Systems mehr an Frustrationen und Aggressivität erzeugen werden, als ohne einschneidende Änderungen zu bewältigen ist. Dennoch gibt es überall da, wo nicht traditionelle Oligarchien oder modernisierende bzw. konservative Militärdiktaturen das Feld beherrschen, nur die Wahl zwischen der bürgerlichen Gesellschaft mit ihren leicht übersehenen Vorzügen und all denjenigen Schwierigkeiten und Gefahren, die aus der Tatsache resultieren, daß die Individuen sich in ihrer zwangerzeugenden Freiheit und ungleichen Gleichheit wechselseitig ertragen müssen, und dem System eines politischen Bürgertums, d. h. einer totalitären Parteiherrschaft, die in Massenvernichtungen ihren Ursprung und in einer nahezu unbeweglichen Ideologie ihr Hauptkennzeichen hat. Die Erfahrung des Nationalsozialismus und seiner Vernichtungsrealität hat den Deutschen in der Bundesrepublik die Wahl leicht gemacht und sollte sie ihnen weiterhin leicht machen, obwohl das weltweite und zu so paradoxen Ergebnissen führende Ringen zwischen „Fortschritt" und „Identitätsbehauptung" oder „Identitätsgewinnung" auch sie bald vor neuartige Herausforderungen stellen dürfte.

Anmerkungen

1 Art. „Bourgeoisie" in Dictionnaire d'Economie politique, Paris 1852 (Verfasser Henri Baudrillart). Gemeint sind Commines und Ludwig XI.

2 W. C. Proby: Modern Philosophy and Barbarism; or, A Comparison between the Theory of Godwin and the Practice of

Lycurgus. An Attempt to Prove the Identity of the two Systems and the Injurious Consequences which Must Result to Mankind from the Principles of Modern Philosophy Carried into Practice. London 1798. S. 40.

3 The Republican, London, No 29, November 1831

4 On the Possibility of Limiting Populousness. By Marcus. London 1838

5 Im Jahre 1832 endete die Rezension der „Quarterly Review" (Band XLVIII) über die nationalökonomische Schrift eines malthusianischen Geistlichen mit der bitteren oder ironischen Wendung, aufgrund dieser Prämissen müsse man eigentlich die Forderung erheben, nicht nur die Armengesetze abzuschaffen, sondern die Überschußbevölkerung sogleich zu beseitigen. („to dispatch the surplus population as it appears")

6 Lenin, Ausgewählte Werke, Berlin 1955, Bd. II, S. 886

7 The Daily Telegraph, London, 2. 3. 1979

Veröffentlichungsnachweis

In allen Artikeln wurden die ursprünglichen Zwischenüber-
schriften wiederhergestellt. Fremdsprachliche Titel und Zitate wurden für diese Ausgabe ins Deutsche übersetzt.

Sachregister *

* In das Sachregister wurden Stichworte in der Regel nur aufgenommen, wenn mehr als eine bloße Erwähnung vorliegt. Im
Personenregister sind diejenigen Seitenzahlen, die sich auf biblio-
graphische Angaben beziehen, kursiv gesetzt.

Personenregister

257

Toni Stolper:
Ein Leben in Brennpunkten unserer Zeit

Gustav Stolper 1888–1947

Mit Beiträgen von Carl J. Burckhardt, Theodor Eschenburg und
Hildegard Hamm-Brücher

Neuausgabe

Ca. 528 Seiten., Leinen mit Schutzumschlag, 48,– DM
ISBN 3-12-911990-6

„Selten ist innerhalb der neuen biographischen Literatur aus
solcher Nähe über Dasein, Wirken und Werk eines bedeutenden
Menschen berichtet worden. Zwei Voraussetzungen haben sich
hier aufs glücklichste ergänzt: Einmal Hellsicht der Liebe, wahre
Liebe ist nicht blind, und sodann intellektuelle Kompetenz der
Verfasserin, die Stolpers erste Mitarbeiterin war und deren klares Gedächtnis es heute vermochte, durch unmittelbare Zeugen-
aussage anstelle des Kombinationsverfahrens des Historikers im
gültigen Bericht ein Bild zu schaffen, das erfüllt von Verständnis
und Zustimmung, doch in keinem Augenblick der kritischen Freiheit entbehrt. Der Band behandelt drei Phasen eines mit hohen
geistigen Mitteln unter großartiger Willensanspannung einge-
setzten Lebens. Diese drei Phasen (Wien bis 1921, Berlin bis 1933,
New York bis 1947) fallen zusammen mit drei entscheidenden
Epochen der neuesten Geschichte ...
Es ist ein Buch, das von einem großen Liberalen unseres Zeitalters, aus einem trotz alles Erlittenen doch unversehrten Gefühl
der Treue geschrieben und das wie die mit so großem Können in
vollendeter Form abgefaßte Biographie von der jungen deutschen Generation, die das Vergangene nicht miterlebte, mit Aufmerksamkeit gelesen werden sollte ...“

Carl J. Burckhardt im „Merkur“

Klett-Cotta

Wilhelm Hennis, Peter Graf Kielmansegg, Ulrich Matz (Hrsg.):
Regierbarkeit

Studien zu ihrer Problematisierung

Band 1, 1977, 314 Seiten, kart., 28,80 DM, ISBN 3-12-910750-9
Mit Beiträgen von E.-W. Böckenförde, K. Eichenberger, W. Hennis, N. Johnson, P. Graf Kielmansegg, U. Matz, U. Scheuner, Th. Schieder, H.-P. Schwarz, J. Starbatty, F. H. Tenbruck

Band 2, 1979, 447 Seiten, kart., 34,– DM, ISBN 3-12-910760-6
Mit Beiträgen von R. Allemann, K. O. Frhr. von Aretin, Th. Eschenburg, N. Johnson, P.Graf Kielmansegg, R. Lill, U. de Maizière, U. Matz, O. B. Roegele, U. Scheuner, P. Wilkinson, Chr. Watrin

Was hat es mit der dramatischen These auf sich, die westlichen Demokratien oder doch einige unter ihnen, liefen Gefahr, „unregierbar" zu werden? Steht wirklich zu befürchten, daß die politischen Institutionen der westlichen Demokratien sich als untauglich erweisen werden, die Aufgaben, die auf sie eindringen oder voraussehbar eindringen werden, zu bewältigen? Dies ist die Frage, der die beiden Bände „Regierbarkeit", „Studien zu ihrer Problematisierung" auf den Grund gehen wollen, um einer wichtigen und zugleich gefährlichen öffentlichen Diskussion Fundament und Orientierungshilfe zu geben.

Stellte der erste Band – eher theoretisch orientiert – die These von der Überforderung des Staates, die Fragen nach den „Grenzen der Wirksamkeit des Staates" in den Mittelpunkt, so soll der zweite die prinzipiellen Überlegungen durch anschaulichere, konkretere Untersuchungen ergänzen. Historischen Beiträgen, die das Phänomen „Systemzusammenbruch" an höchst unterschiedlichen Exempeln abhandeln, folgen Untersuchungen aktueller Problemfelder wie Terrorismus oder Regionalismus bis hin zu Länderstudien. So unterschiedlich die Gegenstände auch sind, immer geht es um die gleiche Kernfrage: Wird die Demokratie westlichen Typs mit dieser oder jener Herausforderung fertig?

Klett-Cotta